VOZ e DIREITO CIVIL

COLEÇÃO DIREITO AUTORAL CONTEMPORÂNEO

SILMARA JUNY CHINELLATO (coord.)

FERNANDA STINCHI PASCALE LEONARDI

VOZ e DIREITO CIVIL

Proteção jurídica da voz: história, evolução e fundamentação legal

Manole

EDITOR-GESTOR Walter Luiz Coutinho
EDITORA RESPONSÁVEL Sônia Midori Fujiyoshi
PRODUÇÃO EDITORIAL Luiza Bonfim, Rodrigo Botelho
EDITORA DE ARTE Deborah Sayuri Takaishi
CAPA Tereza Kikuchi
PROJETO GRÁFICO Departamento Editorial da Editora Manole
EDITORAÇÃO ELETRÔNICA Luargraf Serviços Gráficos

Este livro contempla as regras do Acordo Ortográfico da Língua Portuguesa de 1990, que entrou em vigor no Brasil em 2009.

Dados Internacionais de Catalogação na Publicação (CIP)
(Câmara Brasileira do Livro, SP, Brasil)

Pascale Leonardi, Fernanda Stinchi
Voz e direito civil: proteção jurídica da voz: história, evolução e fundamentação legal/Fernanda Stinchi Pascale Leonardi. – Barueri, SP: Manole, 2013. – (Coleção direito autoral contemporâneo/coordenadora Silmara Juny de Abreu Chinellato)

Bibliografia.
ISBN 978-85-204-3533-5

1. Direito do autor 2. Imitação 3. Música – Interpretação 4. Personalidade (Direito) 5. Voz 6. Voz (Proteção) I. Chinellato, Silmara Juny de Abreu. II. Título. III. Série.

13-03478 CDU-347.78(81)

Índice para catálogo sistemático:
1. Proteção jurídica da voz: Brasil: Direito civil 347.78(81)

Editora Manole Ltda.
Av. Ceci, 672 – Tamboré
06460-120 – Barueri – SP – Brasil
Tel. (11) 4196-6000 – Fax (11) 4196-6021
www.manole.com.br
juridico@manole.com.br

Impresso no Brasil
Printed in Brazil

Sobre a coordenadora

Silmara Juny de Abreu Chinellato

Professora Titular da Faculdade de Direito da Universidade de São Paulo – USP, regente das disciplinas Direito Civil e Direito de Autor. Advogada e parecerista.

Membro do Instituto Interamericano de Direito de Autor – IIDA, da Associação Portuguesa de Direito Intelectual – APDI, da Associação Brasileira de Direito Autoral – ABDA, presidente da Comissão de Propriedade Intelectual do Instituto dos Advogados de São Paulo – IASP e coordenadora da *Coleção Direito Autoral Contemporâneo* e do *Código Civil interpretado*, dos quais participa também como autora, ambos da Editora Manole.

Sobre a autora

Fernanda Stinchi Pascale Leonardi

Bacharel, mestre e doutoranda em Direito Civil pela Faculdade de Direito da Universidade de São Paulo – USP. É professora convidada da Escola Superior de Advocacia de São Paulo, do Instituto Internacional de Ciências Sociais e da Universidade São Judas Tadeu. Advogada no âmbito consultivo e contencioso. Membro da Associação Brasileira da Propriedade Intelectual e da Associação Paulista da Propriedade Intelectual.

Ao meu marido Marcel, com amor e gratidão por sua compreensão e seu inestimável apoio.

Aos meus filhos, Talita e Bruno, com muito carinho.

Aos meus pais e sogros, que distraíram os netos em diversos domingos.

À Cláudia e à Cristina, que mantiveram a ordem da casa e a rotina das crianças.

“E o dono foi perdendo a voz
E o dono foi perdendo a linha – que tinha
E foi perdendo a luz e além
E disse: minha voz, se vós não sereis minha, vós não
sereis de mais ninguém.”

(Trecho final da música *A voz do dono e o dono da voz*, composta por Chico Buarque para retratar o episódio por ele vivido ao trocar de gravadora: a nova gravadora foi comprada pela antiga gravadora e Chico se viu novamente preso ao “dono da voz”, daí a criação da canção. Cf. HOMEM, 2009, p.202)

Sumário

Apresentação

A obra *Voz e Direito Civil: proteção jurídica da voz – história, evolução e fundamentação legal* é fruto de dissertação de mestrado que foi aprovada no ano de 2010, com elogios e valiosas sugestões de melhoria da banca examinadora, as quais procurei implementar nesta versão ora publicada.

Na obra, procurei demonstrar a possibilidade e a necessidade de proteção jurídica da voz. Para tanto, analisei se a voz de uma pessoa é única e se pode ser um elemento identificador, enfocando, principalmente, a dublagem de obras audiovisuais, o uso (ou a imitação) da voz de celebridades para fins humorísticos, em campanhas publicitárias, institucionais ou políticas, sem autorização, bem como a divulgação de entrevistas de pessoas comuns sem a descaracterização da voz do entrevistado e o uso da voz de pessoas comuns para fins diversos dos informados, entre outras hipóteses.

Verifiquei que a voz é um som vivo substancialmente influenciado pelo corpo e pelo estado psicológico, o que garante a expressão da personalidade da pessoa. Além disso, apresentei a voz como meio de expressão de ideias, como instrumento para interpretação artística e instrumento de trabalho, e verifiquei que o ordenamento jurídico brasileiro reconhece-a como um bem jurídico a ser protegido sob esses diversos enfoques. Em seguida, analisei os possíveis fundamentos existentes no ordenamento jurídico brasileiro para a proteção da voz e constatei que não há legislação sistematizada sobre o tema. Apresentei as justificativas para o reconhecimento do direito à voz como um *direito da personalidade autônomo*, indicando sua natureza jurídica, seu conteúdo, suas características especiais e sua extensão. Nesse contexto, analisei a questão das imitações vocais e apresentei propostas para ampliar a efetividade da proteção jurídica da voz no Brasil.

Considerando a origem acadêmica da obra, não poderia deixar de agradecer a todos os professores das disciplinas do mestrado: Professor Antonio Junqueira de Azevedo (*in memoriam*), Professor Rui Geraldo Camargo Viana, Professor Newton De Lucca, Professor Newton Silveira e Professor Virgílio Afonso da Silva. Tampouco poderia deixar de agradecer aos professores participantes das bancas de qualificação e arguição final: Professor Nestor Duarte, Professor Antonio Carlos Morato e Professora Sonia Maria D'Elboux.

Tendo em vista o enfoque interdisciplinar da obra, também gostaria de agradecer à doutora Dra. Mara Behlau, do Centro de Estudos da Voz, que me permitiu consultar sua rica biblioteca especializada em assuntos relacionados à voz. Agradeço, ainda, a Maria do Carmo Garcez Ghirardi, Cecília Antakly de Mello, Nelcina Tropardi, João Vieira da Cunha, Laetitia d'Hanens, Ivana Có Crivelli, que me ajudaram, seja enviando materiais relativos à proteção jurídica da voz, seja debatendo ideias a respeito do tema.

Por fim, agradeço a oportunidade que me foi dada pela Professora Silmara Juny Chinellato, que me sugeriu o tema, pelo qual me apaixonei. Agradeço, especialmente, por seu auxílio na indicação e localização de diversos textos internacionais, bem como por sua disponibilidade para discutir algumas questões cruciais do texto. Enfim, agradeço-lhe pela exigente e dedicada orientação, sem a qual o resultado desta obra não teria sido o mesmo.

Prefácio

Voz e Direito Civil: proteção jurídica da voz – história, evolução e fundamentação legal, de Fernanda Stinchi Pascale Leonardi, é pioneiro como obra monográfica, na doutrina brasileira, anotando-se a raridade também no Direito estrangeiro, o que por si só já recomenda a leitura. Além disso, o assunto foi pesquisado com seriedade e abrange doutrina e acórdãos de nossos tribunais, embora não sejam estes em grande número, talvez, justamente, pela raridade do tratamento do tema até hoje. A Constituição da República inovou, entre os direitos e garantias fundamentais, ao prever expressamente o direito à voz, no art. 5º, XXVIII, *a*, como bem de personalidade, o que encontra respaldo no art. 20 do Código Civil com a tutela da "transmissão da palavra", bem como nos direitos conexos, amparados pela Lei n. 9.610, de 19 de fevereiro de 1998, que protege os direitos autorais e os conexos, esses relativos a artistas, intérpretes e executantes.

A autora aceitou o desafio que lhe propus, no início do mestrado, ao sugerir um tema novo, não explorado, de pouca bibliografia, um mundo a trilhar. Cumpriu bem seu encargo e se vê, em sua segura pesquisa e nas opiniões que registrou, uma bem resolvida paixão pelo tema.

O título da obra indica claramente que a proposta tem como objetivo o direito civil e não se confunde com o "direito à voz" como sinônimo de liberdade de expressão, tema rico a merecer tratamento diferenciado, no âmbito do direito constitucional. A abrangência com pesquisa interdisciplinar, ênfase nos direitos da personalidade, análise crítica de doutrina e dos acórdãos dos diversos tribunais proporciona leitura enriquecedora, que seguramente acrescentará conhecimento, o que nem sempre se vê no prolífero mercado editorial jurídico. Afianço que um trabalho de tal seriedade e inovação, de agradável redação, merece e deve ser lido.

A relevância e a densidade do tema inspiraram muitos poetas e compositores, mas Caetano Veloso tratou-o de modo especial, com seu talento ímpar, na canção *Minha vida, minha voz*:

> "Minha voz, minha vida,
> meu segredo e minha revelação,
> minha luz escondida,
> minha bússola e minha desorientação..."

À Editora Manole que empresta seu prestígio à *Coleção Direito Autoral Contemporâneo* apresento meu elogio e cumprimentos por dar vez e voz aos que se dedicam ao direito de autor, com tantos temas de relevante interesse na sociedade da informação e da comunicação.

Silmara Juny de Abreu Chinellato
Coordenadora da *Coleção Direito Autoral Contemporâneo*

Introdução

A voz é o instrumento da comunicação oral entre as pessoas. Por um lado, tem o poder de entusiasmar, emocionar e encantar; por outro lado, ela pode amedrontar e apavorar. De uma forma ou de outra, a voz sempre pode dizer mais do que as palavras. Não há como negar que ela cria efeitos de sentido, alterando o significado da representação escrita.

Durante séculos, a voz foi preterida em decorrência da hegemonia da escrita. Contudo, na era da informação, com a velocidade cada vez maior das comunicações, inegavelmente, ela retoma seu papel de destaque no meio social.

Mais e mais a comunicação oral a distância, via rádio, telefone, televisão ou Internet vem sendo priorizada em relação à comunicação escrita, tanto por sua eficácia e rapidez quanto por permitir nuances emocionais, muitas vezes perdidas em um texto escrito. Nesse sentido, há uma tendência de que, nos próximos anos, a voz seja utilizada como instrumento de comunicação pelas pessoas ainda mais do que na atualidade.

Desse modo, é compreensível o crescente destaque social e científico que tem sido dado à voz. Esse interesse pode ser constatado pela abordagem de diversas ciências que, direta ou indiretamente, estudaram-na no século XX, tais como a psicanálise, a fonética, a linguística e a história das tradições orais. Essas disciplinas, entre outras, são destacadas por Paul

Zumthor, autor suíço que partiu da linguística e estudou várias outras matérias para criar o que denominou *ciência global da voz*.[1]

Vale citar que, ao longo do século XX, o estudo médico da voz foi, paulatinamente, deixando de ser feito pelos otorrinolaringologistas e foniatras e passou a ser objeto de uma nova especialidade: a fonoaudiologia.[2]

Outra demonstração do recente destaque dado à voz é a comemoração, no dia 16 de abril, do Dia Internacional da Voz, que, desde o ano de 2003, é reconhecido por países como Portugal, Espanha, Bélgica, Suíça, Itália, Argentina, Chile, Venezuela, Panamá e Estados Unidos, após iniciativa brasileira.[3]

No Brasil, a voz tem sido objeto de estudo de diversas áreas do conhecimento. De acordo com dados divulgados pela Sociedade Brasileira de Fonoaudiologia,[4] entre os anos de 1984 e 2009, 239 pesquisas sobre voz, em nível de mestrado e doutorado, foram orientadas por médicos, fonoaudiólogos, psicólogos, educadores, pedagogos, enfermeiros, linguistas, sanitaristas, odontólogos, assistentes sociais, músicos, matemáticos, engenheiros, físicos, filósofos, sociólogos, jornalistas, comunicadores sociais e estatísticos. Essa variedade de profissionais envolvidos em estudos da voz, além de corroborar o destaque dado a ela nas últimas décadas, reflete a diversidade de disciplinas que guardam alguma relação com a voz.[5]

Na área jurídica, pouco se estudou sobre a proteção da voz até o momento, apesar de várias situações fáticas propiciarem discussões juridicamente interessantes a respeito do assunto.

Do ponto de vista de seu objeto, muitas dessas situações referem-se a um conjunto complexo de bens jurídicos tradicionalmente tutelados pelo direito, tais como a integridade física, a intimidade, a identidade, a honra e a imagem das pessoas; outras situações, porém, trazem a voz como único bem jurídico a ser tutelado.

---

1 Zumthor, 2007, p.9-10.

2 Sobre o histórico da fonoaudiologia no Brasil, cf. GOULART et al., 1984.

3 O Dia Internacional da Voz surgiu a partir do reconhecimento internacional de um trabalho desenvolvido pela Sociedade Brasileira de Laringologia e Voz desde o ano de 1999, conforme histórico a respeito constante no *site* da referida Sociedade. Disponível em: www.ablv.com.br/campanha_detalhes.asp?id=2. Acessado em 09.01.2010.

4 BEHLAU & ALGODOAL, 2009.

5 Especificamente na área de fonoaudiologia, além da produção acadêmica proveniente da Universidade Federal do Estado de São Paulo (Unifesp), da Pontifícia Universidade Católica de São Paulo (PUC/SP) e da Universidade de São Paulo (USP), vale destacar a atuação do Centro de Estudos da Voz (CEV), que oferece cursos de especialização em voz regularmente, nos quais mais de 230 profissionais já se especializaram, desde 1999.

Já do ponto de vista do sujeito, alguns casos referem-se à voz de artistas, intérpretes e de pessoas notórias, enquanto outros dizem respeito à voz de pessoas comuns que a usam, profissionalmente ou não.

Desse modo, a proposta da presente obra é analisar a voz de maneira inédita, isto é, a partir da reunião e do estudo de material doutrinário e jurisprudencial, nacional e estrangeiro, para, ao final, obter respostas a questões essenciais, como: a voz é um bem jurídico a ser protegido? Existe um direito à voz? A proteção civil da voz no Brasil é eficaz?

Para isso, partindo de um enfoque interdisciplinar (praticamente indispensável, dada a natureza do próprio objeto em estudo), analisou-se se: a voz é um som como outro qualquer; a voz de uma pessoa é única; cada pessoa possui apenas uma voz; é possível diferenciar uma pessoa de outra com base em sua voz; é possível identificar uma pessoa exclusivamente por sua voz; a voz é essencial para as pessoas; a voz de uma determinada pessoa pode ser considerada mais importante ou mais valiosa do que a voz de outra pessoa.

Além disso, foram estudadas obras de doutrinadores brasileiros e estrangeiros, especialmente sobre direitos da personalidade, direitos de autor e direitos a eles conexos.

Estudou-se, ainda, o cenário jurídico de diversos casos brasileiros e estrangeiros, os quais versam sobre dublagem de obras audiovisuais; uso desautorizado de obras musicais preexistentes em obras novas; uso de voz de celebridades em campanhas publicitárias, institucionais ou políticas sem autorização; uso de imitação de voz de celebridades para fins publicitários, sem autorização; imitações cômicas da voz de celebridades; divulgação de entrevistas de pessoas comuns sem que a voz do entrevistado seja descaracterizada ou editada; uso da voz de pessoas comuns ou famosas para fins diversos daqueles informados.

Também foi analisado o reflexo jurídico de diversos episódios relativos à voz, tais como a perpetuação da voz de um personagem apesar da substituição de seu intérprete, como ocorreu com o personagem Pato Donald, dos estúdios Walt Disney; a recusa de um ator a fazer a dublagem de personagem por ele interpretado anteriormente, como aconteceu com Al Pacino, em 2006, sob a justificativa de que sua voz atual não é mais a mesma; as imitações da voz de celebridades divulgadas sem a devida ressalva, como ocorrido no caso em que Pelé chegou a se confundir com a imitação de sua voz pelo humorista Wilson Roberto da Hora Santos (Beto Hora);[6]

6 HORA, 2009.

e as imitações da voz de pessoas famosas feitas com a clara intenção de enganar o interlocutor, como em diversos casos de imitação da voz do presidente Luiz Inácio Lula da Silva.

Do ponto de vista formal, vale tecer alguns comentários sobre o título da obra, bem como sobre sua divisão estrutural. O título do livro, *Voz e Direito Civil*, foi escolhido para evitar que o leitor espere localizar, no texto, alguma análise penal sobre o tema. Contudo, o trabalho analisa, além dos temas de direito civil, os fundamentos constitucionais para a proteção da voz e diversos aspectos dos direitos de autor e direitos a eles conexos, ramo do direito privado que goza de autonomia em relação ao direito civil. O trabalho não foi intitulado *Direito à voz*, pois essa expressão poderia gerar no leitor a expectativa de que seria estudado o direito à opinião e à crítica, seja de cidadãos na vida política do país, seja de membros de uma pessoa jurídica de direito público ou privado.

Estruturalmente, o trabalho está dividido em cinco partes. A primeira parte busca conceituar o que é a voz, entender sua relevância no meio social e identificar as influências do meio social e da evolução tecnológica na possibilidade e necessidade de sua proteção. A segunda parte apresenta uma breve evolução histórica da tutela da voz. Já a terceira parte traz um panorama de países que contam com legislação específica, discussão doutrinária ou jurisprudência sobre o tema, tais como França, Espanha, Itália, Argentina, Peru e Estados Unidos. A quarta parte analisa as razões pelas quais a voz merece ser juridicamente protegida; apresenta diversos papéis sociais da voz e seus reflexos jurídicos; indica os diversos fundamentos legais presentes no ordenamento jurídico brasileiro que tratam direta ou indiretamente da proteção à voz; apresenta o direito à voz como um direito da personalidade autônomo; indica sua natureza jurídica, seu conteúdo, suas características especiais e sua extensão; apresenta a inter-relação do direito à voz com outros direitos da personalidade; analisa a questão da colisão do direito à voz com direitos de terceiros; e, finalmente, analisa a responsabilidade civil por violação ao direito à voz. A quinta parte do trabalho traz propostas para ampliar a efetividade da proteção jurídica da voz no Brasil.

Com a apresentação em pauta, a obra visa a contribuir para a sistematização e o aprofundamento dos estudos sobre a tutela da voz no Brasil.

Parte I

A voz e o meio social

Capítulo 1

A Voz

1. Conceito de voz

A palavra *voz* possui diversos significados na língua portuguesa. Pelo valor histórico, merecem destaque as definições apresentadas no *Vocabulario Portuguez & Latino*, de Raphael Bluteau: "som articulado na garganta e boca do animal [...]", e no *Diccionario da língua portugueza*, de Moraes e Silva: "o som feito pelo ar movido do pulmão, e pela língua [...]".[1]

Nos vários dicionários modernos consultados,[2] o verbete *voz* traz ao menos dez diferentes acepções. Para a presente obra, porém, interessam

1 Cf. BLUTEAU, 1712-1728, p.583, e MORAES & SILVA, 1813, p.866, ambos digitalizados. Disponíveis em: www.brasiliana.usp.br/dicionario.

2 Cf., por exemplo, o verbete *voz* nos seguintes dicionários. a) *Dicionário Houaiss da Língua Portuguesa*: "1 *som musical* produzido por vibrações das pregas vocais, no ser humano e em muitos mamíferos que tb. as possuem, e que é us. como meio de comunicação e expressão de emoções, no riso, no choro, na fala, no canto etc. [...] 6 Rubrica: fonética. conjunto dos sons musicais produzidos pela vibração das cordas vocais sob pressão do ar que percorre a laringe 7 Rubrica: fonética. componente de qualquer fonema sonoro (todas as vogais, as semivogais e algumas consoantes) [...] 10 Rubrica: música. o som produzido pelo aparelho fonador enquanto instrumento musical 10.1 Rubrica: música. classificação desse som quanto à tessitura 11 Rubrica: música. cada uma das partes de uma composição 12 Rubrica: música. cada uma das sílabas de um hexacorde"; b) *Moderno Dicionário da Língua Portuguesa Michaelis*: "1 O som que é produzido pelo ar, lançado dos pulmões na laringe do organismo animal, e modificado pelos órgãos vocais. 2 O som com que se modulam as palavras ou

apenas as acepções referentes à anatomia, à fonoaudiologia e, eventualmente, à música, sendo irrelevantes, por exemplo, aquelas relativas à gramática, como *voz passiva*, ou ao jargão militar, como *voz de comando*.

Entre todas, destacamos as duas primeiras definições apresentadas no verbete atualizado do *Dicionário da Língua Portuguesa Caldas Aulete*: "1. Anat. Conjunto das manifestações sonoras produzidas pelos vertebrados por meio dos pulmões e da laringe (ou da siringe, nas aves). 2. Restr. Complexo dos sons assim produzidos pelos seres humanos".[3]

Também nos dicionários das línguas italiana, inglesa, espanhola e francesa, o verbete *voz* apresenta diversos significados,[4] sendo que todos esses dicionários trazem como primeira acepção do verbete *voz* o som produzido pelo aparelho fonador.

A voz é, portanto, um som. Contudo, a voz não é um som como outro qualquer.

Embora não apenas os seres humanos possuam voz,[5] para a presente obra, o termo será usado no sentido de *emissão sonora produzida pelos seres humanos*.

Existem várias teorias sobre a produção da voz.[6] A mais comumente aceita é a de que o som básico da voz é resultado da aproximação das pregas vocais, realizada pelo trabalho muscular, e da vibração da mucosa, provocada pela passagem do fluxo de ar que vem dos pulmões. Esse som fraco é amplificado na garganta, no nariz e na boca (que funcionam como caixas de ressonância) e é alterado por dentes, língua, lábios, bochechas e palato.[7]

O processo de produção da voz pode ser segmentado em duas etapas: a geração da sonoridade e a articulação da sonoridade pelo conjunto ressoador. A geração da sonoridade é realizada na altura das cordas vocais e

---

o canto. [...] 14 Som, ruído. [...] 17 MÚS Parte vocal de uma peça de música. [...] 20 O cantor ou cantora"; c) *Novo Dicionário Aurélio da Língua Portuguesa*: "1. Som ou conjunto de sons emitidos pelo aparelho fonador. 2. Faculdade de falar; fala. [...] 11. MÚS Trecho vocal de uma composição musical".

3 Cf. *Dicionário da Língua Portuguesa Caldas Aulete*, consulta ao verbete atualizado "voz" do *Aulete Digital*. Disponível em: www.auletedigital.com.br/download.html.

4 Cf. verbete "*voce*", *Dizionari Garzanti*..., 1997, p.1400; verbete "*voice*", *Longman Dictionary*..., 1995, p.1599; verbete "*voz*", *Diccionario de la Lengua*..., 2010; definição de "*voix*", apresentada pelo Centre National de Ressources Textuelles et Lexicales. Disponível em: www.cnrtl.fr/definition/voix.

5 Sobre o aparecimento da voz humana e a evolução das espécies, cf. RODRÍGUEZ, 2006, p.11-6.

6 Cf. BEHLAU, 2001.

7 Cf. KYRILLOS; COTES; FEIJÓ, 2003, p.24.

produz vibrações puras, com intensidade, altura e duração determinadas. Na segunda etapa, o modo de articulação, a abertura da boca, a altura da língua e o arredondamento dos lábios influenciam a emissão final.[8]

A esse sofisticado processamento muscular associa-se a manifestação psicológica do emissor,[9] que combina *forças vitais* (querer, imaginar) com *recursos vocais* (respiração, intensidade, frequência, ressonância, articulação, projeção, volume, ritmo, velocidade, cadência, entonação, fluência, duração, pausa, ênfase).[10] Sobre o assunto, Mara Behlau e Roberto Ziemer afirmam que, além de se relacionar às condições físicas do emissor, a qualidade vocal de uma pessoa relaciona-se a suas condições psicológicas e socioeducacionais.[11]

O resultado de um processamento muscular harmônico é uma voz de boa qualidade para os ouvintes, produzida sem desconforto para o falante. Essa voz comum é definida pela fonoaudiologia como *eufonia*.[12] Quando, ao contrário, o processamento muscular não é harmônico ou é desconfortável para o falante, tem-se um distúrbio, definido pela fonoaudiologia como *disfonia*. Uma disfonia pode ter causas congênitas, endócrinas, neurológicas ou psiquiátricas, entre outras razões.[13]

Este livro não se aprofundará nas questões fonoaudiológicas. Porém, é importante mencionar que uma voz pode ser avaliada pela ressonância, pelos aspectos temporais de emissão sustentada, pela gama tonal, pela articulação, pelo ritmo, pela dinâmica respiratória, entre outros parâmetros,[14] elementos úteis para uma perícia de *fonoaudiologia forense*. Esse tipo de perícia analisa os itens mais relevantes que compõem o som de uma voz: a frequência média, o *pitch* (timbre), a extensão vocal, a gama tonal, a intensidade e o *loudness* (volume). Considerando que todos eles resultam da forma e do tamanho das pregas vocais e de outras partes do corpo (tórax, pescoço, língua e estrutura óssea), a voz de uma pessoa é sempre diferente da voz de outra,[15] sendo o objetivo da perícia tentar identificar o emissor de determinada voz.

---

8 Cf. CARMO JR., 2005, p.104-5.
9 Cf. BEHLAU, 2001, p.64.
10 Cf. GAYOTTO, 2002, p.20-1.
11 Cf. BEHLAU & ZIEMER, 1988, p.72-5.
12 Cf. BEHLAU, 2001, p.64.
13 Sobre disfonias, cf. BEHLAU, 2001, caps. 4 e 5; e BEHLAU, 2005, caps. 6 a 11.
14 Cf. BEHLAU, 2001, cap. 3.
15 Para uma análise mais aprofundada sobre a voz do ponto de vista biológico, cf., de modo geral, MATHIESON, 2001.

Ainda que a voz de uma pessoa possa ser parecida com a de outra em decorrência da semelhança de suas estruturas físicas, ambas jamais poderão ser consideradas *iguais*, pois as condições psicológicas (*forças vitais*) são e sempre serão inerentes a cada pessoa. A esse respeito, vale destacar a opinião de Glorinha Beuttenmüller no sentido de que "nascemos com uma voz com determinadas características e morremos com a mesma voz, com as mesmas características".[16]

2. Peculiaridades da voz

Como todo som, a voz tem como uma de suas principais características a efemeridade, ou seja, desaparece imediatamente após ter sido emitida. Além disso, é sempre necessário um esforço da pessoa para cada nova emissão. Com isso, a existência da voz só é percebida no exato momento em que algum som é efetivamente expelido pelo aparelho fonador.

Nesse sentido, a voz pode ser entendida como uma sensação provocada nas pessoas que escutam alguém falando. Sendo uma sensação, pode ser diferente a cada vez que se escuta, especialmente se a posição e a distância entre quem fala e quem ouve não são as mesmas. Sobre essa característica da voz, Paul Zumthor resume: "Voz implica ouvido. Mas há dois ouvidos, simultâneos, [...], o daquele que fala e o do ouvinte".[17] Esse aspecto fica bastante evidenciado quando escutamos o que nós mesmos falamos, já que escutamos duas vezes (uma pelo ouvido e outra pelo osso), e a condução pela estrutura óssea torna o som mais alto e, portanto, diferente do som escutado apenas por meio do ouvido. Assim, nenhuma pessoa escuta a própria voz da mesma maneira que os outros a escutam. Desse modo, poder-se-ia dizer que uma pessoa tem inúmeras vozes, conforme as diferentes sensações provocadas em cada um de seus ouvintes.

Na perspectiva da física, entretanto, uma voz existe independentemente dos ouvidos que a escutam, já que aquela voz provoca uma agitação idêntica de moléculas de ar.[18]

Na perspectiva biológica, a voz, por ser produzida por um organismo vivo, está sujeita a variações circunstanciais. Essas variações nem sempre são graduais e lineares, podendo ocorrer situações em que a voz se altera por um

16 Cf. BEUTTENMÜLLER, 2003, p.94.
17 Cf. ZUMTHOR, 2007, p.86.
18 Cf. JOURDAIN, 1998, p.21.

determinado período, voltando ao estado anterior em seguida.[19] As alterações momentâneas podem não ter relevância médica, porém, são inconstâncias inerentes à voz e não podem ser ignoradas em uma análise jurídica.

Algumas dessas alterações são naturais, outras resultam de influências internas ou externas ao corpo da pessoa e outras mais podem ser obtidas propositadamente pela pessoa. O exemplo mais claro de alteração natural da voz é o fato de que, na infância, a voz é mais aguda, tornando-se mais grave após a puberdade, estabilizando-se na idade adulta e chegando a ficar mais rouca na velhice. A fonoaudiologia define esse fenômeno como *evolução vocal* ou desenvolvimento ontogenético da voz.[20]

Tal fenômeno justifica algumas práticas do mundo artístico. Uma delas é a frequente contratação de mulheres adultas para fazerem a dublagem de papéis infantis masculinos em desenhos animados, especialmente em seriados a serem exibidos por diversas temporadas.[21] Outra é a preocupação com a caracterização das vozes de personagens idosos. Desse modo, mesmo quando interpretados por atores adultos, a maioria das vozes de personagens idosos dos filmes de Hollywood contém características normalmente apresentadas por vozes senis, como crepitação, rouquidão, soprosidade e tensão.[22]

O episódio que melhor resume o reconhecimento do fenômeno da evolução vocal no mundo artístico foi a recusa do ator Al Pacino em fazer a dublagem do personagem Tony Montana, anteriormente interpretado por ele no filme *Scarface*, de 1983, quando da adaptação dessa obra cinematográfica para o jogo eletrônico *Scarface: The World is Yours*, em 2006, apesar de haver concordado com o uso de sua imagem. A justificativa para a recusa foi a de que a sua voz atual não é a mesma que tinha na década de 1980.[23]

No tocante a modificações causadas por influências internas, um exemplo recorrente é a voz rouca ao despertar, já que, durante a noite, as cordas vocais incham naturalmente, alterando a vibração do som, que sai mais

19 Nesse sentido, Glorinha Beuttenmüller conta em suas memórias que o otorrinolaringologista João Ramalho dizia: "Rouquidão que vai e vem, não é da conta de ninguém. Rouquidão que vem e fica, algum mal indica". Cf. BEUTTENMÜLLER, 2003, p.44.

20 Cf. BEHLAU, 2001, p.57-64.

21 Cf. BEHLAU, 2005, p.322. No desenho norte-americano *The Simpsons*, a atriz Nancy Cartwright dubla Bart Simpson e outros garotos. Cf. *site* oficial da dubladora. Disponível em: http://nancycartwright.com.

22 Cf. GASPARINI, 2002, p.18-22.

23 Cf. BRIDGETT, 2007.

grave pela manhã.[24] Por ser o resultado do equilíbrio de duas forças (a do ar que sai dos pulmões e a da laringe), a voz altera-se quando há um desequilíbrio entre essas forças.

Quanto às alterações decorrentes de influências externas, alguns hábitos podem provocar variações vocais, tais como fumar, já que a fumaça acarreta o aumento do muco que irrita as cordas vocais; ingerir bebidas alcoólicas, pois o álcool atua como uma anestesia; frequentar ambientes com ar-condicionado, o que acarreta o ressecamento das pregas vocais e inflamação, alergia ou inchaço em razão da variação brusca de temperatura. Alguns alimentos também podem prejudicar a voz, como a pimenta (que aumenta o tempo de digestão e dificulta a movimentação do diafragma – músculo importante na produção da voz), e o leite ou o chocolate (que aumentam o muco na garganta). Já frutas e verduras, quando bem mastigadas, relaxam a mandíbula e melhoram a dicção. Posturas muito rígidas, como ombros levantados e tensão no pescoço, também podem prejudicar a produção vocal.[25]

Às vezes, a alteração da voz tem uma causa biológica, em decorrência de trocas hormonais, como ocorre, por exemplo, com uma porcentagem elevada das mulheres que apresentam uma voz mais grave e mais baixa durante o período menstrual.[26]

Com efeito, sendo a voz produto da utilização conjunta de diversos órgãos do corpo humano e estando sujeita a uma série de condições físicas, para se tentar manter a estabilidade vocal, é recomendável cuidar da alimentação, repousar, evitar vícios nocivos e condições externas adversas, bem como cultivar hábitos e técnicas úteis.[27]

Em razão dos aspectos anteriormente arrolados, vale aprofundar a análise da inter-relação de voz e corpo. Diz-se que, na falta de um dos sentidos, os outros se aguçam. Daí a crença popular de que os deficientes visuais escutam e cantam muito melhor do que as pessoas que podem enxergar. Esse mito inspirou a toada *Assum preto*,[28] composta por Luiz Gonzaga e Humberto Teixeira na década de 1950, a qual em um dos trechos diz: "furaram os óios do assum preto, pra ele assim, ai, cantar mió",

---

24 Cf. GONÇALVES, 2001, p.69.
25 Cf. GABANINI, s/d.
26 Ibidem; e FIGUEIREDO, 2002.
27 Cf. KYRILLOS; COTES; FEIJÓ, 2003, p.26-44.
28 A letra completa da referida obra pode ser conferida no *site O Rei do Baião*. Disponível em: www.reidobaiao.com.br/assum-preto.

bem como o filme *Dançando no escuro*,[29] dirigido por Lars Von Trier, em 2000, cuja personagem principal sofre de perda gradual da visão e transforma em música todos os sons que escuta.

Desmistificando o tema, a fonoaudióloga Glorinha Beuttenmüller reconhece que o corpo é o *controle remoto da voz*[30] e afirma que os deficientes visuais têm problemas para emitir perfeitamente a voz, porque adotam posturas inconvenientes.[31]

A relação entre a voz e o corpo também ocorre no sentido inverso. Segundo relato de Giuseppe Di Stefano, reproduzido por Heloísa de Araújo Duarte Valente, a fisionomia de um cantor pode ser influenciada pelo modo como ele canta, já que a mandíbula passa a se mover de maneira distinta e os músculos faciais apresentam-se mais desenvolvidos.[32]

A influência do corpo na voz e vice-versa se resume no fato de que a voz é o único instrumento que se caracteriza por reunir em um mesmo corpo o executante e o meio de execução;[33] trata-se de um som produzido biologicamente.

Retomando a questão das alterações da voz, outro fator apontado pela fonoaudiologia é o equilíbrio emocional, já que as condições emocionais exercem influência sobre o organismo da pessoa. A ansiedade, a depressão, a felicidade, a timidez, cada uma a seu modo, atuam sobre a voz da pessoa.[34] A manifestação das emoções na oratória foi objeto de estudo aprofundado por Reinaldo Polito, famoso profissional da área de comunicação e expressão em público. No referido estudo, o autor conclui que, para ter sucesso em sua comunicação, o orador deve se valer da própria emoção.[35]

---

29 No filme, a cantora Björk faz o papel principal da operária que está perdendo paulatinamente a visão em decorrência de uma doença genética (da qual quer livrar seu filho por meio de uma cirurgia). Mais detalhes sobre o filme podem ser obtidos no *The Internet Movie Database*. Disponível em: www.imdb.com/title/tt0168629/.

30 Cf. BEUTTENMÜLLER, 2003, p.41.

31 Ibidem.

32 Cf. VALENTE, 1999, p.140-1.

33 A equiparação da voz a um instrumento musical é usual e muitas vezes a parte vocal de uma música pode substituir uma linha melódica que seria feita por um instrumento. Um bom exemplo é o grupo The Voca People, composto por oito pessoas que imitam os sons de tambores, trompetes, guitarras e outros instrumentos e efeitos musicais, sem utilização de qual quer instrumento musical. De fato, o grupo consegue reproduzir uma orquestra inteira sem instrumentos musicais, apenas com a própria voz. Cf. *Sucesso no YouTube, israelenses do grupo "The Voca People" vêm ao Brasil*. Disponível em: www.pletz.com/blog/sucesso-no--youtube-israelenses-do-grupo-the-voca-people-vem-ao-brasil/.

34 Para uma análise mais aprofundada sobre a influência das condições emocionais na voz, cf. BEUTTENMÜLLER, 2003, p.39-47; e KYRILLOS; COTES; FEIJÓ, 2003, p.30-1.

35 Cf. POLITO, 2005, p.139.

É nesse sentido que se afirma que a voz é sentimento, ou, nas palavras de Pitágoras, é o *eco da alma.*[36] Hélio Sodré, citando, respectivamente, Spengler e Tolstói, menciona que "a hipocrisia dos gestos se desmascara no som" e que "a vantagem da linguagem verbal é que o ouvinte sente a alma de quem fala".[37] A perda da qualidade vocal decorrente de desequilíbrio emocional somente será superada mediante a recuperação do controle emocional.

É importante destacar, ainda, que há a possibilidade de alteração proposital da voz. Como visto, a voz, diferente da fisionomia, não acompanha a pessoa independentemente de qualquer ato voluntário desta. A emissão da voz depende de um querer do emissor. Desse modo, muitas vezes, o emissor pode pretender emitir sua voz de modo diferenciado para atingir uma qualidade vocal diversa da natural. Isso é viável mediante o uso de técnicas que propiciam diferentes combinações de seus recursos vocais, técnicas estas bastante usadas por profissionais da voz.

Pode-se dizer, portanto, que a voz é um som vivo, caráter esse denominado por Paul Zumthor como *tactilidade*, no sentido de que cada voz é particular e concreta.[38] De fato, a voz é um som peculiar, pois, além de efêmera, une aspectos físicos, emocionais e sociais (que podem gerar variações vocais agudas ou crônicas) e, ainda, pode ser voluntariamente alterada por seu emissor, como foi sinalizado.

Nesse sentido, Glorinha Beutenmüller aponta: "A voz assemelha-se ao jato de um chafariz que se eleva desde o diafragma, passando pela garganta, chegando até seu alto-falante, que é a boca, e se projetando numa ducha de sons para quem nos ouve. A voz é o repuxo sonoro de nossos sentimentos".[39]

De qualquer maneira, ainda que a amplitude da plasticidade vocal seja inegável e que a voz de cada pessoa mude em decorrência de inúmeros fatores, cada indivíduo apresenta "uma qualidade vocal nuclear que fará parte de sua identidade".[40] Além disso, é importante destacar que a voz de cada pessoa é reveladora tanto para a própria pessoa como para os outros. Portanto, as peculiaridades aqui analisadas não afetam a possibilidade de considerarmos a voz uma constante inerente a cada pessoa.

36 Cf. BEUTTENMÜLLER, 2003, p.39.
37 Cf. SODRÉ, 1967, p.21.
38 Cf. ZUMTHOR, 2007, p.13-5.
39 Cf. BEUTTENMÜLLER, 2003, p.40.
40 Cf. BEHLAU, 2001, p.60.

Capítulo 2
Relevância da voz no meio social

1. A voz natural

A origem da vocalização pelos seres humanos confunde-se com a própria origem da humanidade, sendo que o homem primitivo vocalizava por meio de gemidos. Assim, é provável que a voz humana sequer existisse, não fosse a necessidade inerente de comunicação dos seres humanos.[1] Considerando que as pessoas (como seres sociais que são) precisam se comunicar; não se pode negar a relevância da voz como meio de comunicação verbal, que se caracteriza por sua sonoridade e permite que as pessoas expressem entre si suas ideias e emoções.[2]

De fato, a voz é usada como meio de expressão entre os seres humanos antes mesmo do desenvolvimento da linguagem. O choro, por exemplo, é a voz natural do bebê, é o meio que ele usa para se comunicar com os que estão ao seu redor. Com efeito, nos primeiros meses de vida, o bebê depende quase totalmente de suas modulações vocais, as quais perderão importância aos poucos, conforme a criança crescer e adquirir um código linguístico.[3] Daí a diferença (perceptível, ao menos, para os mais próxi-

1 Cf. ROSSIT, 2002.
2 Cf. MORATO, 2007, p.159-60.
3 Cf. BEHLAU, 2001, p.59.

mos) entre os choros de dor, de fome, de frio e de manha.[4] Mais do que chorar de modo diferente dependendo do que estão sentindo, já foi comprovado que os bebês podem chorar em tons diferentes de acordo com os tipos de sons característicos do idioma que ouviam antes de nascer.[5]

A voz natural de todas as pessoas é a voz que permite as conversas entre familiares e amigos, bem como a comunicação de fatos e histórias. É a voz da mãe que acalma o filho desde quando ele ainda está em seu ventre.[6] É a voz do pai que repreende o filho desobediente. É a voz do consumidor que pede explicações sobre um produto ao vendedor. É a voz do amante que se declara para a amada. É a voz da esposa que provoca reação no marido inconsciente.[7]

Nesse sentido, a voz natural é aquele som que produzimos de modo espontâneo, sem que ninguém tenha nos ensinado a produzir. Com efeito, a voz natural é aquela emitida pela pessoa sem que ela pense a respeito do que está fazendo, sem que ela utilize qualquer estratégia, técnica ou método para atingir algum objetivo específico. Desse modo, enquanto uma pessoa comum, com sua voz natural, ao fazer uma leitura, apresenta poucas variações de altura, duração e intensidade, um locutor profissional, ao fazer a mesma leitura, certamente utilizará oscilações de entonação para demonstrar a direção do texto.[8]

Ademais, a voz natural difere da voz profissional também no ritmo, já que uma leitura feita por um profissional costuma ter um ritmo definido que pode, inclusive, ser traduzido em tempo. De fato, foi Heron Domingues, locutor do *Repórter Esso*, que introduziu, no radiojornalismo, o conceito de que a leitura de um locutor de notícias demora quinze linhas por minuto, permitindo, a partir da numeração do texto a ser lido, a determinação do tempo de duração do noticiário que apresentava.[9]

Diante da falta de um objetivo consciente ao emitir a voz, as pessoas sequer percebem a importância dela em suas vidas.[10] Mesmo pessoas que fazem uso profissional da voz e têm um objetivo ao emiti-la, muitas vezes não se preparam para a demanda vocal a que são expostas nem se aten-

4 Cf. KYRILLOS; COTES; FEIJÓ, 2003, p.19.
5 Cf. MAMPE et al., 2009.
6 Cf. TABORDA & DEUTSCH, 2004, p.41.
7 Cf. DANTAS, 2010.
8 Cf. CARMO JR., 2005, p.78-9.
9 Cf. JUNG, 2007, p.33.
10 Cf. CARIOLA, 1999.

tam para alterações vocais, assumindo uma postura de risco ao deixarem de buscar treinamentos e diagnósticos.[11]

2. A voz profissional

Adicionalmente ao uso da voz como meio de expressão nas situações cotidianas da vida pessoal, a voz também pode ser usada profissionalmente. Nesse caso, a exigência é maior, tanto em termos de quantidade como em termos de qualidade. Em outras palavras, pode-se dizer que o profissional da voz é a pessoa que depende de uma qualidade vocal específica para exercer sua profissão.

Em geral, associamos a voz profissional com a voz artística, mas existem muitos profissionais da voz que não trabalham no ramo artístico.[12] Quase todas as profissões exigem, em maior ou menor grau, o uso da voz. Há profissionais que a utilizam com maior intensidade: advogados, professores, instrutores de atividades físicas, guias de turismo, tradutores e intérpretes, vendedores, feirantes, leiloeiros, telefonistas, políticos, repórteres, radialistas, locutores, apresentadores, atores, cantores, dubladores, comediantes, repentistas, ventríloquos, profissionais de telemarketing e operadores de bolsa de valores.

Em geral, a voz esperada (ou preferida[13]) dos profissionais diferencia-se da voz natural das pessoas por ser treinada, afinada, impostada, potencializada, projetada ou forçada para se adaptar a alguma finalidade específica. Trata-se da *voz de impostação*, citada por Hermano Duval.[14] A voz profissional, desse modo, é resultante de uma vontade específica da pessoa. De fato, muitas vezes os profissionais da voz não usam, durante suas atividades, a voz natural, espontânea, habitual. Ao contrário, precisam buscar a melhor impostação, para não forçar o aparelho fonador ou para usar a voz de forma interpretativa e captar o interesse das pessoas.

A voz esperada de um profissional varia de acordo com a época e os meios tecnológicos disponíveis. Nesse sentido, Milton Jung explica que, nos primeiros anos de radiodifusão no Brasil, em decorrência da baixa qualidade dos microfones, apenas homens com boa voz trabalhavam como ra-

---

11 Cf. BEHLAU, 2005, p.289-91.

12 Cf. BEHLAU, 2005, p.288.

13 A expressão "voz preferida" foi desenvolvida para designar padrões vocais profissionais. Cf. BEHLAU, 2005, p.299.

14 Cf. DUVAL, 1988, p.119.

dialistas, pois somente o tom mais grave atendia às necessidades do público da época. Com a chegada da televisão e a mudança de comportamento das pessoas em geral, o tom artificial foi substituído pela naturalidade e os apresentadores baixaram o tom da voz. O autor esclarece, entretanto, que, apesar de os meios de comunicação terem abandonado a narração dramática e adotado um tom mais coloquial, os profissionais da voz jamais reproduzem a naturalidade de uma *fala espontânea*.[15]

Vale, ainda, comentar que algumas profissões exigem a voz falada, enquanto outras exigem a voz cantada. Diz-se que a voz falada depende mais da intensidade psicológica, enquanto a voz cantada depende mais da intensidade fisiológica. Para José Roberto do Carmo Jr., a voz falada (*lógos*) e a voz cantada (*mélos*) são duas manifestações da oralidade que podem ser distinguidas analiticamente, mas, de modo concreto, são indissociáveis e complementares.[16] Ainda que fisicamente indissociáveis, a voz cantada e a voz falada demandam cuidados distintos, daí a razão para a fonoaudiologia tentar descrever as diferenças entre elas.[17]

Nesse sentido, a bibliografia sobre cuidados com a voz e recomendações para profissionais é extensa, tanto no Brasil quanto no exterior.[18]

Não há dúvida de que é importante adaptar a voz à mensagem que se está comunicando, ao tom da música que se está cantando, ao evento que se está narrando, ou ao personagem que se está dublando ou interpretando. Todavia, é preciso respeitar a própria voz e descobrir suas reais possibilidades vocais.[19] Isso pode ser obtido com o auxílio de fonoaudiólogos que aplicam técnicas e exercícios que propiciam uma qualidade vocal mais adequada ao uso profissional, seja para a voz falada, seja para a voz cantada.

Assim, no Brasil, as empresas de comunicação de massa, em geral, mantêm assessoria fonoaudiológica à disposição de seus profissionais, com a intenção de oferecer a eles o que é chamado de *programa de condicionamento vocal*.[20] Mais do que auxiliar individualmente cada profissional, os fonoaudiólogos podem desenvolver um trabalho profundo e abrangente

---

15 Cf. JUNG, 2007, p.118-20.
16 Cf. CARMO JR., 2005, p.104.
17 Cf. BEHLAU, 2005, p.300-3.
18 Além dos citados neste trabalho, destacamos HOGAN, 2002; ALBURGER, 2007; WRIGHT & LALLO, 2009; QUINTEIRO, 2009; ALEIXO, 2007; GUBERFAIN, 2005; BOONE, 1993; BRANDI, 2002; BLOCH, 1982; NEMR, 2002; CARVALHO & KOHLE, 2002.
19 Cf. QUINTEIRO, 2007, p.61-2.
20 Cf. BEHLAU, 2005, p.352.

para a própria empresa, estabelecendo qual o padrão esperado de voz para os profissionais que ali trabalham. Glorinha Beuttenmüller, por exemplo, foi responsável por uniformizar a fala de repórteres e locutores da Rede Globo, tendo assessorado diversos profissionais, como William Bonner e Fátima Bernardes, que atingiram o padrão de voz esperado e hoje servem de exemplo para os profissionais que ainda precisam de treinamento para melhorar a impostação e neutralizar seu sotaque.[21]

Fonoaudiólogos também podem ser de muita valia em espetáculos teatrais, não apenas para prevenir ou remediar transtornos vocais agudos de alguns atores e atrizes, mas para atuar na preparação vocal dos intérpretes durante a construção da voz dos personagens que interpretarão. Alguns intérpretes, por iniciativa própria, usam assessoria fonoaudiológica para *encontrar a voz* do personagem a ser interpretado, como mencionado por Diogo Vilela em entrevista reproduzida no livro de Glorinha Beuttenmüller, na qual o ator refere-se à sua fonoaudióloga como *maga da voz*, creditando-lhe sua excelente condição vocal.[22]

Lucia Helena Gayotto, preparadora vocal do Teatro Oficina durante a peça *Ham-let*, dirigida por José Celso Martinez Correa, diz que a voz do ator em cena ganha ajustes mediante o uso dos recursos vocais integrados às situações do personagem.[23] A autora refere-se à voz do personagem como *voz cênica*, explicando que há diferenças entre esta e a habitual, dada a necessidade de projeção no espaço, de articulação e de exibição de variação emocional constante.[24] Nesse sentido, a autora desenvolve o conceito da *ação vocal*, por meio do qual os atores conseguem manter suas vozes vivas e em movimento, de acordo com a ação cênica em que estiverem inseridos. Segundo ela, realizar ação vocal "amplia o uso dos recursos vocais na criação, ou seja, abre as combinações e possibilidades de movimento da voz em cena".[25] Percebe-se, portanto, serem necessários estudo, criação e treino para se chegar à voz ideal de um personagem, a qual pode, inclusive, ser bastante diferente da voz natural do intérprete.

Bom exemplo dessa situação é Clarence Charles Nash, que fez a voz de um dos personagens mais famosos dos estúdios Walt Disney, o Donald Duck (Pato Donald), de 1934 a 1985. A voz caricata do personagem em

21 Cf. BEUTTENMÜLLER, 2003, p.81-4.
22 Ibidem, p.63.
23 Cf. GAYOTTO, 2002, p.21.
24 Ibidem, p.23.
25 Ibidem, p.28.

nada se assemelhava à voz natural do intérprete, como se percebe no documentário em que o dublador narra, com sua voz natural, detalhadamente, a história de sua contratação e de sua carreira nos estúdios Walt Disney.[26] Vale destacar que a voz do personagem se manteve apesar da substituição do intérprete, pois Clarence Charles Nash treinou exaustivamente o segundo intérprete, Tony Anselmo, para garantir que a voz do personagem pudesse ser reconhecida pelo público – e, de fato, o treinamento foi eficaz, pois Tony Anselmo dubla o Pato Donald desde 1985 sem rejeição do público.

É importante destacar que a possibilidade de variação vocal, consciente ou inconsciente, é uma demonstração de que o aparelho fonador é saudável. Diante disso, há quem afirme que, na verdade, temos várias vozes.[27] Com efeito, algumas pessoas têm facilidade para variar livremente sua voz de acordo com a situação e o contexto do discurso.

Em geral, locutores esportivos fazem uso dessa facilidade ao exagerarem na entonação, aumentarem a velocidade de sua fala e transmitirem ao telespectador não apenas uma sequência monótona de atos, mas a intensidade e a emoção da atividade esportiva que estão narrando. Mais do que isso, o locutor esportivo muitas vezes ignora a realidade e cria um espetáculo esportivo à altura do imaginário dos torcedores. O exemplo mais evidente disso é a narração de um gol em partidas de futebol transmitidas pelo rádio, nas quais os locutores costumam subir a entonação progressivamente e acelerar ao máximo sua fala (para criar a sensação de movimento) até o momento do gol, quando transformam de maneira radical a qualidade vocal e geram a sensação de paralisação do tempo.[28]

Outros profissionais que costumam ter facilidade de variação vocal são os da área de imitações cômicas e dublagem, tais como Wilson Roberto da Hora Santos, o Beto Hora (famoso por imitações de Maria Bethania, Sérgio Chapelin, Cid Moreira, Clodovil, Gil Gomes, Lula, Pelé, Milton Neves, Romário e Sílvio Santos),[29] e o dublador norte-americano Melvin Je-

---

26 Cf. "*The Man behind the Duck*", 1934-1941.

27 Cf. BEHLAU, 2001, p.65.

28 A respeito do tema vale verificar a análise que José Roberto do Carmo Jr. fez a respeito da narração realizada pelo locutor Reinaldo Costa de um gol ocorrido em uma partida entre Palmeiras e Ponte Preta, confrontada com a reprodução do mesmo gol por um locutor não profissional. Cf. CARMO JR., 2005, p.75-84.

29 A lista de todos os personagens feitos por Beto Hora pode ser consultada no *site* oficial do comediante. Disponível em: www.betohora.terra.com.br/personagens.htm.

rome Blanc, que deu voz a inúmeros personagens, sendo inclusive conhecido como o *homem das mil vozes.*[30]

No Brasil, essa mesma expressão, *homem das mil vozes,* foi usada para fazer referência a Vital Fernandes da Silva (Nhô Totico), humorista e radialista, famoso por interpretar incontáveis vozes em seu programa *A Escolinha da Dona Olinda*, transmitido pelo rádio na década de 1930.[31]

Por maior que seja a facilidade de variar a voz e de imitar a voz de outros profissionais e de celebridades, um *voice actor* deve criar e manter o próprio estilo, a fim de garantir seu reconhecimento e prestígio junto ao público. Em outras palavras, cada pessoa deve explorar sua qualidade vocal nuclear.

3. A voz como elemento caracterizador da pessoa

Partindo do conceito de voz apresentado, pode-se dizer que a voz de cada pessoa é única. Ainda que ela esteja sujeita a alterações e possa ser voluntariamente adaptada, dependendo da circunstância vivida pela pessoa, o *núcleo da qualidade vocal* será sempre mantido.

Segundo Iara Bittante de Oliveira, não é possível separar a voz da pessoa que a produz, pois os aspectos peculiares de cada indivíduo fazem da voz "algo que se prolonga de seu próprio corpo e que o distingue por completo de qualquer outra pessoa".[32] Nas palavras da pedagoga e atriz Eunice Mendes, "a voz é o espelho vocal da personalidade humana. É o símbolo que nos apresenta ao mundo por meio dos sons. É a nossa carteira de identidade vocal. Ela é única em suas vibrações, cor, tons, sabor, textura e musicalidade".[33]

No mesmo sentido, Glorinha Beuttenmüller afirma que a voz é a identidade, o selo, a marca sonora de uma pessoa.[34] Já Ana Maria Marcondes Pinto e Maria Áurea Erhardt Furck vão além e defendem que a voz iden-

---

30 Entre os personagens mais conhecidos dublados por Melvin Blanc estão: Bugs Bunny (Pernalonga), Daffy Duck (Patolino), Sylvester (Frajola), Tweety (Piu-Piu), Porky Pig (Gaguinho), Pepe Le Pew (Gambá), Barney Rubble (The Flintstones), Dino (The Flintstones), Cosmo G. Spacely (The Jetsons), além de diversos outros. Cf. BLANC & BASHE, 1989.

31 Cf. FERNANDES, 2002. Vale comentar que o formato do programa *A Escolinha da Dona Olinda* foi precursor de *A Escolinha do Professor Raimundo*, criada em 1952 para o rádio e levada, em 1957, para a televisão por Chico Anysio. Cf. RAMOS, 2002, p.11 e 127.

32 Cf. OLIVEIRA, 1988, p.31.

33 Cf. MENDES, 2009.

34 Cf. BEUTTENMÜLLER, 2003, p.40.

tifica o indivíduo tanto quanto sua fisionomia e impressões digitais.[35] Leny Kyrillos, Claudia Cotes e Deborah Feijó entendem que não há duas vozes iguais e que a voz é tão individual quanto as impressões digitais.[36]

Também o foniatra Pedro Bloch considera que cada indivíduo tem uma voz, "como a impressão digital".[37] De fato, a voz é considerada por muitos uma constante biológica, nos mesmos moldes das impressões digitais. Daí a frase atribuída ao escritor francês Gérard Bauër: "a voz é uma segunda face".[38] Segundo Mara Suzana Behlau e Roberto Ziemer, "é uma experiência diária o fato de identificarmos uma pessoa por sua voz".[39]

A voz pode, realmente, ser um fator caracterizador da pessoa no meio social em que ela vive. Não há dúvida de que é possível reconhecer uma pessoa apenas por sua voz, sem ser preciso vê-la.

É o que ocorre ao telefone entre familiares e conhecidos, com os políticos nos programas eleitorais de rádio, com os cantores e atores ao serem entrevistados por emissoras de rádio. É o que acontece com os próprios radialistas, cujas fisionomias raras vezes são conhecidas do público em geral. A voz, aliás, pode se tornar o principal símbolo que apresenta uma pessoa ao mundo, isto é, ser uma das primeiras referências individuais da pessoa perante o meio social.

Esse fato chegou a ser inclusive explorado em um famoso comercial de xampu para a televisão, cujo bordão era: "Você se lembra da minha voz? Ela continua a mesma! Mas os meus cabelos, quanta diferença...",[40] em que a atriz que o interpretava tinha uma voz verdadeiramente marcante.

Nesse aspecto, vale lembrar o que acontece com os atores James Earl Jones (que continua sendo lembrado como a voz de Darth Vader, personagem de *Star Wars*[41]) e Kiefer Sutherland (que atuou quase exclusivamente com sua voz no filme *Por um fio*[42]). As vozes deles são verdadeiros ícones,

---

35 Cf. PINTO & FURCK, 1988, p.11.

36 Cf. KYRILLOS; COTES; FEIJÓ, 2003, p.19.

37 Cf. CAMACHO, 1997.

38 Cf. HUET-WEILLER, 1982, p.497.

39 Cf. BEHLAU & ZIEMER, 1988, p.72.

40 Comercial produzido em 1974 para a linha de xampus Colorama, na época fabricada pela empresa Bozzano. Disponível em: www.youtube.com/wach?v=A2ALKyLK82A.

41 Mais dados sobre o ator e sobre a série *Star Wars* podem ser localizados no banco de dados sobre filmes *The Internet Movie Database*. Disponível em: www.imdb.com/name/nm0000469/ e www.imdb.com/title/tt0076759/.

42 Os dados de produção e o enredo do filme podem ser encontrados no banco de dados *The Internet Movie Database*. Disponível em: www.imdb.com/title/tt0183649/plotsummary.

Há situações em que a voz deixa de ser uma das referências e torna-se praticamente o único referencial individualizador da pessoa no meio social. Isso ocorre quando a voz da pessoa é famosa, mesmo que seu nome ou sua fisionomia não o sejam. Esse é o caso de Luiz Lombardi Neto, o falecido assessor de Sílvio Santos (comunicador e proprietário do Sistema Brasileiro de Televisão), famoso pela frase "Ôooiii Sílvioo"; de Dirceu Rabelo, locutor das vinhetas da programação da Rede Globo, tais como "Globo e você, tudo a ver"; e de Cecília França, dona da voz que se escuta no Sistema Telebrás ao fazermos chamadas a cobrar: "Para aceitá-la, continue na linha após a identificação" ou "Após o sinal, diga seu nome e a cidade de onde está falando".[43]

Outra voz muito famosa no Brasil é a de Íris Lettieri, a *voz do aeroporto*.[44] De tão conhecida, a mera leitura da expressão "atenção, senhores passageiros..." permite-nos ouvir mentalmente a voz da locutora. Ao contrário do que muita gente imagina, ela não passa os dias em uma sala apertada com o microfone na mão. As gravações são produzidas de uma única vez e ficam armazenadas digitalmente em um computador, sendo combinadas e reproduzidas de acordo com a companhia aérea, o número do voo, o destino e a sala de embarque.[45]

É certo que há diversas outras vozes memoráveis que mereceriam destaque, sendo inviável relacionar todas elas, especialmente em razão do fato de que cada um relembrará vozes de pessoas diferentes, de acordo com suas preferências e seus interesses.[46]

De qualquer modo, mais do que simplesmente individualizar, a voz pode servir como um elemento para se reconhecer uma pessoa. Ainda que um indivíduo não seja famoso por sua voz, há situações corriqueiras em que esta é utilizada como um elemento identificador, às vezes sem que as pessoas atentem para o fato. São exemplos dessas situações: os telefones celulares e os computadores que respondem aos comandos de voz dos donos; os sistemas de segurança e de alarme que podem ser ativados e desativados por comandos de voz; a movimentação de contas bancárias e a contratação de empréstimos por via telefônica.

43 Cf. MARINI, 1997.

44 Em seu *site*, a locutora narra que foi convidada, em 1976, pela Arsa (atual Infraero), para ser a voz oficial do Aeroporto Internacional do Rio de Janeiro. Disponível em: www.irislettieri.com.br/.

45 Cf. "A voz do aeroporto", 2007.

46 Para relembrar algumas vozes famosas, cf. *site* Vozes Brasileiras. Disponível em: www.vozesbrasileiras.com.br/html/galeria.html.

Trata-se da biometria (uso de características biológicas das pessoas em mecanismos de identificação), cujo desenvolvimento avançado é evidente na atualidade. Assim, além das impressões digitais, têm sido utilizadas outras características, tais como a voz, a retina, o formato do rosto e a geometria da mão.[47] Nesses casos, a voz é usada para verificar se a pessoa é quem ela alega ser.

Outro aspecto do uso da voz como elemento para se reconhecer uma pessoa é o da identificação do falante, cuja finalidade mais relevante é servir de meio de prova da autoria de atos ilícitos.

A aceitação da voz como elemento identificador da pessoa em casos judiciais foi objeto de diversos estudos, em particular nos Estados Unidos, onde um dos precursores e defensores da identificação de um suspeito por meio de sua voz foi Oscar Tosi. O autor participou ativamente das discussões sobre o tema na década de 1970 e foi diretor do Institute of Voice Identification da Universidade de Michigan. Em sua principal obra, faz um histórico sobre a identificação por voz, discorre sobre métodos de identificação e indica casos judiciais que haviam se utilizado desse tipo de perícia nos Estados Unidos até a época. Para ele, ainda que os métodos de apuração sejam subjetivos, a identificação por voz merece crédito, desde que os peritos examinadores sejam confiáveis.[48]

Existem aqueles que não concordam em equiparar a voz a um elemento identificador da pessoa. Entre eles, vale citar a opinião do cientista norte-americano Paul Foukles, especialista em fonética, que nega a existência de uma *voice print*.[49] Segundo ele, é impossível usar apenas a voz para identificar alguém com certeza.[50]

A dificuldade do tema é reconhecida por Harry Hollien, quando afirma não ser comprovado que todas as pessoas do mundo produzem sons de vozes que sejam particulares a si mesmos e diferentes dos das demais.[51] De qualquer modo, o próprio autor ressalta a existência de teorias e dados que indicam certos elementos da voz de uma pessoa como idiossincráticos o suficiente para permitir a identificação por voz.[52] Assim, apesar de o au-

47 Cf. ALECRIM, 2009; FELITTI, 2009.
48 Cf. TOSI, 1979, p.149.
49 Cf. *Longman Dictionary of Contemporary English*, verbete "*voice print* [...] a voz de uma pessoa gravada e usada para verificar quem aquela pessoa é". Disponível em: www.ldoceonline.com/dictionary/voice-print.
50 Cf. SALLEH, 2008.
51 Cf. HOLLIEN, 2002, p.7.
52 Ibidem, p.9.

tor criticar os métodos defendidos por Oscar Tosi, ele mesmo considera que um grupo de características (entre elas, o *pitch*, a intensidade, o ritmo, a articulação) ou um perfil da voz de uma pessoa tem o potencial de possibilitar o reconhecimento por voz com sucesso.[53] Com isso, ele defende o uso de um sistema semiautomático (controlado por humanos e auxiliado por computadores).[54]

Independentemente do método utilizado, a admissibilidade do uso da identificação por voz como prova judicial nos Estados Unidos já foi confirmada pela Suprema Corte[55] daquele país e faz parte do mundo forense norte-americano.

No Brasil, o tema teve repercussão discreta, possivelmente por ter chegado aqui mais amadurecido do ponto de vista técnico. Assim, admite-se a perícia para identificação por voz como prova judicial sem maiores polêmicas. Muitas vezes é o próprio julgador que exige a realização da perícia, como aconteceu em caso julgado pelo Tribunal de Justiça do Estado do Paraná,[56] em que o tribunal determinou a realização de prova pericial para definir se a voz contida em uma gravação de um atendimento telefônico era ou não do consumidor.

Apesar de existirem perícias sobre voz há algum tempo no país (com destaque para a atuação do perito em fonética forense Ricardo Molina[57]), apenas em 2008 foi fundado o primeiro instituto especializado no assunto, a Academia Brasileira de Fonoaudiologia Forense.[58]

Segundo explicam Maria do Carmo Gargaglione e Valéria Leal, a perícia de identificação de voz é realizada a partir do padrão de voz fornecido pela pessoa questionada, o qual será confrontado com o material apresentado como prova.

---

53 Ibidem, p.10.
54 Ibidem, p.14.
55 Ibidem, p.217.
56 Cf. BRASIL, TJPR, Ap. cível n. 303.455-3, 13ª Câm. Cível, rel. Domingos Ramina, j. 16.11.2005. No caso em tela, o tribunal anulou decisão que havia determinado a um consumidor arcar com as taxas de juros de uma operação financeira contratada por telefone, ignorando a alegação do consumidor de que a voz contida na gravação da ligação em que a informação sobre os juros teria sido passada não era sua. O tribunal entendeu ser necessária a realização de prova pericial e inverteu o ônus da prova, determinando que o banco pagasse pela perícia.
57 Cf. RONCAGLIA, 2008.
58 Cf. histórico constante do *site* da Academia Brasileira de Fonoaudiologia Forense. Disponível em: www.acadeffor.com.br/historico.asp.

O padrão de voz deve refletir a voz natural da pessoa, preservando as características acústicas e articulatórias próprias do indivíduo. Na análise, são utilizados trinta parâmetros da voz, fala e linguagem que refletem as características sociolinguísticas (socioleto – sistema linguístico de determinado grupo social –, idioleto – sistema linguístico de um único indivíduo –, sotaque; vocabulário; e prosódia) e as características psicoacústicas (frequência, ressonância, fluência, articulação, modulação, *pitch*, *loudness*, velocidade, qualidade vocal e padrão dinâmico respiratório). Após a análise comparativa dos materiais, os resultados possíveis são: positivo (a voz do padrão e a voz do material questionado pertencem ao mesmo indivíduo); negativo (a voz do padrão e a voz do material questionado não pertencem ao mesmo indivíduo); e inconclusivo (os dados são insuficientes).[59]

Há várias decisões judiciais brasileiras baseadas na identificação ou eliminação por voz.[60]

Na esfera civil, a voz é o elemento central para se determinar o nexo causal em ações de indenização por danos morais decorrentes de trotes telefônicos. É o que se depreende da decisão proferida pelo Tribunal de Justiça do Estado do Rio Grande do Sul, que entendeu inexistente a comprovação da autoria das ligações telefônicas, apesar de o número do telefone ser do apelado, pois "a voz da pessoa que passou o trote era de adulto, não era de criança nem de adolescente e a apelante nunca conseguiu reconhecer a voz da pessoa que efetuava as ligações [...] mas percebia que era voz de homem".[61]

A respeito de uma voz ser associada a um homem ou a uma mulher, a uma criança ou a um adulto, é interessante a decisão proferida pelo Conselho Nacional de Autorregulamentação Publicitária (Conar) sobre propaganda denominada "Unibanco – Zero e Ovo". Segundo reclamação apresentada por um consumidor, os recursos visuais da propaganda (bonecos animados que fumavam) poderiam despertar a curiosidade de crianças para o hábito de fumar. A relatora entendeu que os personagens ostentavam características adultas (citando, especificamente, a voz como uma dessas ca-

59 Cf. GARGAGLIONE & LEAL, 2010.

60 Vale esclarecer que existem alguns casos em que a identificação ou eliminação por voz não é levada em consideração. Cf. BRASIL, I TACSP, Ap. cível n. 880.594-7, 2ª Câm. B, rel. Cerqueira Leite, j. 06.12.2004. O tribunal não acolheu os argumentos de que a voz seria a assinatura do cliente, e o banco não poderia permitir transferências consumadas pela voz de uma mulher, quando deveriam ter sido feitas por uma voz masculina.

61 Cf. BRASIL. TJRS, Ap. cível n. 70.021.147.178, 10ª Câm. Cível, rel. Paulo Roberto Lessa Franz, j. 08.11.2007.

racterísticas) e praticavam atos próprios de pessoas adultas, não sendo atrativo para menores, votando pelo arquivamento da representação, que foi aceito por unanimidade.[62]

Na esfera penal, há, também, diversas condenações fundamentadas em reconhecimento realizado pela voz do suspeito.[63] A mais ilustrativa dessas decisões foi proferida pelo Tribunal de Justiça do Estado do Paraná. Na situação analisada por este último Tribunal, o réu estava encapuzado no momento do crime, mas sua voz foi reconhecida pela vítima, em razão da dificuldade na fala, fato que foi confirmado pela juíza ao efetuar seu interrogatório em outro processo.[64]

Fora do âmbito jurídico, a aceitação da identificação por meio da voz pode também ser demonstrada pelo uso dessa premissa em histórias, filmes e desenhos animados. Um exemplo é a recriação de uma fábula de Hans Christian Andersen pelos estúdios Walt Disney que resultou na animação *A pequena sereia*.[65] Nela, a personagem principal concorda em trocar sua voz pela possibilidade de se transformar em humana e poder rever seu príncipe encantado. Porém, sem a sua voz, não consegue fazer com que o príncipe a reconheça.

Também é exemplo o filme *A outra face*,[66] no qual é realizada uma cirurgia para substituição da face e da voz de um personagem pela face e voz

62 Cf. BRASIL, Conselho Nacional de Autorregulamentação Publicitária (Conar), Representação n. 73/07.

63 Cf. BRASIL, TJRS, Ap. crim. n. 70.025.581.166, 8ª Câm. Crim., rel. Mario Rocha Lopes Filho, j. 27.08.2008, cujo trecho relevante da ementa segue transcrito: "Apelação Criminal. Latrocínio. Subtração consumada. Morte tentada. Autoria. Reconhecimento. Capacete. 1. Não obstante o fato de o assaltante estar utilizando capacete, o relato homogêneo das testemunhas que visualizaram o rosto do autor e o reconheceram por outras características (voz, estatura e roupas) mostra-se suficiente para comprovar a autoria". Cf. também BRASIL, TJMG, Ap. crim. n. 1.0144.07.021442-0/001, 5ª Câm. Crim., rel. Des. Hélcio Valentim, j. 25.11.2008, e BRASIL, TJPR, Ap. crim. n. 383.255-7, 3ª Câm. Crim., rel. Marques Cury, j. 03.05.2007.

64 "Penal. Processual. Roubo duplamente majorado. Sentença condenatória. Negativa de autoria. Réu encapuzado. Vítima reconheceu pela voz devido a dificuldade na fala. Fato confirmado pela julgadora singular ao efetuar seu interrogatório em outro processo. Ex-empregado da vítima assaltada. Prova inominada. Admissibilidade. Princípio da liberdade da prova e da verdade real. Harmonia com demais provas. Corréu encontrado com objetos subtraídos. Condenação mantida. Redução do aumento das majorantes. Apelo parcialmente provido" (TJPR, Ap. crim. n. 402.136-1, 3ª Câm. Crim., rel. Marques Cury, j. 05.07.2007).

65 Mais detalhes sobre o desenho animado podem ser encontrados nos arquivos dos estúdios Walt Disney. Disponível em: http://disney.go.com/vault/archives/movies/mermaid/mermaid.html.

66 Os dados de produção e o enredo do filme podem ser encontrados no banco de dados sobre filmes *The Internet Movie Database*. Disponível em: www.imdb.com/title/tt0119094/.

de outro, com a intenção de permitir que um agente do FBI se infiltre em uma facção terrorista. Destaca-se a preocupação do enredo em substituir tanto a imagem como a voz do personagem, pois do contrário o disfarce seria facilmente percebido.

Na vida real, ainda que haja dúvidas quanto à absoluta exatidão dos métodos de identificação por voz, não há nenhuma dúvida de que cada pessoa se identifica e se individualiza com a própria voz, sendo que o som da própria voz faz parte de sua personalidade. Nesse sentido, Pedro Bloch diz que, quando a pessoa fica rouca, ela perde sua personalidade vocal.[67]

Corroborando esse entendimento, Mara Behlau destaca, nos casos de disfonias mais graves, "a dificuldade de um indivíduo identificar-se com uma voz diferente da que anteriormente o representava em suas dimensões biológica, psicológica e socioemocional",[68] e afirma que essa dificuldade pode inclusive modificar a maneira de a pessoa se comunicar ou levá-la a restringir seu contato social ou profissional.[69]

Do mesmo modo que o equilíbrio emocional influencia a qualidade vocal da pessoa, um abalo mais sério na voz de alguém pode lhe afetar o equilíbrio emocional.[70]

Partindo dessa premissa, a Volkswagen criou propaganda interessante para divulgar um dos carros de sua fabricação, o Novo Fox. No referido filme publicitário, um homem com uma voz muito fina e um tubo de remédio nas mãos questiona o médico que lhe havia receitado o medicamento sem informar a respeito do efeito colateral sobre a voz. O médico, para evitar o confronto com o paciente, apresenta-lhe o Novo Fox. Com isso, o paciente esquece o problema com a voz e concentra-se apenas no carro.[71]

A publicidade em questão retrata a complexa relação das pessoas com a própria voz e o nível de incômodo causado quando algum tipo de disfunção ocorre em seu som original.

67 Cf. CAMACHO, 1997.

68 Cf. BEHLAU, 2001, p.73.

69 Ibidem.

70 No entanto, como já esclarecido, foge ao escopo da presente obra o estudo das questões médicas e seus reflexos para a pessoa.

71 Cf. Novo Fox abre as portas para a felicidade transbordar, Portal da Propaganda. Disponível em: www.portaldapropaganda.com/comunicacao/2009/11/0020.

Portanto, ainda que alguns entendam que a voz não pode ser equiparada à impressão digital, não resta dúvida de que ela é expressão da personalidade, pois por meio da voz projetamos quem somos. Com efeito, para Mara Behlau e Roberto Ziemer, "a voz é uma das extensões mais fortes de nossa personalidade".[72]

72 Cf. BEHLAU & ZIEMER, 1988, p.71.

Capítulo 3
A voz e a evolução tecnológica

1. A importância da tecnologia para a proteção jurídica da voz

Novas tecnologias, em geral, influenciam a convivência social.[1] No caso da voz, que, por natureza, é efêmera e de amplificação limitada, o desenvolvimento de tecnologias, como as de captação de sons, de fixação de sons em suportes materiais, de transformação de sons em ondas eletromagnéticas e de transmissão dessas ondas a distância foram determinantes para a valorização da voz na sociedade atual.

Nas Idades Antiga e Medieval, as limitações naturais eram um problema enfrentado por oradores e artistas, cujas vozes, eloquências e interpretações eram conhecidas apenas por seus conterrâneos e contemporâneos, jamais tendo alcançado o público atual.

A título de registro histórico, vale mencionar que as gravações mais antigas da voz foram feitas na segunda metade do século XIX. Uma dessas gravações é de uma mulher que canta a canção popular francesa *Au clair de la lune*, gravada em 1860 pelo inventor francês Edouard-Léon Scott de Martinville, com um aparelho por ele concebido, o *fonautógrafo*, que

1 Cf. CARBONI, 2003, p.31.

desenhava representações das ondas sonoras em papel coberto de fuligem proveniente de uma lamparina a óleo. Essa tecnologia, porém, não era suficientemente avançada para que o som gravado fosse reproduzido. Já a gravação de Thomas Edison, recitando a primeira frase da canção infantil *Mary had a little lamb*, realizada em 1877 para testar o *fonógrafo*, sua invenção, foi a primeira com a finalidade de ser reproduzida.[2]

O fonógrafo e o gramofone constituíram a base da indústria fonográfica desenvolvida no século XX. Segundo Marcia Tosta Dias, o fonógrafo (máquina de gravar e reproduzir sons a partir de microperfurações feitas em um cilindro) chegou a se difundir pelos Estados Unidos; porém, as dificuldades de reprodução dos cilindros limitaram sua expansão. Com isso, os discos de 78 rotações (que permitiam a reprodução de sons a partir de matrizes previamente gravadas) ganharam destaque, sendo que, em 1900, já existiam cerca de cinco mil títulos no catálogo da empresa que os comercializava.[3] A autora conta, também, que a década de 1920 trouxe o advento das gravações elétricas (que permitiu a mudança na velocidade de rotação dos discos) e que, de 1948 em diante, houve diversas inovações tecnológicas relevantes para a indústria fonográfica, tais como o microssulco, que possibilitou o aumento, de 4 para 30 minutos, do tempo de duração do disco.[4]

As primeiras experiências de radiodifusão ocorreram entre o final do século XIX e o início do século XX, com base na difusão de sons por ondas eletromagnéticas e na ampliação de sinais elétricos por meio de válvulas radioelétricas.[5]

Em 1887, Henrique Hertz desenvolveu a teoria eletromagnética de transformação de sons em ondas, as quais permitiam a transmissão sonora a distância. Na década de 1890, diversos cientistas ao redor do mundo (como o brasileiro Roberto Landell de Moura, o italiano Guglielmo Marconi e o sérvio Nikola Tesla[6]) contribuíram para o desenvolvimento do rádio e da radiodifusão, permitindo, a partir de 1906, a transmissão da voz para interlocutores distantes.[7]

2 Cf. ROSEN, 2008.
3 Cf. DIAS, 2008, p.38-9.
4 Ibidem, p.39-40.
5 Cf. CÉSAR, 2005, p.190.
6 Cf. DACHIN, 1969; e Tesla Memorial Society of New York, 2009.
7 Não cabe aqui discutir de quem é o mérito da invenção, pois há muita controvérsia, mesmo entre os estudiosos do tema. Cf. JUNG, 2007, p.23-4. Sobre o progresso e a evolução da radiodifusão, cf. CHAVES, 1952, p.95-7; e LOPES, 1957, p.25-37.

Jairo Severiano informa que a primeira transmissão radiofônica brasileira ocorreu no dia 7 de setembro de 1922, em meio às comemorações do centenário da Independência do Brasil. Segundo o historiador, o fato não despertou muito interesse na população (possivelmente, em razão da péssima qualidade do som emitido), com exceção de alguns poucos visionários, como Edgard Roquette Pinto, que, no ano seguinte, já estava à frente da Rádio Sociedade do Rio de Janeiro.[8]

Os primórdios da radiodifusão no Brasil também são relatados por Saint-Clair Lopes, tanto do ponto de vista jurídico quanto do ponto de vista social. Para o autor, na época, eram comuns perguntas ingênuas como "que coisa estranha será esta que permite ouvir sons a distância, sem nenhum auxílio de fios?".[9]

Antonio Chaves, resumindo como funciona o rádio, explica que os sons consistem em ondas de frequências fracas (algumas perceptíveis aos nossos ouvidos), e que o som irradiado por radiodifusão não é perceptível diretamente. Na verdade, as ondas sonoras são transformadas em impulsos elétricos, difundidas por um intermediário conhecido como éter e, depois, captadas pelos aparelhos receptores, que as transformam em correntes contínuas que reproduzem impulsos semelhantes aos provocados pelo microfone, os quais acionam o diafragma do alto-falante, que, então, produz ondas sonoras como as originais, perceptíveis ao ouvido humano.[10]

Com a tecnologia digital, tornou-se possível converter sons em valores numéricos e armazená-los de maneira durável e fiel. Assim, tem sido possível o avanço nos mecanismos de identificação por voz em sistemas de segurança e de comunicação. Nesses sistemas, a voz de uma pessoa é armazenada digitalmente e consultada, depois, para comparação.

Além disso, a tecnologia digital tem permitido o desenvolvimento de *softwares* de reconhecimento de voz, capazes de reconhecer o conteúdo do que foi dito pela pessoa e executar determinadas tarefas a partir de um comando verbal.[11]

A repercussão de todas essas inovações na sociedade é reconhecida por Saint-Clair Lopes, para quem a transmissão de sons a distância foi uma

8 Cf. SEVERIANO, 2009, p.96-8.

9 Cf. LOPES, 1957, p.8.

10 Cf. CHAVES, 1952, p.105-6.

11 É assim que funcionam, por exemplo, os sistemas automatizados de informações sobre o catálogo de assinantes de linhas telefônicas, disponíveis, no Brasil, pelo número 102.

das invenções mais influentes para a humanidade em geral,[12] bem como pelo historiador Jairo Severiano, que afirma que o rádio, a gravação elétrica e o cinema falado foram três invenções primordiais para que os artistas brasileiros adquirissem consciência profissional e aprendessem a se valorizar.[13]

Como afirma Hermano Duval, o trabalho dos artistas perdia-se no espaço de sua audiência à medida que era desenvolvido, até que a técnica permitiu fixar a imagem e o som e, com isso, perenizar a interpretação.[14] Nesse sentido, Paul Zumthor comenta que os meios eletrônicos aboliram a necessidade da presença do emissor da voz e propiciaram condições para a transmissão da voz em momentos diferentes do presente cronológico.[15] Não há dúvida, portanto, de que as invenções modernas foram muito importantes para dar à voz repercussão até então desconhecida.[16] Assim, amplificação, captação, fixação, gravação, reprodução, transmissão, radiocomunicação, radiodifusão, comunicação eletrônica, cada uma a seu modo e à sua época, contribuíram para o patamar de destaque obtido pela voz no mundo atual.[17]

Todas essas inovações repercutiram, também, na possibilidade de tutela jurídica da voz, pois, como afirma Marcel Leonardi, "o Direito e a tecnologia não existem em um vácuo, separados e independentes entre si".[18]

O autor esclarece que certos avanços tecnológicos (entre eles o telégrafo, a eletricidade, o telefone, o rádio e a televisão) levaram o sistema jurídico a encontrar novas estruturas normativas para lidar com as oportunidades oferecidas por tais inovações, e que avanços tecnológicos tornaram obsoletos certos dilemas jurídicos, citando, especificamente, as gravações de conversas telefônicas como um exemplo dessa situação.[19]

Não há dúvida, portanto, de que o desenvolvimento tecnológico criou a oportunidade de transformar algo que era intangível, fugaz e efêmero em algo fielmente armazenável e permanentemente disponível. É inegável que a viabilidade prática da proteção jurídica da voz tenha sido fruto direto da evolução tecnológica.

---

12 Cf. LOPES, 1957, p.39.
13 Cf. SEVERIANO, 2009, p.103.
14 Cf. DUVAL, 1956, p.281.
15 Cf. ZUMTHOR, 2007, p.14.
16 Cf. DUVAL, 1956, p.271.
17 Cf. MORAES, 1976, p.25.
18 Cf. LEONARDI, 2012, p.1.
19 Ibidem.

2. As questões polêmicas decorrentes do avanço tecnológico

Apesar de sua importância para a valorização da voz na sociedade atual e a viabilização da proteção jurídica da voz, a tecnologia suscita algumas questões polêmicas, como a dificuldade de distinção entre a voz ao vivo e a voz gravada, a facilidade de reprodução e distribuição não autorizada de obras musicais, a possibilidade de realização de alterações artificiais na voz gravada e a facilidade para a edição de trechos de discursos previamente gravados.

Heloísa de Araújo Duarte Valente destaca a existência de programas de informática que fundem a voz a outros instrumentos, filtram timbres e conseguem não apenas remodelar, mas criar novas vozes, vozes virtuais.[20]

Exemplo de como a tecnologia da gravação pode ser usada para fins duvidosos foi o famoso caso da dupla Milli Vanilli, que, em 1990, depois de ter atingido razoável sucesso internacional e realizado diversos espetáculos ao vivo, passou pelo constrangimento de ser desmascarada como uma fraude: durante a execução da música *Girl you know it's true*, em um show ao vivo para a MTV norte-americana, a canção parou no refrão, fato que levou à interrupção da apresentação e à rápida saída dos falsos cantores do palco. Um ano depois, os integrantes da dupla reconheceram que não eram os verdadeiros donos das vozes originalmente gravadas no álbum *All or nothing* e que faziam *lip-sync* (também conhecido como *playback*) em todas as suas apresentações.[21] Como resultado, foram demitidos da gravadora, obrigados a devolver o prêmio Grammy de Melhor Novo Artista de 1989 e processados por fraude, sendo posteriormente relegados à obscuridade.

Em 2008, durante os Jogos Olímpicos de Pequim, um episódio muito similar ocorreu: a bela garotinha Lin Miaoke apresentou-se para cantar ao vivo uma música patriótica chinesa na abertura do evento, porém estava, na realidade, dublando outra garotinha, chamada Yang Peiyi, que não se apresentou em razão de sua má aparência e dos dentes tortos, episódio conhecido como o *Milli Vanilli chinês*.[22]

---

20 Cf. VALENTE, 1999, p.164.
21 Cf. THE ASSOCIATED PRESS, 1990, e PARELES, 1990.
22 Cf. SPENCER, 2008, e FRIEDELL, 2008.

Quando a alteração da voz original é feita para se chegar a um padrão exigido pela profissão da pessoa, o tratamento tecnológico é desejado. Também é aceitável o uso de tecnologia para alteração e criação artificial de voz quando há uma justificativa histórica ou artística. Exemplo disso ocorreu durante a produção do filme *Farinelli*, de 1994, dirigido por Gérard Corbiau, que ilustra a vida dos Castrati. Os Castrati eram garotos castrados antes da puberdade, de modo a impedir o desenvolvimento normal de sua laringe, com a intenção de se obter uma extensão vocal única, com grande variedade e alcance, maior que os de vozes femininas. A prática foi proibida com a unificação da Itália, em 1870.[23]

Tendo em vista que a voz dos Castrati foi ouvida, basicamente, pelo público que viveu na época medieval e considerando-se que existe apenas um curto registro da voz de Alessandro Moreschi (último Castrato), falecido em 1922, a produção do filme *Farinelli*, tentando trazer para os dias de hoje a sonoridade dos Castrati, confeccionou a voz do personagem principal do filme a partir das vozes do contratenor Derek Lee Ragin e da soprano coloratura Ewa Godlewska. Heloísa de Araújo Duarte Valente explica que o Institut de Recherche et Coordination Acoustique Musique (Ircam) de Paris sintetizou nota a nota as duas vozes para homogeneizar ambos os timbres e usou outros efeitos para obter notas inatingíveis pelos cantores de hoje.[24]

Além do filme *Farinelli*, existe também o filme *Zefirino: the voice of a Castrato*, produzido pela Princeton University, em 2007, que também traz uma excelente reprodução dos Castrati.[25] O primeiro filme destaca-se, todavia, exatamente em decorrência do recurso tecnológico utilizado em sua produção.

Também justificável foi a conduta da Rede Globo para a realização da minissérie *Dalva e Herivelto*, sobre Dalva de Oliveira. Estando deterioradas muitas das gravações originais da "Rainha do rádio", foi selecionada uma cantora com timbre de voz semelhante ao de Dalva de Oliveira para regravar trechos de diversas músicas, posteriormente editados e mixados

23 Havia casos em que os garotos não atingiam a puberdade em razão de condições endocrinológicas. Cf., sobre o tema, BARBIER, 1998.

24 Cf. VALENTE, 1999, p.150.

25 Detalhes sobre os dois filmes podem ser obtidos no banco de dados sobre filmes *The Internet Movie Database*. Disponível em: www.imdb.com/video/wab/vi2904097561/ e www.imdb.com/title/tt0109771/.

aos trechos originais. Para evitar ser acusada de enganar o público, a Rede Globo não lançou a trilha sonora da minissérie.[26]

Se a alteração da voz for feita para tentar enganar o público, burlar algum sistema de identificação ou de segurança, por exemplo, as consequências podem ser graves. Nesse sentido, *softwares* como o Antares Auto-Tune (programa que corrige o *pitch* de uma voz) geram polêmicas do ponto de vista ético. O *software* foi concebido para que artistas pudessem corrigir pequenos erros de gravação. Em 1997, quando foi lançado, tornou-se um fenômeno instantaneamente.[27] Em 1998, a cantora Cher fez um uso mais ousado do *software* em questão ao gravar a música *Believe*, criando um efeito especial que ficou conhecido como *efeito Cher*.[28] Ocorre que, enquanto Cher tem uma voz reconhecidamente agradável e potente, alguns artistas com dotes vocais mais limitados passaram a usar o efeito de distorção para disfarçar sua baixa qualidade vocal, enquanto outros passaram a praticamente recriar a voz por meio do *software*.

Diante desse nítido abuso, há quem defenda o abandono do Auto-Tune. Alguns artistas, inclusive, passaram a indicar em seus trabalhos que não utilizam o *software*.[29]

De todas as questões polêmicas geradas pelo avanço da tecnologia no âmbito da voz, uma das mais instigantes é a referente à possibilidade de edição e reedição do conteúdo gravado. Milton Jung, ao falar sobre o avanço da tecnologia, comenta ter permitido o uso de algumas artimanhas que mereceriam avaliação do ponto de vista ético. Em sua opinião, é inaceitável editar entrevista gravada com perguntas diferentes das usadas no momento da gravação.[30]

No âmbito da gravação digital, a edição é conhecida como remix. O remix pode ser entendido como o reaproveitamento de trechos preexistentes de uma gravação digital. A tecnologia de remix tem sido usada, por exemplo, em sistemas de *relógios falados*, pelo fato de a voz humana soar mais natural e agradável aos usuários. Gravam-se fragmentos genéricos, como *horas*, *minutos*, bem como fragmentos com números isolados, como *um*, *dez* e *trinta*. Depois, os fragmentos são arranjados e

---

26 Cf. AGÊNCIA ESTADO, 2010.
27 O histórico do produto pode ser localizado no *site* de sua fabricante. Disponível em: www.antarestech.com/about/history.shtml.
28 Cf. Recording Cher's *Believe*, 1999.
29 Cf. MCCORMICK, 2004.
30 Cf. JUNG, 2007, p.128.

combinados entre si, evitando a necessidade de gravação de 1.440 entradas diferentes (uma para cada minuto do dia). Com o remix, o fragmento *dez* pode ser usado para *dez horas*, para *sete horas e dez minutos*, ou para *dez minutos para as oito horas*.

Percebe-se que, com essa tecnologia, é possível criar um discurso inteiro com a voz original de uma pessoa sem que ela jamais tenha elaborado aquela mensagem. É também possível manter a voz de um personagem em alguns filmes, apesar da morte de seu intérprete, aproveitando, editando e arranjando trechos da voz original previamente gravada.

Nesse sentido, Pierre Levy, ao discorrer sobre *samplers* e sintetizadores (equipamentos usados para a elaboração de um remix), comenta ser possível usar a voz de um cantor em um trecho de uma obra que ele, cantor, jamais interpretou; afirma, ainda, que estamos na fronteira da gravação, do processamento e da síntese de um som; que temos controle total do som.[31]

Importante esclarecer que o remix não é a criação de uma voz digital (não humana) como a existente em robôs ou computadores com comando de voz, ou mesmo como a usada por pessoas que sofrem algum tipo de problema nas cordas vocais. A síntese de voz é uma tecnologia disponível atualmente e permite tanto criar uma voz sintética anônima quanto extrair a voz de uma pessoa com base em um discurso dessa pessoa previamente gravado.[32]

A problemática envolvida na edição, no remix e na síntese de voz não decorrerá, apenas, do fato de uma voz ser usada sem a devida autorização, mas, principalmente, da possibilidade de que *palavras possam ser colocadas na boca de uma pessoa*, maculando sua honra e reputação.

Passado, aproximadamente, um século e meio desde que as primeiras gravações da voz humana foram feitas, atualmente a tecnologia de ponta está à disposição de todos. Com isso, qualquer pessoa consegue utilizar equipamentos e programas de computador para gravar, digitalizar, editar, remixar, recriar e divulgar a voz de outros, sem maiores dificuldades.

Não resta dúvida de que a relevância da voz no meio social é enorme, sendo que questões muito instigantes ainda estão por acontecer e, certamente, passarão pela gravação não autorizada das comunicações entre as

31 Cf. LEVY, 1993, p.104.
32 BEARD, 2001, p.469.

pessoas, pela edição e pelo remix dessas gravações, e, por fim, pela divulgação e distribuição delas pela Internet.

Do mesmo modo como hoje circulam textos pela Internet indicando como autores pessoas famosas que jamais os escreveram, é possível vislumbrar que discursos editados (cuja assinatura seria a própria voz da pessoa) passem a ser distribuídos pela rede mundial de computadores.

Parte II

Histórico da proteção jurídica da voz

Diante das diversas características peculiares da voz, tais como sua efemeridade e possíveis alterações, ela nem sempre foi considerada um bem jurídico. Entretanto, a voz possui plena materialidade, sendo seus traços descritíveis e interpretáveis.[1] Com o avanço tecnológico, que possibilitou a gravação de sons e sua transmissão a distância, a questão da efemeridade pôde ser superada, e a voz valorizou-se no meio social. Decorrentes desse processo, os conflitos relacionados à voz passaram a poder ser analisados sob a perspectiva jurídica quando a tecnologia viabilizou a gravação da voz com mais fidelidade e facilitou a identificação da qualidade vocal nuclear.

A origem e o histórico da proteção jurídica da voz não parecem ter sido estudados sistematicamente. Com o intuito de preencher essa lacuna, são apresentadas, a seguir, breves notícias históricas sobre a eloquência, a retórica, a oratória, a música e a radiodifusão. A partir desses elementos, pretende-se apresentar a origem da proteção jurídica à voz e sua evolução até os dias atuais.

1 Cf. ZUMTHOR, 2007, p.85.

Capítulo 4

Breves notícias históricas sobre oratória, música e radiodifusão

Os oradores da Antiguidade preparavam-se tanto a respeito do conteúdo como sobre a maneira de expressá-lo. Os bons oradores eram eloquentes e usavam a retórica para convencer os ouvintes. A eloquência e a retórica são até hoje as principais ferramentas dos oradores.

A eloquência foi uma das primeiras artes a se manifestar. Diz-se que teria nascido juntamente com a linguagem, porém, é possível admitir a existência da eloquência de sons e gestos mesmo antes da existência das palavras.[1] A eloquência não é só a palavra. A voz é condição fundamental da eloquência.[2]

Diz-se que a retórica é, sobretudo, um ajuste de distância entre os indivíduos.[3] Para Aristóteles, a retórica seria a arte de conhecer as emoções e as paixões da plateia para poder atingi-la por meio de seu discurso. Aristóteles elabora uma lista de paixões que figuraria como um teclado utilizado pelo bom orador para convencer os ouvintes.[4] A voz, como instrumento de conexão entre o orador e a plateia, tinha destacada importância na obra de Aristóteles.[5]

1 Cf. SODRÉ, 1967, p.30.
2 Ibidem, p.88.
3 Cf. MEYER, 2000, p.XLII.
4 Ibidem, p.XLII.
5 Cf. ARISTÓTELES, 2000, p.220.

Tem-se notícia de que, na Antiguidade, o orador grego Demóstenes teve de superar um acentuado problema de gagueira.[6]

Hélio Sodré, sem mencionar expressamente o problema da gagueira, comenta que a força de vontade era uma característica marcante em Demóstenes, já que, "possuidor de voz fraca, acabou conseguindo mediante titânicos esforços fortalecê-la, torná-la poderosa" e, "mau pronunciador das palavras, conseguiu, por fim, uma dicção perfeita, por meio dos exercícios que, durante horas seguidas, costumava fazer, colocando pedrinhas dentro da boca".[7]

Diz-se também que o romano Cícero teria frequentado retóricos reputados como Xenocles de Adramite, Denis de Magnésia, Menipo da Cária e Apolônio de Rodes. Segundo Taylor Caldwell, Cícero passou seis meses na Grécia, onde estudou na Escola de Ptolomeu e tomou aulas de elocução e retórica com Demétrio. A autora conta que o próprio Cícero reconheceu em carta escrita aos pais: "Eu tinha conquistado certa fama em Roma com a minha oratória. Mas que guinchos e gritos eu dava em Roma...".[8] Ao discorrer sobre o discurso que assegurou notoriedade a Cícero, Hélio Sodré menciona que o jovem orador causava sensação e tinha "bela voz, embora ainda um pouco estridente".[9] Da narrativa de Taylor Caldwell, depreende-se que a voz de Cícero era naturalmente boa e treinada durante a sua juventude e início da carreira de advogado em Roma. Porém, afetada por problemas emocionais de Cícero, foi recuperada apenas com a citada viagem à Grécia.[10]

Percebe-se, portanto, a enorme importância dada à voz na Grécia e na Roma antigas, já que a comunicação oral era o único meio de atingir a massa de pessoas não alfabetizadas. Não se conhece, porém, nenhum conflito jurídico relativo ao som da voz dos oradores na Antiguidade.

No âmbito musical, os fundamentos greco-romanos são menos relevantes do que na oratória. Diz-se que apenas alguns fragmentos dos hinos cantados nos templos gregos foram mantidos no coral gregoriano, música mais antiga ainda em uso. Apesar de não ter desaparecido completamente, o coral gregoriano e a música atual são muito diferentes, em particular na forma de usar a voz. Enquanto o cantochão é sempre cantado em unís-

6 Cf. BEUTTENMÜLLER, 2003, p.121.
7 Cf. SODRÉ, 1967, p.89.
8 Cf. CALDWELL, 2007, p.442.
9 Cf. SODRÉ, 1967, p.156.
10 Cf. CALDWELL, 2007, p.67, 152 e 396.

sono, a uma voz, a música atual se caracteriza pela diversidade das vozes (em linhas melódicas polifonicamente coordenadas ou em acordes que acompanham uma voz principal).[11]

Houve momentos da evolução da música em que a riqueza melódica trazida pelo uso de diversas vozes recitando diferentes textos ao mesmo tempo era priorizada em relação ao valor da palavra. Já na época da Reforma Católica, diante da necessidade de os fiéis entenderem bem as palavras sacras, houve uma simplificação da polifonia e até mesmo a dispensa do acompanhamento por instrumentos musicais.[12] Era o início do destaque à voz individual em oposição ao coro.

No século XVII, imperou a ópera com seus solistas. Nas palavras de Otto Maria Carpeaux, "o novo gênero institui a soberania do cantor: é ele, o indivíduo que está no centro, em vez do coro."[13]

Para Heloísa de Araújo Duarte Valente, na trajetória da história da música europeia, a voz que antes entoava cantos sagrados foi laicizada e passou a dominar praças, castelos e salas de música dos palácios, sendo submetida a um refinamento técnico que conduziu os intérpretes do anonimato absoluto ao estrelato, como ilustrado especialmente pelos Castrati, mencionados antes.[14]

Na segunda metade do século XIX, a ópera sofreu alteração radical. O responsável foi Wagner, cujas obras assemelham-se a verdadeiros dramas musicais, já que o texto inteiro é posto em música. Em suas obras, a orquestra deixa de ser mera acompanhante, e as vozes de cantores e cantoras passam a ser tratadas como partes integrais das orquestras. Criou-se uma nova geração de cantores e cantoras que precisavam representar papéis com inteligência dramática.[15]

Até essa época, porém, os intérpretes musicais não assumem importância histórica significativa, não havendo notícia de conflitos jurídicos relativos à voz dos intérpretes. As primeiras preocupações do mundo jurídico com questões que envolviam a voz datam do final do século XIX e início do século XX. A despreocupação com o tema até então se deveu, muito provavelmente, ao fato de que o som dispersava-se no ar e não podia permanecer senão na lembrança de quem o havia desfrutado.

---

11 Cf. CARPEAUX, 2001, p.18-21.
12 Ibidem, p.42.
13 Ibidem, p.60.
14 Cf. VALENTE, 1999, p.134-5.
15 Cf. CARPEAUX, 2001, p.311.

Nas palavras de Antonio Chaves, "nem se podia cogitar na possibilidade de que a relação entre o cantor ou o músico e a sua interpretação pudesse perdurar além do momento da execução".[16] José de Oliveira Ascenção afirma que a intervenção do artista era "necessariamente fugaz, confundindo-se com a própria atuação física do homem e só perdurando porventura na memória dos circunstantes", de modo que "não tinha grande sentido falar em proteção do artista", e complementa: "quando a interpretação passa a poder ser comunicada a ambiente diferente ou fixada para a transmissão em diferido o problema muda de figura".[17]

Para Antonio Chaves, essas questões surgiram com a radiodifusão, quando "a atividade do artista veio a estender-se na potencialidade de gozo a um público ilimitado (ou indefinido)".[18] Indubitavelmente, a radiodifusão aproximou a humanidade.

No dizer de Saint-Clair Lopes, o microfone é o tradutor dos sentimentos humanos: a voz que nele se emite e as palavras que frente a ele se articulam penetram em todos os lares, influenciam as pessoas e criam novas convicções, não importam as fronteiras.[19]

16 Cf. CHAVES, 1952, p.229.
17 Cf. ASCENÇÃO, 2007, p.463.
18 Cf. CHAVES, 1999, p.181.
19 Cf. LOPES, 1957, p.39.

Capítulo 5

Notícia histórica da proteção jurídica da voz

No final do século XIX, conforme narra Antonio Chaves, percebeu-se a necessidade de se reconhecer um direito ao artista sobre a sua interpretação, direito este cuja natureza era de difícil conceituação.[1]

Havia três correntes sobre a natureza do direito dos artistas e dos intérpretes: a primeira defendia que o direito do artista era distinto do direito de autor, e recaía sobre uma obra independente (a interpretação perpetuada), sobre a qual o artista poderia invocar o direito de propriedade; a segunda entendia tratar-se de colaboração intelectual entre o autor e o artista para a realização de uma mesma obra, não reconhecendo, na interpretação, independência suficiente para dar origem a um direito de autor do intérprete; e a terceira entendia que o direito do artista seria semelhante a um direito de adaptação ou de arranjo.[2]

Artistas e estudiosos não chegavam a um consenso sobre qual o caráter do direito que reivindicavam e queriam ver regulamentado. Autores e compositores desde logo rejeitaram a teoria de que fosse consagrado um direito exclusivo sobre a interpretação artística, pois tinham receio de que o seu direito exclusivo de autor sofresse alguma restrição. Houve, também, quem defendesse a ideia de que o direito dos artistas deveria ser incorpo-

1 Cf. CHAVES, 1952, p.231.
2 Ibidem, p.232-3.

rado pelo direito do trabalho, porém essa tese foi superada. O entendimento majoritário dos estudiosos do assunto reconheceu tratar-se apenas de um direito análogo ao direito de autor, pelo qual ficariam garantidos o direito pecuniário e alguns interesses morais.[3]

A radiodifusão impulsionou o processo de regulamentação dos direitos dos artistas e intérpretes no âmbito internacional, já que a natureza essencialmente internacional das radiocomunicações exigia uma solução que abrangesse diversos países. Do contrário, nos países em que o artista fosse protegido, as emissoras de rádio recorreriam a artistas estrangeiros e a proteção acabaria se voltando contra aqueles que ela pretendia garantir.[4]

Paralelamente, a passagem do cinema mudo para o cinema sonoro aumentou as preocupações de artistas e intérpretes, que passaram a enfrentar situações antes impensadas, tais como a necessidade de coordenação adequada do som e da imagem, já que, naquela época, as gravações de imagem e som eram feitas separadamente; e a possibilidade de substituição da voz de uma pessoa pela de outra no momento da sonorização do filme, seja na própria língua original do filme, seja em caso de dublagem para outro idioma, conforme relata Hermano Duval.[5]

Os problemas da transição do cinema mudo para o cinema sonoro foram mote do filme *Singing in the rain* (em português, *Cantando na chuva*), de 1952.[6] Na história, uma produtora de filmes para cinema mudo decide produzir um filme sonorizado. A produção é repleta de dificuldades, sendo a pior delas a voz da atriz principal. Assim, surge a ideia de dublá-la. Quando a atriz descobre que será dublada, fica furiosa, pois a dubladora receberia o crédito. A atriz consegue impedir que seja dado crédito à dubladora e ainda exige que ela continue a dublá-la anonimamente no futuro. Com o sucesso da estreia, o público exigiu uma apresentação ao vivo. Os produtores improvisaram e, enquanto a atriz principal fingia, a dubladora cantava em um microfone, escondida atrás da cortina. De repente, a cortina era aberta, revelando a verdadeira cantora, que era apresentada ao público como a real estrela do filme.

3 Ibidem, p.234-40 e 277.
4 Ibidem, p.271.
5 Cf. DUVAL, 1988, p.118-9.
6 Mais detalhes a respeito do filme podem ser encontrados no banco de dados sobre filmes *The Internet Movie Database*. Disponível em: www.imdb.com/title/tt0045152/.

Apesar de a discussão sobre os direitos de artistas e intérpretes ter estado na pauta de diversas organizações internacionais durante toda a primeira metade do século XX, apenas no final da década de 1950 houve a reunião dos projetos de regulamentação desses direitos.

Em uma conferência realizada em Roma no ano de 1961, foi proposta a Convenção Internacional para a Proteção de Artistas Intérpretes ou Executantes, Produtores de Fonogramas e Organismos de Radiodifusão, a qual entrou em vigor em 1964, após a adesão de seis países (Congo, Nigéria, Suécia, Reino Unido, Equador e México).[7]

A partir dessa Convenção, os direitos conexos aos direitos de autor foram consagrados internacionalmente. Segundo a referida Convenção, os artistas intérpretes podem impedir a radiodifusão e a comunicação ao público de suas execuções sem seu consentimento. Além disso, podem impedir a fixação de uma execução e a reprodução de uma fixação de sua execução sem seu consentimento ou para fins diversos dos consentidos.[8]

Percebe-se, portanto, que, por via reflexa, foi reconhecida a proteção jurídica da voz dos artistas intérpretes com relação a atuações e interpretações de obras intelectuais. Ora, o pressuposto para a proteção da interpretação dos artistas é justamente o fato de a interpretação ser resultado direto de sua personalidade.

---

7 Cf. MORAES, 1976, p.7-10.

8 Cf. Convenção Internacional para Proteção aos Artistas Intérpretes ou Executantes, aos Produtores de Fonogramas e aos Organismos de Radiodifusão (Convenção de Roma, de 1961): "Art. 7º 1. A proteção aos artistas intérpretes ou executantes, prevista na presente Convenção, compreenderá a faculdade de impedir: *a*) a radiodifusão e a comunicação ao público das suas execuções sem seu consentimento, exceto quando a execução utilizada para a radiodifusão ou para a comunicação ao público já seja uma execução radiodifundida ou fixada num fonograma; *b*) a fixação num suporte material sem seu consentimento, da sua execução não fixada; *c*) a reprodução sem seu consentimento de uma fixação da sua execução: i) se a primeira fixação foi feita sem seu consentimento; ii) se a reprodução for feita para fins diferentes daqueles para os quais foi dado o consentimento; iii) quando a primeira fixação, feita em virtude das disposições do artigo 15 da presente Convenção, for reproduzida para fins diferentes dos previstos nesse artigo. 2. (1) Compete à legislação nacional do Estado contratante, onde a proteção for pedida, regular a proteção contra a retransmissão, a fixação para fins de radiodifusão e a reprodução dessa fixação para fins de radiodifusão, quando o artista intérprete ou executante tenha autorizado a radiodifusão da execução. (2) As modalidades de utilização pelos organismos de radiodifusão das fixações, feitas para fins de radiodifusão, serão reguladas pela legislação nacional do Estado contratante onde a proteção for pedida. (3) Todavia, nos casos previstos nas alíneas (1) e (2) deste parágrafo, a legislação nacional não poderá privar os artistas intérpretes ou executantes da faculdade de estabelecer relações contratuais com os organismos de radiodifusão. [...] Art. 19. Não obstante quaisquer outras disposições da presente Convenção, não será aplicável o art. 7º quando um artista intérprete ou executante haja consentido a inclusão da sua execução numa fixação de imagens ou de imagens e sons".

Nas palavras de Antonio Chaves, a execução deve ser protegida "porque é uma expressão da personalidade".[9] Assim, em última instância, os direitos conexos aos direitos de autor visam a proteger a própria personalidade dos artistas.[10]

Com isso, pode-se dizer que, apesar de as primeiras normas expressas que permitiram a proteção à voz terem surgido no âmbito dos direitos conexos aos direitos de autor, a verdadeira origem da proteção à voz está ligada ao reconhecimento dos direitos da personalidade.[11]

Em alguns países, como no caso da Alemanha, o direito à voz foi reconhecido no bojo dos direitos da personalidade paralelamente ao direito à honra, ao nome, à imagem e à intimidade, ao longo do século XX.[12] Na Hungria, desde 1960, qualquer uso indevido da imagem ou da voz gravada de outra pessoa é considerado uma violação de direitos da personalidade, sendo necessário o consentimento da pessoa para qualquer uso público desses atributos. A única exceção refere-se a interesse público ou justificável interesse privado com a permissão das autoridades.[13]

Em outros países, contudo, a tutela civil da voz limita-se ao prisma dos direitos a artistas e intérpretes, ou é condicionada a outros direitos da personalidade, tais como o direito à honra, o direito à intimidade e o direito à imagem.

Na Bolívia, por exemplo, desde 1975, há previsão legal expressa sobre a proteção jurídica da voz. Tal proteção, porém, está condicionada à lesão da reputação e da honra da pessoa.[14]

---

9 Cf. CHAVES, 1952, p.270.

10 O próprio Antonio Chaves, ao analisar o fundamento legal do direito à imagem, reconhece que, embora fosse matéria de direito civil, diante do íntimo relacionamento com o direito de autor, era justificável a sua análise no contexto dos direitos conexos, corroborando o entendimento de que direitos de autor e direitos de personalidade estão inter-relacionados. Cf. CHAVES, 1999, p.613-4.

11 Sobre a origem e reconhecimento dos direitos da personalidade, cf. CUPIS, 1959; FRANÇA, 1966; GOGLIANO, 1982; CAMPOS, 2001, p.27-48.

12 Cf. DE MATTIA, 1977, p.217 8.

13 Cf. Código Civil de 1959 da Hungria, traduzido para o inglês: "*Section 80 (1) Any misuse of the likeness or recorded voice of another person shall be deemed as a violation of inherent rights. (2) With the exception of public performances, the consent of the person affected shall be required for the public use of his likeness or recorded voice. (3) A likeness (recorded voice) of a missing person or a person under criminal prosecution for a felony offense may be used for substantial public interests or a justifiable private interest with the permission of the authorities*". Disponível em: www.angelfire.com/mn2/reformclub/hunc1.html.

14 Cf. Código Civil de 1975 da Bolívia: "*Art. 16. (Derecho a la Imagen). I. Cuando se comercia, publica, exhibe o expone la imagen de una persona lesionando su reputación o decoro, la parte interesada y, en su defecto, su cónyuge, descendientes o ascendientes pueden pedir, salvo los*

No Canadá, o Código Civil da Província de Quebec, promulgado em 1991, estabelece como violação da vida privada de uma pessoa tanto a apropriação ou a utilização de sua imagem ou voz, quando a pessoa estiver em lugar privado, como o uso de seu nome, de sua imagem ou voz para um propósito diferente da legítima informação ao público. Assim, para esse sistema jurídico, a proteção da voz está diretamente subordinada ao direito à intimidade.[15]

---

casos justificados por la ley, que el juez haga cesar el hecho lesivo. II. Se comprende en la regla anterior la reproducción de la voz de una persona".

15 Cf. Código Civil de 1991 de Quebec (Canadá): "*Art. 36. The following acts, in particular, may be considered as invasions of the privacy of a person: 1) entering or taking anything in his dwelling; 2) intentionally intercepting or using his private communications; 3) appropriating or using his image or voice while he is in private premises; 4) keeping his private life under observation by any means; 5) using his name, image, likeness or voice for a purpose other than the legitimate information of the public; 6) using his correspondence, manuscripts or other personal documents*".

Capítulo 6

Evolução da proteção jurídica da voz no Brasil

No Brasil, a proteção jurídica da voz nunca foi objeto de discussão isolada. Assim, torna-se necessário destacar partes da evolução dos direitos de artistas e intérpretes, bem como da evolução dos direitos da personalidade, para visualizar a evolução da proteção civil da voz.

No tocante às discussões doutrinárias relativas aos direitos de artistas e intérpretes no Brasil, vale destacar as lições de Walter Moraes, Antonio Chaves e José Carlos da Costa Netto. Os três autores estudaram profundamente o tema e escreveram, em épocas diferentes, obras riquíssimas[1] e até hoje inspiradoras. Assim, a opinião deles será apresentada ao longo do livro.

Do ponto de vista legislativo,[2] vale mencionar que o Brasil aderiu à Convenção Internacional para a Proteção de Artistas Intérpretes ou Exe-

1 Cf. MORAES, 1976; CHAVES, 1999; e COSTA NETTO, 2008.

2 O primeiro texto legislativo brasileiro a mencionar os direitos de intérpretes foi o Decreto n. 544/62. Porém, o referido decreto apenas afirmou que os direitos em questão seriam regulados pela legislação de direito de autor, até que o Congresso Nacional legislasse sobre a matéria. A relevância do decreto em questão para a evolução da tutela da voz foi ter trazido a obrigatoriedade de dublagem em português para os filmes estrangeiros que fossem exibidos na televisão. O texto integral do Decreto n. 544/62, pode ser consultado no *site* do Senado Federal. Disponível em: www6.senado.gov.br/legislacao/ListaPublicacoes.action?id=113722.

cutantes, Produtores de Fonogramas e Organismos de Radiodifusao em 1965, tendo sido esta promulgada por meio do Decreto n. 57.125/65.[3]

Também merecem destaque as Leis ns. 4.944/66 e 5.988/73.

A Lei n. 4.944/66,[4] foi a primeira a tratar especificamente dos direitos dos artistas no Brasil. Nos termos de seu art. 1º, era direito exclusivo do artista impedir a gravação, a reprodução, a transmissão ou a retransmissão, pelos organismos de radiodifusão, ou qualquer outra forma, de suas interpretações e execuções públicas para as quais não houvesse dado seu prévio e expresso consentimento. Um ponto interessante na referida lei era a forma determinada, em seu art. 6º, para a divisão dos proventos pecuniários oriundos da execução pública de fonogramas nos casos de participação de mais de um artista na gravação. O cantor ou conjunto vocal era priorizado, devendo receber dois terços do valor, enquanto os músicos acompanhantes tinham direito a um terço do valor, salvo convenção em contrário. Nota-se, portanto, a relevância da voz traduzida na forma da divisão dos valores.

A Lei n. 5.988/73[5] regulou sistematicamente os direitos de autor e os que lhe são conexos. Na época de sua promulgação, essa lei foi bastante inovadora, pois, até então, as atividades artísticas haviam recebido tratamento legal apenas no âmbito trabalhista.[6] Os direitos conexos eram tratados em seu Título V, prevendo o art. 95 o direito de o artista impedir a gravação, a reprodução, a transmissão ou a utilização por qualquer forma de suas interpretações. O art. 102 estabelecia a proteção desses direitos por sessenta anos.[7]

Posteriormente, o tema foi regulado pela Lei n. 9.610/98, atualmente em vigor, analisada adiante.

Quanto aos direitos da personalidade, vale lembrar que as Constituições brasileiras de 1824 e 1891, bem como o Código Civil (CC) de 1916, não

3 O texto integral do decreto pode ser consultado no *site* do Senado Federal. Disponível em: www6.senado.gov.br/legislacao/ListaPublicacoes.action?id=115987.

4 O texto integral da Lei n. 4.944/66 pode ser consultado no *site* do Senado Federal. Disponível em: www6.senado.gov.br/legislacao/ListaPublicacoes.action?id=189717.

5 O texto integral da Lei n. 5.988/73 pode ser consultado no *site* do Senado Federal. Disponível em: www6.senado.gov.br/legislacao/ListaPublicacoes.action?id=122027. Vale destacar que a Lei n. 5.988/73 não revogou expressamente a Lei n. 4.944/66, o que só foi feito por meio da Lei n. 9.610/98.

6 Cf. MORAES, 1976, p.22.

7 Estrutural e conceitualmente, a Lei n. 5.988/73 era semelhante à Lei n. 9.610/98, atualmente em vigor no Brasil. Eventuais diferenças que sejam relevantes poderão ser apontadas ao longo da presente obra.

os abordaram de modo sistemático, trazendo apenas menções genéricas sobre liberdade, segurança, sigilo e honra. Essa ausência nunca foi impeditiva, porém, para o reconhecimento dos direitos da personalidade pela doutrina e jurisprudência brasileiras, por ser majoritário o entendimento de que os direitos da personalidade são direitos inatos, cabendo ao Estado apenas reconhecê-los e sancioná-los em um ou outro plano do direito positivo.

Sobre esse tópico, Rubens Limongi França afirma que, "além de direitos privados da personalidade definidos em lei, outros há, reconhecidos pelo costume e pelo direito científico". E defende que "o fundamento próximo da sua sanção é realmente a extratificação no direito consuetudinário ou nas conclusões da ciência jurídica. Mas o seu fundamento primeiro são as imposições da natureza das coisas, noutras palavras, o Direito Natural".[8] A posição de Rubens Limongi França elevou a importância da doutrina e da jurisprudência para o reconhecimento dos direitos da personalidade, possibilitando sua evolução. Para Carlos Alberto Bittar, "a adoção de posição flexível, dada a generalização desse campo, torna possível, a nosso ver, o abrigo dos novos direitos que, naturalmente, a reflexão científica virá identificar e trazer para o posterior sancionamento do direito positivo".[9]

Especificamente com relação à tutela da voz, é importante lembrar a profícua discussão, ocorrida na segunda metade do século XX, sobre o reconhecimento do direito à imagem e a sua autonomia em relação a outros direitos da personalidade.

Dada a ausência de dispositivo legal expresso, a doutrina reconhecia, no art. 666, X, do CC/1916,[10] o direito à imagem, já que a pessoa representada por um autor podia opor-se à reprodução ou exposição de seu retrato. Referido artigo foi posteriormente revogado pela Lei n. 5.988/73, a qual continha, em seu art. 49, a ressalva de que a reprodução de retratos não podia ocorrer em caso de oposição por parte da pessoa retratada.[11] A

8 Cf. FRANÇA, 1983, p.10.

9 Cf. BITTAR, 1999, p.17.

10 Cf. CC/1916: "Art. 666. Não se considera ofensa aos direitos de autor: [...] X – a reprodução de retratos ou bustos de encomenda particular, quando feita pelo proprietário dos objetos encomendados. A pessoa representada e seus sucessores imediatos podem opor-se à reprodução ou pública exposição do retrato ou busto".

11 Cf. Lei n. 5.988/73: "Art. 49. Não constitui ofensa aos direitos do autor: I – a reprodução: [...] *f*) de retratos, ou de outra forma de representação da efígie, feitos sob encomenda, quando realizada pelo proprietário do objeto encomendado, não havendo a oposição da pessoa neles representada ou de seus herdeiros".

interpretação doutrinária e jurisprudencial foi mantida com base no novo dispositivo.

Na época, Walter Moraes, na tentativa de dar mais força ao direito à imagem, incluía a proteção da voz no que chamava de *imagem sonora*.[12] Em meio às discussões sobre a existência do direito à imagem como direito da personalidade, autônomo ao direito à honra ou ao direito à intimidade, eram citados casos relacionados à voz, como o famoso episódio ocorrido com Katharine Hepburn, que acionou uma agência de publicidade pelo uso de uma voz que imitava a sua para um anúncio de rádio.[13]

Apesar da vasta produção doutrinária e jurisprudencial a respeito do direito à imagem, mencionada por Antonio Chaves[14] e por Hermano Duval,[15] na época, a discussão não englobou o relevante aspecto da proteção da imagem e da voz dos artistas quando dissociadas de suas interpretações artísticas.[16] O aprofundamento desse aspecto teria contribuído para a percepção de que todas as pessoas merecem ter sua imagem e, especialmente, sua voz tuteladas.

Refletindo o estágio da discussão doutrinária sobre o tema à época, a Constituição da República Federativa do Brasil de 1988 (CF), em seu art. 5º, X, tutela, expressa e incondicionalmente, a imagem de todas as pessoas como atributo da personalidade,[17] porém sem mencionar a voz no referido inciso. De qualquer modo, a CF/88 representou um avanço para a proteção à voz, que foi expressamente mencionada no inciso XXVIII, *a*, do art. 5º. A abrangência dessa proteção será discutida adiante.

---

12 Cf. MORAES, 1972.

13 Cf. CHAVES, 1972, p.65. Aparentemente, referido caso não foi levado a julgamento. Localizamos a menção à propositura da açao na ediçao do dia 12.08.71 do *Sarasota Journal*, porém nenhuma menção à decisão ou eventual acordo. Disponível em: http://news.google.com/newspapers?nid=1798&dat=19710812&id=Z_geAAAAIBAJ&sjid=DI0EAAAAIBAJ&pg=5612,2195471.

14 Cf. CHAVES, 1987, p.9.

15 No Brasil, Orozimbo Nonato e Paulo José da Costa Jr. não reconheciam a autonomia do direito à imagem, enquanto Walter Moraes e Hermano Duval eram favoráveis à autonomia. Cf. DUVAL, 1988, p.105.

16 Já no tocante aos atletas, a discussão avançou e permitiu a diferenciação do direito de arena da proteção da imagem do atleta dissociada do espetáculo desportivo. A respeito da diferença entre o direito de autorizar ou proibir a fixação, a transmissão (ou retransmissão) de um espetáculo desportivo e o direito à imagem dos atletas, cf. CHAVES, 1990, p.63-79; CHINELLATO, 2007, p.335-40; e EZABELLA, 2006.

17 Com a consagração do direito à imagem na CF/88, a doutrina mais recente, sem precisar discorrer sobre a existência e a autonomia do direito à imagem, tem se concentrado nos confrontos entre esse direito e o direito à liberdade de expressão. Cf. JABUR, 2000; e GODOY, 2001.

Parte III
Direito estrangeiro

Capítulo 7
França

A França é um dos países em que mais houve discussões a respeito da possibilidade de se proteger juridicamente a voz. Já em 1903, o Tribunal Civil de Siene decidiu que o direito de reproduzir uma interpretação pertencia ao artista, pois é ele que empresta sua voz, seu sotaque e, por assim dizer, sua personalidade à obra interpretada.[1]

Importante ressaltar, porém, que, se a ideia de se proteger a voz é antiga, a forma de protegê-la ainda é controversa.

Com efeito, na segunda metade do século XX, a discussão enfocou o reconhecimento da voz como um atributo da personalidade ligado à vida privada. Nesse sentido, vale lembrar que Jean-Louis Hébarre, citado por Raymond Lindon, reconhecia a voz como um dos elementos da vida privada.[2]

Na mesma época, foi promulgada, na França, uma lei relativa a escutas telefônicas, a qual foi analisada e comentada por diversos juristas franceses, tais como Raymond Lindon e Jean Pradel,[3] sendo que a maior parte da doutrina francesa concordava que apenas a captação de palavras de ordem íntima era reprimida.

1 HUETT-WEILLER, 1982, p.511
2 Cf. LINDON, 1974, p.17.
3 Cf. HUETT-WEILLER, 1982, p.500; e LINDON, 1974, p.360.

Apesar de todas as discussões existentes, durante muito tempo, na França, a voz era protegida apenas implicitamente, seja por meio dos direitos conexos aos direitos de autor, seja por meio da tutela à vida privada.

Daniel Bécourt foi o primeiro jurista a reconhecer a proteção à voz independentemente do conteúdo falado e, portanto, de modo desvinculado à proteção da vida privada. Em sua opinião, a proteção à voz estava relacionada ao direito à imagem. Para ele, eram aplicáveis à *imagem sonora* as mesmas presunções válidas para a *imagem visual* de uma pessoa, ainda que imagem e voz guardassem algumas diferenças entre si.[4]

Danièle Huett-Weiller, por sua vez, defende a ideia de que a proteção da voz não pode ser considerada completamente absorvida pelo direito à imagem. Segundo a autora, enquanto a imagem é um simples sinal externo da pessoa, a voz é um elemento intrínseco da personalidade.[5] A autora considera superadas as teses de proteção da voz por meio da tutela da vida privada e do direito à imagem. Além disso, Huett-Weiller refere-se à voz como garantia essencial a todas as pessoas[6] (não apenas aos que usam a voz como instrumento de trabalho ou aos artistas e intérpretes cujas vozes são conhecidas do grande público). Em sua opinião, divulgar ou imitar a voz de alguém sem o consentimento da pessoa é o mesmo que lhe roubar uma parte da personalidade.[7]

Danièle Huett-Weiller conclui que seria mais proveitoso deixar de procurar semelhanças entre a voz e outros atributos da personalidade e simplesmente conceder proteção *autônoma* à voz, ou aceitar a tese do direito geral de personalidade, segundo a qual todos os aspectos da personalidade (tanto os admitidos de longa data quanto os mais recentes, como a voz) seriam protegidos sem distinção.

No tocante à jurisprudência, dois exemplos interessantes são citados pela autora.[8]

No primeiro deles, o Tribunal do Comércio de Paris, em 25 de maio de 1974, entendeu que a imitação de um cantor não é ilegal e deve ser tolerada da mesma forma que um autor deve aceitar a paródia, o pastiche e a caricatura. No segundo caso, decidido pelo Tribunal de Grande Instân-

---

4 Cf. BÉCOURT, 1969, p.74-7.
5 Cf. HUETT-WEILLER, 1982, p.512.
6 Ibidem, p.498.
7 Ibidem, p.512-3.
8 Ibidem, p.508-9.

cia de Paris, em 3 de dezembro de 1975, foi considerada ilícita a caricatura feita para um anúncio na televisão, o qual reproduzia enganosamente as características vocais do ator Claude Pieplu. A decisão do Tribunal de Grande Instância de Paris baseou-se em dois argumentos: houve intenção de gerar confusão, já que os telespectadores pensaram que o ator havia, de fato, elogiado as qualidades do produto anunciado; houve dano profissional ao ator, já que ele raramente concordava em participar de anúncios publicitários. O valor da indenização foi elevado.

Na década de 1980, o Tribunal de Grande Instância de Paris considerou que o uso de um sósia de Gérard Depardieu, que imitava com perfeição a voz do ator em um anúncio publicitário de chocolate da Societé Shchard Tobler, gerava confusão no público e violava o direito à imagem do ator.[9]

Na tentativa de evitar novos casos semelhantes aos de Claude Pieplu e Gérard Depardieu, o Bureau de Verification de la Publicité (atualmente denominado Autorité de Régulation Professionnelle de la Publicité) passou a recomendar que qualquer publicidade que use a imagem de alguém ou qualquer outro elemento relacionado à personalidade de alguém deve ter a autorização prévia dessa pessoa.[10]

O Tribunal de Grande Instância de Nanterre condenou uma empresa de *design* e publicação a parar de divulgar vídeos promocionais da revista semanal *Choc*, os quais exploravam a personalidade de Jean-Luc Delarue de maneira não autorizada. Um dos vídeos, propositalmente de baixa qualidade (como se filmado a partir de um telefone celular), supostamente apresentava Jean-Luc Delarue sendo agressivo e ofensivo contra a tripulação e os passageiros de um voo da Air France. O nome do animador era mencionado e as características do personagem principal (imagem e voz) se assemelhavam às de Jean-Luc Delarue. Porém, ao final do filme, revelava-se o engano e aparecia o *slogan* "Se fosse verdade, estaria na *Choc*". Para o tribunal, os vídeos criaram confusão na opinião pública e causaram dano à imagem, à voz e ao nome de Jean-Luc Delarue. Desse modo, o tribunal condenou a empresa a: cessar a divulgação dos vídeos, sob pena de multa diária; publicar, em seu *website*, a informação de que havia sido condena-

9 Cf. Tribunal de Grande Instância de Paris (França), 17.10.1984, Dalloz, 1985, Informations rapides, 324, apud PIERRAT, 2002, p.218.

10 Cf. Autorité de Régulation Professionnelle de la Publicité (ARPP) (França). *Recommandation Attributs de la personne*. Disponível em: www.arpp-pub.org/IMG/pdf/Attributs_de_la_personne.pdf.

da por violação dos direitos à imagem, à voz e ao nome do animador por propaganda não autorizada; e pagar ao animador indenização por danos causados a ele.[11]

Apesar de o Código Penal da França ainda condicionar a punição por escuta, gravação ou transmissão de palavras faladas à violação da privacidade[12] e de não existir lei civil expressa sobre a proteção da voz como atributo da personalidade autônomo, os tribunais franceses geralmente verificam diversos elementos psicológicos e comportamentais (voz, nome, imagem, estilo) característicos da pessoa para determinar se há ou não violação do chamado direito à imagem.

Em geral, os tribunais franceses condenam a imitação sem o consentimento prévio do imitado, especialmente em publicidade. No entanto, algumas vezes aceitam a imitação de pessoas que exerçam cargos públicos, em particular se evidente a caricatura ou a paródia, não depreciativa, e que não cause nenhuma confusão.

---

11 Cf. Tribunal de Grande Instância de Nanterre, j. 23.03.2007. Inteiro teor da decisão disponível em: www.legalis.net/breves-article.php3?id_article=1882.

12 Cf. Código Penal francês de 1994: "*Section 1 – De l'atteinte à la vie privée. Art. 226-1. Est puni d'un an d'emprisonnement et de 45000 euros d'amende le fait, au moyen d'un procédé quelconque, volontairement de porter atteinte à l'intimité de la vie privée d'autrui: 1° En captant, enregistrant ou transmettant, sans le consentement de leur auteur, des paroles prononcées à titre privé ou confidentiel; 2° En fixant, enregistrant ou transmettant, sans le consentement de celle-ci, l'image d'une personne se trouvant dans un lieu privé. Lorsque les actes mentionnés au présent article ont été accomplis au vu et au su des intéressés sans qu'ils s'y soient opposés, alors qu'ils étaient en mesure de le faire, le consentement de ceux-ci est présumé*".

Capítulo 8
Espanha

A Constituição da Espanha de 1978 não faz menção expressa à voz. Todavia, em seu art. 18.1, garante o direito à honra, à intimidade pessoal e familiar e à imagem.[1] Já a Lei Orgânica n. 1, de 1982, que regulamenta o direito à honra, à intimidade pessoal e familiar e à imagem, menciona expressamente a voz em seu art. 7.6, afirmando serem consideradas intromissões ilegítimas as utilizações do nome, da voz e da imagem de uma pessoa para fins publicitários ou comerciais.[2]

Vale destacar a importância da expressa menção à voz na legislação espanhola, mas há críticas à forma dessa menção. O fato de a voz ser tratada em lei que regulamenta os direitos à honra, à intimidade e à imagem, de modo implícito, faz parecer que a voz seja parte de um desses direitos. O uso da expressão *intromissões ilegítimas* corrobora esse entendimento. Além disso, o fato de a lei considerar ilícito apenas o uso da voz para fins publicitários e comerciais é reprovável, pois faz parecer que o uso não au-

1 Cf. Constituição Espanhola de 1978: "*Art. 18.1. Se garantiza el derecho al honor, a la intimidad personal y familiar y a la propria imagen*".

2 Cf. Lei Orgânica n. 1, de 1982, da Espanha: "*Protección Civil del Derecho al Honor, a la Intimidad Personal y Familiar y a la Propia Imagen. Art. 7 Tendrán la consideración de intromisiones ilegítimas en el ámbito de protección delimitado por el artículo 2 de esta ley: 6. La utilización del nombre, de la voz o de la imagen de una persona para fines publicitarios, comerciales o de naturaleza análoga*".

torizado da voz de uma pessoa para finalidades não comerciais seria sempre permitido.

Em decorrência da falta de clareza quanto à abrangência da proteção à voz, em 1984, o Tribunal Constitucional da Espanha decidiu que não se poderia reconhecer no ordenamento jurídico espanhol um direito à voz, ainda que esse direito existisse em outros países.[3] Já em 1994, o mesmo tribunal entendeu que o direito à imagem garante o âmbito de liberdade de uma pessoa em relação a seus atributos mais característicos, entre eles, a voz.[4]

A doutrina espanhola ainda discute a melhor forma de garantir a proteção à voz naquele país. Miguel Ángel Alegre Martínez entende ser muito importante reconhecer a proteção à voz, dada a projeção desse direito sobre diversas situações de interesse prático. O autor propõe a interpretação extensiva do art. 18.1 da Constituição Espanhola para abranger, no direito à imagem, o direito à própria voz.[5]

Ana Azurmendi Adarraga, por sua vez, apoiando-se em outros autores espanhóis, exclui a voz do conceito de imagem humana e justifica tal exclusão pelo fato de a proteção à voz, no direito espanhol, ter se dado no âmbito da proteção à vida privada.[6]

De acordo com Maria Eulália Amat Llari, dependendo do dispositivo legal que se esteja analisando, o conceito de imagem parece ser diferente. Para a autora, no contexto do art. 7.6 da Lei Orgânica, estão incluídos quaisquer elementos que permitam identificar a pessoa, tais como a voz, o estilo de se vestir, o corte de cabelo. A autora destaca que se deve evitar, sempre, a apropriação da identidade da pessoa.[7]

Na Espanha, as poucas decisões do Tribunal Constitucional sobre casos que envolvem violações à intimidade, ao sigilo de conversações telefônicas, à imagem e à voz condicionaram preponderantemente a proteção da voz à violação da intimidade. Porém, não se pode afirmar existir uma verdadeira jurisprudência sobre esses temas. Javier Pardo Falcon acredita que ainda haverá alteração no entendimento consolidado das decisões proferi-

---

3 Cf. Sentença do Tribunal Constitucional da Espanha n. 114/1984, apud MARTÍNEZ, 1997, p.84.

4 Cf. Sentença do Tribunal Constitucional da Espanha n. 117/1994, apud MARTÍNEZ, 1997, p.84.

5 Cf. MARTÍNEZ, 1997, p.86.

6 Cf. ADARRAGA, 1997, p.41.

7 Cf. LLARI, 2003, p.469.

das até então,[8] e Assunción de La Iglesia Chamarro afirma que, aos poucos, a doutrina e a jurisprudência espanhola estão evoluindo no sentido de reconhecer a autonomia dos direitos à imagem e à voz em relação ao direito à intimidade.[9]

8 Cf. FALCON, 1992, p. 141-80 e 176.
9 Cf. CHAMARRO, 2003, p. 285-315.

Capítulo 9

Itália

O Código Civil italiano de 1942 foi o primeiro a tratar dos direitos da personalidade em vários artigos, abordando o direito sobre o próprio corpo (art. 5º), o direito ao nome e ao pseudônimo (arts. 6º a 9º), bem como o direito à imagem (art. 10).[1] Todavia, com o passar dos anos, o Código Civil italiano, ao menos em comparação à legislação de outros países, tornou-se tímido na tutela da personalidade humana.

Para ampliar o leque dos direitos da personalidade, a doutrina e a jurisprudência italianas interpretaram sistematicamente seu ordenamento jurídico, o que permitiu, há tempos, o reconhecimento dos direitos à vida, à honra e à reputação.[2] Os juristas italianos baseiam-se em particular no art. 2º da Constituição da República Italiana, segundo o qual a república assegura os direitos invioláveis do homem.[3] Pietro Perlingieri afirma que o conteúdo do art. 2º da Constituição da República Italiana "não se limi-

---

1 Cf. Código Civil italiano de 1942 "*Art. 10. (Abuso dell'immagine altrui) Qualora l'immagine di una persona o dei genitori, del coniuge o dei figli sia stata esposta o pubblicata fuori dei casi in cui l'esposizione o la pubblicazione e dalla legge consentita, ovvero con pregiudizio al decoro o alla reputazione della persona stessa o dei detti congiunti, l'autorità giudiziaria, su richiesta dell'interessato, può disporre che cessi l'abuso, salvo il risarcimento dei danni*".

2 Cf. SCALISI, 1990, p.7.

3 Cf. Constituição da República Italiana de 1947: "*Principi Fondamentali. Art. 2º La Repubblica riconosce e garantisce i diritti inviolabili dell'uomo, sia come singolo, sia nelle forma-*

ta a resumir os direitos tipicamente previstos por outros artigos da Constituição, mas permite estender a tutela a situações atípicas".[4]

Em princípio, seria possível dizer que a proteção da voz como atributo da personalidade seria aceitável na Itália. Porém, não foi isso o que se verificou no paradigmático caso Brasili *vs.* Compagnia Cinematográfica Champion, julgado pelo Tribunal de Milão em 1966.[5]

No caso em tela, a leitura de um boletim (sobre a bolsa de valores) feita por um locutor de rádio foi reproduzida na trilha sonora do filme *Ontem, hoje e amanhã*.[6] O locutor, ao assistir ao filme no cinema, notou o uso indevido de sua voz e requereu judicialmente a eliminação do trecho da trilha sonora em que sua voz aparecia. O pedido foi feito com fundamento nos arts. 80 e segs. da lei de direito de autor italiana, que estipulam as regras de proteção a artistas e intérpretes,[7] e na violação do direito à voz, por analogia às normas referentes ao direito à imagem.[8] O Tribunal de Milão

---

zioni sociali ove si svolge la sua personalità, e richiede l'adempimento dei doveri inderogabili di solidarietà politica, economica e sociale".

4 Cf. PIERLINGIERI, 2002, p.155.

5 Cf. Tribunal de Milão (Itália), 10.02.1966. Pres. ed Est. Bianchi d'Espinosa.

6 Filme de Vittorio De Sica, com atuação de Sophia Loren e Marcello Mastroianni, vencedor do Oscar de Melhor Filme Estrangeiro em 1964. Mais detalhes a respeito do filme podem ser encontrados no banco de dados sobre filmes *The Internet Movie Database*. Disponível em: www.imdb.com/title/tt0057171/.

7 Cf. Lei n. 633, de 22 de abril de 1941, da Itália: "*Art. 80.1. Si considerano artisti interpreti ed artisti esecutori gli attori, i cantanti, i musicisti, i ballerini e le altre persone che rappresentano, cantano, recitano, declamano o eseguono in qualunque modo opere dell'ingegno, siano esse tutelate o di dominio pubblico. 2. Gli artisti interpreti e gli artisti esecutori hanno* [...] *il diritto esclusivo di:* a) *autorizzare la fissazione delle loro prestazioni artistiche;* b) *autorizzare la riproduzione diretta o indiretta, temporanea o permanente, in qualunque modo o forma, in tutto o in parte, della fissazione delle loro prestazioni artistiche;* [...]. *Art. 81. Gli artisti interpreti e gli artisti esecutori hanno il diritto di opporsi alla comunicazione al pubblico o alla riproduzione della loro recitazione, rappresentazione o esecuzione che possa essere di pregiudizio al loro onore o alla loro reputazione.* [...] *Art. 82.* [...] *si comprendono nella denominazione di artisti interpreti e di artisti esecutori: 1) coloro che sostengono nell'opera o composizione drammatica, letteraria o musicale, una parte di notevole importanza artistica, anche se di artista esecutore comprimario;* [...] *3) i complessi orchestrali o corali, a condizione che la parte orchestrale o corale abbia valore artistico di per sé stante e non di semplice accompagnamento* [...]. *Art. 85. I diritti di cui al presente capo durano cinquanta anni a partire dalla esecuzione, rappresentazione o recitazione*".

8 Além do art. 10 do Código Civil supracitado, cf. Lei n. 633/41, da Itália: "*Art. 96. Il ritratto di una persona non può essere esposto, riprodotto o messo in commercio senza il consenso di questa, salve le disposizioni dell'articolo seguente.* [...] *Art. 97. Non occorre il consenso della persona ritrattata quando la riproduzione dell'immagine è giustificata dalla notorietà o dall'ufficio pubblico coperto, da necessità di giustizia o di polizia, da scopi scientifici, didattici o colturali, o quando la riproduzione è collegata a fatti, avvenimenti, cerimonie di interesse pubblico o svoltisi in pubblico. Il ritratto non può tuttavia essere esposto o mes-*

considerou inaplicáveis ao caso as regras relativas a artistas, intérpretes e executores, pois não vislumbrou, no boletim da bolsa de valores, criatividade e originalidade que pudessem elevá-lo a uma obra intelectual. O tribunal entendeu, também, com base nas exceções previstas nos arts. 65 e 101 da lei de direito de autor italiana, as quais permitem a reprodução de informações, notícias e artigos de atualidade, que a inserção da reprodução da leitura feita pelo locutor na trilha sonora do filme era lícita.[9]

Tampouco aceitou o tribunal a possibilidade de estender à voz as normas de proteção à imagem, pois considerou ser muito difícil reconhecer uma pessoa pela voz. O tribunal considerou que, mesmo que houvesse a possibilidade de conceder à voz proteção equivalente à proteção dada à imagem, seria aplicável ao caso a hipótese de exceção prevista no art. 97 da lei de direito de autor italiana, a qual dispensa a necessidade de autorização quando a reprodução é ligada a fatos e acontecimentos de interesse público. O tribunal esclareceu, ainda, que a alteração da voz do locutor foi feita para aplicar um efeito caricatural ao episódio que estava sendo narrado, não guardando nenhuma relação com o locutor, que, segundo o tribunal, permaneceu anônimo e, assim, não teve sua honra afetada.

De acordo com Augusto Fragola, a reação da doutrina italiana sobre a solução dada ao caso pelo tribunal foi favorável. O autor menciona que as poucas ressalvas feitas à decisão destacavam que o tribunal deveria ter analisado a questão sob o ponto de vista do direito da empresa radiofôni-

---

so in commercio, quando l'esposizione o messa in commercio rechi pregiudizio all'onore, alla reputazione od anche al decoro della persona ritrattata".

9 Cf. Lei n. 633/41, da Itália: "*Art. 65.1. Gli articoli di attualità di carattere economico, politico o religioso, pubblicati nelle riviste o nei giornali, oppure radiodiffusi o messi a disposizione del pubblico,* [...] *possono essere liberamente riprodotti o comunicati al pubblico in altre riviste o giornali, anche radiotelevisivi* [...] *2. La riproduzione o comunicazione al pubblico di opere o materiali protetti utilizzati in occasione di avvenimenti di attualità è consentita ai fini dell'esercizio del diritto di cronaca e nei limiti dello scopo informativo* [...] *Art. 101. La riproduzione di informazioni e notizie è lecita purché non sia effettuata con l'impiego di atti contrari agli usi onesti in materia giornalistica e purché se ne citi la fonte. Sono considerati atti illeciti:* a) *la riproduzione o la radiodiffusione, senza autorizzazione, dei bollettini di informazioni distribuiti dalle agenzie giornalistiche o di informazioni, prima che siano trascorse sedici ore dalla diramazione del bollettino stesso e comunque, prima della loro pubblicazione in un giornale o altro periodico che ne abbia ricevuto la facoltà da parte dell'agenzia.* [...] b) *la riproduzione sistematica di informazioni o notizie, pubblicate o radiodiffuse, a fine di lucro* [...]".

ca sobre suas emissões, nos termos previstos no art. 79 da lei de direito de autor italiana.[10]

Para Voltaggio Luchesi, citado por Augusto Fragola, a inserção de um trecho de uma transmissão radiofônica em uma trilha sonora de um filme pode ser considerada lícita quando visa a dar mais veracidade a ele, fixando um momento da vida real no qual as ações dos personagens se desenvolvem.[11] Todavia, entendemos que o uso do trecho do boletim da bolsa de valores lido pelo locutor não foi realizado nesse contexto, sendo que a decisão pode ter sido influenciada pelo simples fato de o referido locutor não ser famoso. Nesse sentido, Augusto Fragola afirma que, se o boletim da bolsa de valores tivesse sido lido por Alberto Sordi, por exemplo, provavelmente o discurso seria outro.[12]

Gerardo Santini, partindo de comentário ao caso em referência, aprofunda a análise e indaga: "até que ponto pode-se afirmar a existência no âmbito do nosso ordenamento de uma tutela que se estenda – no particular aspecto da voz – a todos os sujeitos?".[13] O autor reconhece que a voz expressa pelo artista é um dos aspectos abarcados pela tutela garantida à representação artística. Afirma, também, que a voz do artista – ainda que isolada dos demais componentes da representação artística – merecia proteção em casos de apropriações ou de usos indevidos que causassem danos ao seu titular. Porém, o autor discorda de que essa tutela pudesse ser elevada à categoria de direito autônomo. Tampouco concorda o jurista que referido direito pudesse ser definido como direito da personalidade, apesar de ser vinculado a manifestações da personalidade humana. Na opinião dele, portanto, mesmo as vozes de artistas, quan-

10 Cf. Lei n. 633/41, da Itália: "*Art. 79.1.* [...] *coloro che esercitano l'attività di emissione radiofonica o televisiva hanno il diritto esclusivo:* a) *di autorizzare la fissazione delle proprie emissioni effettuate su filo o via etere: il diritto non spetta al distributore via cavo qualora ritrasmetta semplicemente via cavo le emissioni di altri organismi di radiodiffusione;* b) *di autorizzare la riproduzione diretta o indiretta, temporanea o permanente, in qualunque modo o forma, in tutto o in parte, delle fissazioni delle proprie emissioni;* c) *di autorizzare la ritrasmissione su filo o via etere delle proprie emissioni, nonché la loro comunicazione al pubblico, se questa avviene in luoghi accessibili mediante pagamento di un diritto di ingresso;* d) *di autorizzare la messa a disposizione del pubblico in maniera tale che ciascuno possa avervi accesso nel luogo o nel momento scelti individualmente, delle fissazioni delle proprie emissioni, siano esse effettuate su filo o via etere;* e) *di autorizzare la distribuzione delle fissazioni delle proprie emissioni*".

11 Cf. FRAGOLA, 1971, p.123.

12 Ibidem, p.124.

13 Cf. SANTINI, 1977, p.1.027.

do não expressas em sede profissional (por exemplo, durante entrevistas), não gozariam de proteção.[14]

Gerardo Santini admite que as características vocais constituem elementos de identificação de uma pessoa. Mais do que isso, o autor entende que a relação pessoa-voz não se restringe à questão da identidade, englobando questões relacionadas ao conteúdo transmitido pela voz, que pode refletir outros aspectos da esfera personalíssima do indivíduo.

O autor chama a atenção, ainda, para os casos de imitação, nos quais se falsifica a relação pessoa-voz, reconhecendo a possibilidade de a contrafação ser facilmente desmascarada diante das técnicas existentes para indicar se uma voz é ou não de determinada pessoa. Mesmo assim, o autor ressalva a possibilidade de existir semelhança natural entre as vozes de duas pessoas diferentes, sem que se possa imaginar a tentativa de impedir um homófono de usar a própria voz.[15]

Especificamente sobre a imitação de voz, Gerardo Santini defende que ela deveria ser considerada ilícita apenas se violasse a honra ou a reputação do imitado, recusando expressamente a possibilidade de a pessoa tentar vetar uma imitação com base na tutela da própria identidade pessoal.[16] Santini entende que a voz e o conteúdo por ela expressos são tutelados pelo direito à intimidade, negando a possibilidade de proteção por meio do direito à identidade, sob o argumento de que as pessoas reconhecem menos uma voz do que uma imagem. Assim, o autor conclui que a imagem é tutelada de modo mais amplo, enquanto a voz (fora do âmbito de interpretações artísticas) deveria ser tutelada somente em relação a conteúdos confidenciais.[17] Apesar de sua conclusão contrária a um direito autônomo, o autor sugere que a voz também pode ser protegida com base nas normas que combatem a concorrência desleal ou mesmo pelo registro de marca, citando expressamente o exemplo do leão da Metro.[18]

Adriano De Cupis, principal estudioso italiano sobre os direitos da personalidade, defende que a tutela da imagem poderia ser aplicada, também, às reproduções (imitações) teatrais ou cinematográficas de uma pessoa. Para o autor, essa representação (*maschera scenica*) pode ser particularmente expressiva e impressionar os espectadores mais do que uma

14 Ibidem, p.1.028-9.
15 Ibidem, p.1.030-1.
16 Ibidem, p.1.032.
17 Ibidem, p.1.034.
18 Ibidem, p.1.035.

simples fotografia, em especial porque "a voz do artista reforça o efeito da reprodução, integrando o retrato da pessoa e tornando-o mais eficaz".[19] Vale notar que, em um único parágrafo, o autor italiano aborda duas situações relevantes: a primeira relacionada ao fato de que imitações da pessoa são protegidas pelo direito à imagem; a segunda referente à importância da voz para se caracterizar uma pessoa. Adriano De Cupis afirma que a divulgação não autorizada da voz de uma pessoa pode ser considerada ilegítima e que, por analogia, seria possível construir um direito à voz ao lado do direito à imagem.[20]

Apesar da relevância acadêmica de Adriano De Cupis, sua influência não foi suficiente para convencer a doutrina e a jurisprudência italianas, que, durante bastante tempo, relutaram em tutelar a voz como atributo da personalidade. Mais recentemente, a jurisprudência italiana já estende a proteção concedida à imagem a formas de representação indiretas da figura de uma pessoa, chegando a considerar imagem qualquer elemento que seja capaz de produzir um efeito evocativo da identidade da pessoa.[21] Nesse sentido, há decisões italianas da década de 1990 que admitem a proteção civil da voz, como a relativa à exploração publicitária do timbre de voz do cantor Angelo Branduardi e a concernente à reprodução da voz de um testemunhal além dos termos previstos no contrato de publicidade.[22] No caso do cantor Angelo Branduardi, o tribunal entendeu que o uso (para fins publicitários) de uma música interpretada por outra pessoa *que não* Angelo Branduardi, porém com um timbre de voz muito parecido com o dele, causava confusão no público e, portanto, foi considerado ilegítimo.

Em análise doutrinária mais recente, Giorgio Resta entende ser incoerente excluir a possibilidade de tutela da voz apenas pelo fato de tal atributo não estar previsto em uma norma expressa, com exceção das normas relativas aos direitos conexos de autor. Em sua opinião, se o timbre de voz pode identificar uma pessoa da mesma forma que a imagem, e se os atuais meios tecnológicos permitem uma reprodução ou imitação perfeita e um aproveitamento econômico não autorizado, seria ilógico não conceder à voz a mesma proteção que se dá ao nome e à imagem.[23] O autor mencio-

---

19 Cf. DE CUPIS, 1959, p.265.
20 Ibidem, p.294-5.
21 Cf. RESTA, 2005, p.166.
22 Cf. Tribunal de Roma (Itália), 12.05.1993, e Tribunal de Milão (Itália), 26.05.1997, in AIDA, 1997.
23 Cf. RESTA, 2005, p.167.

na, ainda, nos moldes do Considerando 14 da Diretiva Europeia n. 46/95,[24] a possibilidade de se considerar a voz um dado pessoal.[25] Mesmo assim, o autor admite ser controversa a possibilidade de proteção civil da voz na Itália, citando uma decisão do ano de 2000 que entendeu inexistir, no ordenamento italiano, um direito à voz ou a possibilidade de tutela autônoma desse aspecto da personalidade, deixando de reconhecer como ilícitas imitações não autorizadas e não indicadas explicitamente como tais.[26]

24 Cf. Diretiva n. 95/46/CE do Parlamento europeu e do Conselho, de 24.10.1995, relativa à proteção das pessoas singulares no que diz respeito ao tratamento de dados pessoais e à livre circulação desses dados: "(14) Considerando que, tendo em conta a importância do desenvolvimento que, no âmbito da sociedade de informação, sofrem actualmente as técnicas de captação, transmissão, manipulação, gravação, conservação ou comunicação de dados de som e de imagem relativos às pessoas singulares, há que aplicar a presente directiva ao tratamento desses dados".

25 Cf. RESTA, 2005, p.169.

26 Cf. Tribunal de Milão (Itália), 10.02.2000, in AIDA, 2000.

Capítulo 10

Argentina

Na Argentina, apesar de não haver previsão legal expressa sobre a tutela da voz, a doutrina a admite pacificamente. Como explica Federico Andrés Villalba Díaz, certa parte da doutrina argentina entende que a noção tradicional de proteção da imagem deve ser estendida à voz. Porém, o próprio autor alerta que existem opiniões no sentido de reconhecer a autonomia e a independência de um direito personalíssimo sobre a voz.[1]

Representante dessa parte da doutrina mencionada por Villalba Díaz, Santos Cifuentes entende que o conceito jurídico de imagem não está limitado à representação visual das pessoas, mas engloba outras manifestações indicativas e inerentes do indivíduo. Nesse sentido, esse autor sustenta que a *imagem sonora*, a imagem dada pelos gestos e a imagem dada por partes separadas do corpo, como os olhos, por exemplo, são integrantes do conceito jurídico de imagem.[2] Desse modo, Santos Cifuentes defende a aplicação da analogia para garantir tutela à voz e entende não haver motivos para dar autonomia à voz, já que, em quase todos os elementos de sua conformação e efeitos, ela se iguala à imagem visual.[3] Com uma opinião em certa medida diferente, Jorge Mosset Iturraspe entende que o direito à pró-

1 Cf. VILLALBA DÍAZ, 2002.
2 Cf. CIFUENTES, 1995, p.517.
3 Ibidem, p.518.

pria voz merece uma tutela análoga à da imagem, sem, porém, esclarecer se defende a autonomia desse direito.[4]

Em artigo específico sobre o tema, Luis F. P. Leiva Fernandez, além de defender que a voz é um elemento da personalidade e como tal merece ser protegido, sustenta que essa proteção deve ser entendida como um direito da personalidade autônomo, já que a voz é uma manifestação essencial da integridade física e espiritual ou da liberdade de determinada pessoa.[5]

Segundo o autor, o direito à voz impede a reprodução e a difusão da voz de uma pessoa a terceiros sem que haja a devida autorização. Para ele, não é necessário que haja um benefício patrimonial por parte do violador, tampouco um prejuízo por parte da pessoa que teve a voz violada para a caracterização da violação. Além disso, o autor defende que o direito à voz deve ser reconhecido para todos os indivíduos, independentemente da notoriedade da voz, embora entenda ser necessário que o emissor seja identificável por ela.[6]

Fernandez conclui que a voz,

> [...] por se tratar de manifestação de uma individualidade apta a refletir de forma nuclear a personalidade de um sujeito de direito, constitui um direito personalíssimo autônomo semelhante ao direito à própria imagem, sendo aplicável o art. 1.071 *bis* do Cód. Civil, a doutrina e a jurisprudência elaborada para proteção da imagem no que tange à autorização para reproduzir ou difundir a voz e à legitimação para propor ação.[7]

Percebe-se, portanto, que na Argentina a proteção à voz é pacífica. E, ainda que haja algum tipo de polêmica sobre a autonomia do direito à voz, tem-se aplicado a ela, por analogia, o art. 1.071 *bis* do Código Civil,[8] que se refere ao direito à imagem.

---

4 Cf. ITURRASPE, 1982, p.33.
5 Cf. FERNANDEZ, 1990, p.845.
6 Ibidem, p.845.
7 Ibidem, p.853.
8 Cf. Código Civil argentino de 1869: "*Art. 1.071 bis. El que arbitrariamente se entrometiere en la vida ajena, publicando retratos, difundiendo correspondencia, mortificando a otros en sus costumbres o sentimientos, o perturbando de cualquier modo su intimidad, y el hecho no fuere un delito penal, será obligado a cesar en tales actividades, si antes no hubieren cesado, y a pagar una indemnización que fijará equitativamente el juez, de acuerdo con las circunstancias; además, podrá éste, a pedido del agraviado, ordenar la publicación de la sentencia en un diario o periódico del lugar, si esta medida fuese procedente para una adecuada reparación*".

Capítulo 11

Peru

A Constituição do Peru afirma que toda pessoa tem direito à sua voz e à sua imagem.[1] O mesmo dispositivo constitucional também prevê a proteção à honra e à boa reputação bem como à intimidade pessoal e familiar. Isso poderia levar ao entendimento de que a proteção da imagem e da voz ocorreria apenas nos casos em que houvesse, conjuntamente, ofensa à honra ou à intimidade.

Entretanto, Carlos Fernandez Sessarego entende que a proteção à imagem e à voz desenvolveu-se autonomamente aos direitos à honra e à intimidade. Sustenta ainda que a menção à honra deveria ser deslocada para o item 1 do art. 2°, ao lado dos direitos fundamentais à vida, à liberdade, à identidade, à integridade física e moral. Sobre o direito à intimidade, sugere que menções esparsas relacionadas a esse direito poderiam ser reunidas no item 8. A respeito da imagem e da voz, afirma que, apesar de não integrarem o direito à identidade, ambas são, com efeito, "signos que contribuem para configurar a identidade da pessoa".[2]

---

1 Cf. Constituição do Peru de 1993: "*Art. 2. Toda persona tiene derecho: 7. Al honor y a la buena reputación, a la intimidad personal y familiar así como a la voz y a la imagen propias*".

2 Cf. SESSAREGO, 2002.

Em obra anterior, Sessarego já havia analisado as relações entre a identidade pessoal e a imagem, mencionando, inclusive, a existência de situações em que há aparente sobreposição das figuras jurídicas, já que a imagem (e, em nossa opinião, *também a voz*) é suscetível de ser manipulada e utilizada para lesar a identidade pessoal.[3]

O Código Civil do Peru prescreve, em seu art. 15, que a imagem e a voz de uma pessoa não podem ser utilizadas sem a expressa autorização dela. O mesmo artigo também prevê as limitações aos direitos à imagem e à voz. Tais limitações, todavia, não se aplicam quando a utilização da imagem ou da voz atentarem contra a honra, o decoro ou a reputação da pessoa a que correspondem.[4]

Vale mencionar que a parte final do art. 15 do Código Civil do Peru indica que, naquele país, os direitos à voz e à imagem têm menos força que os direitos à honra e à intimidade – o que, porém, não retira a importância da legislação peruana, a qual, entre todas as analisadas, é a única em que a imagem e a voz são tratadas expressa e autonomamente entre si e em relação aos direitos à honra, à identidade e à intimidade.

---

3 Cf. SESSAREGO, 1992, p.141.

4 Cf. Código Civil peruano de 1984: "*Art. 15. Derecho a la imagen y voz – La imagen y la voz de una persona no pueden ser aprovechadas sin autorizacion expresa de ella o, si ha muerto, sin el asentimiento de su conyuge, descendientes, ascendientes o hermanos, excluyentemente y en este orden. Dicho asentimiento no es necesario cuando la utilización de la imagen y la voz se justifique por la notoriedad de la persona, por el cargo que desempeñe, por hechos de importancia o interes publico o por motivos de indole cientifica, didactica o cultural y siempre que se relacione con hechos o ceremonias de interes general que se celebren en publico. No rigen estas excepciones cuando la utilización de la imagen o la voz atente contra el honor, el decoro o la reputación de la persona a quien corresponden*".

Capítulo 12

Estados Unidos

Diferentemente dos demais países citados neste capítulo, com tradição romano-germânica e sistema jurídico de *civil law*, os Estados Unidos adotam o sistema jurídico de *common law*.[1]

Um reflexo relevante da dicotomia entre *civil law* e *common law* é a diferente fundamentação dos direitos da personalidade. O modelo romano-germânico adota como principal fundamento a dignidade, enquanto o modelo anglo-saxão adota a liberdade.[2] Assim, é importante levar esse fato em consideração ao se analisar a tutela da voz nos Estados Unidos.

Além disso, como a presente obra engloba, no estudo da proteção civil da voz, a análise de questões de direito de autor, é importante lembrar que os Estados Unidos adotam o sistema de *copyright*, enquanto os demais países citados neste capítulo seguem o sistema de direito de autor, como o Brasil.

Em breves linhas, enquanto o *copyright* é basicamente um sistema que garante o direito de *impedir cópias* de determinada obra, o direito de autor é focado em *proteger o autor* da obra, e apenas por consequência pro-

---

1 *Common law* e *civil law* são duas grandes famílias jurídicas, sendo que na origem da primeira família consultava-se quase exclusivamente os precedentes judiciais e na segunda, a legislação. Cf. SOUZA, 2009.

2 Sobre o tema, cf. WHITMAN, 2004, p.1.151-221.

tege a obra em si. Assim, o *copyright* limita-se a questões relativas à exploração econômica da obra, ao passo que o direito de autor regula tanto as questões patrimoniais como as denominadas pessoais ou morais, ou seja, a relação do próprio autor com sua obra.[3]

Quanto à natureza jurídica, o *copyright* é direito patrimonial, pois as relações entre o autor e sua obra não são abarcadas por esse instituto. Já a natureza jurídica do direito de autor é ainda controversa, havendo correntes distintas que o caracterizam como direito de propriedade, direito de personalidade e direito híbrido (com base na teoria monista ou na teoria dualista).[4]

Desse modo, nos Estados Unidos, há menor preocupação com os direitos morais dos autores e dos artistas e intérpretes. Mesmo assim, nesse país, alguns direitos da personalidade são reconhecidos, tais como o *paternity right*, correspondente ao direito de paternidade reconhecido pelo ordenamento jurídico brasileiro. A esse respeito, vale destacar a grande disputa judicial entre Nikola Tesla e Guglielmo Marconi pelo direito de paternidade sobre a invenção do rádio.[5]

Bastante relevante, também, nos Estados Unidos, é o *right of privacy*, cujo conceito foi desenvolvido no final do século XIX por Samuel D. Warren e Louis D. Brandeis no artigo *The right to privacy*.[6] O mérito principal dos autores foi desvincular a ideia de privacidade da ideia de propriedade privada e defender que a essência da privacidade é a inviolabilidade da personalidade, destacando que seu valor não está no direito de receber indenização em decorrência da publicação de alguma informação privada, mas no direito de impedir a própria publicação.

Aprofundando essa tese, William L. Prosser reconheceu, em 1960, quatro tipos de ilícitos no âmbito do *right of privacy*, a saber: intromissão na reclusão ou solidão do indivíduo, ou em seus assuntos privados; divulgação pública de fatos privados embaraçosos sobre o indivíduo; divulgação de fatos que coloquem o indivíduo sob uma *falsa luz*, ou seja, uma imagem

---

3 A respeito da diferença entre *copyright* e direito de autor, José de Oliveira Ascensão, na palestra "Direito de autor e direitos conexos no século XXI", proferida em 25.10.2007 na Fundação Getulio Vargas (FGV/SP), afirmou que, nos sistemas jurídicos em que vigora o *copyright*, a obra intelectual é a protagonista da tutela, diferentemente do que ocorre nos sistemas jurídicos que adotam o direito de autor.

4 Sobre a natureza jurídica do direito de autor, por todos, cf. CHINELLATO, 2008, p.64-105.

5 Cf. BRENNER, 2005.

6 Cf. WARREN e BRANDEIS, 1890.

distorcida da realidade; e apropriação, para vantagem de terceiros, do nome, da imagem ou do atributo da identidade do indivíduo.[7]

Com isso, as pessoas puderam impedir que seu nome e sua imagem fossem usados comercialmente. Todavia, pessoas famosas, cujos nome ou imagem eram usados comercialmente, na maioria das vezes não estavam preocupadas em impedir referido uso, mas em controlá-lo e tirar proveito econômico dele.

Assim, aos poucos foi desenvolvido um direito autônomo do *right of privacy*, com a finalidade de permitir a celebridades o controle e o benefício econômico da própria fama. Tal direito foi denominado *right of publicity*. Segundo J. Thomas McCarthy, o *right of publicity* era tratado originalmente como uma ramificação do *right of privacy*; porém, desenvolveu-se e tomou forma própria e independente.[8] Diz-se que o *privacy* é um direito pessoal e o *publicity* é um direito patrimonial. Para McCarthy, o conteúdo do *right of publicity* (que tradicionalmente reconhecia a proteção ao nome e à imagem de celebridades) é, na verdade, maior e engloba a proteção contra qualquer tentativa de usar de modo gratuito algum atributo da pessoa que tivesse valor de mercado.[9] A voz é um dos atributos reconhecidos como sob a proteção do *right of publicity* em dias atuais, e esse é o principal fundamento de proteção jurídica da voz nos Estados Unidos. Porém, nem sempre foi assim, já que a ideia de proteção jurídica da voz (ou de um estilo vocal) foi rejeitada por um longo período.

Um dos casos mais antigos sobre proteção jurídica de voz nos Estados Unidos da América do Norte foi Lahr *vs.* Adell Chemical Co., julgado em 1962.[10] Na referida disputa, o comediante e ator Bert Lahr, famoso pela interpretação do personagem Leão no filme *O mágico de Oz*, processou a empresa que usou, em comercial, um pato animado com a imitação de sua voz. Lahr fundamentou seu pedido em diversas teorias, entre elas, violação de privacidade, concorrência desleal e difamação. Vale notar que o ator não fundamentou seu pedido no *right of publicity*, ainda incipiente naquela época.

O First Circuit Court of Appeals considerou, com base nos argumentos de concorrência desleal e difamação, plausível o argumento de que o

---

7 Cf. PROSSER, 1960, p.389.
8 Cf. MCCARTHY, 2000, capítulo 1.1.
9 Ibidem, capítulo 2.3.
10 Cf. 300 F.2d 256, Bert Lahr *v.* Adell Chemical Co., n. 5.883. US Court of Appeals, First Circuit, 1962.

comercial imitou o estilo vocal cômico do ator: distintivo no timbre, no sotaque, na inflexão e no som. Porém, desconsiderou por completo o argumento de violação à privacidade.

A decisão do caso de Bert Lahr, contudo, não se tornou precedente incondicional para a proteção jurídica da voz nos Estados Unidos, sendo certo que diversos casos posteriores a esse foram rejeitados, conforme comenta Leonard A. Wohl.[11]

Em 1970, Nancy Sinatra processou a Goodyear Tire & Rubber Co.[12] pelo fato de a empresa ter usado, na propaganda de um pneu de carro, a música *These boots are made for walking*, interpretada por outra cantora que imitava a interpretação de Nancy Sinatra para a mesma música. Note que a empresa tinha obtido a autorização necessária do titular do *copyright* da música. Nancy Sinatra fundamentou seu pedido em concorrência desleal; todavia, esse argumento foi rejeitado pelo Ninth Circuit Court of Appeals, já que a vocalista e a empresa de pneus não concorriam entre si.

A diferença básica entre o caso de Nancy Sinatra e o caso de Bert Lahr reside no fato de que, enquanto o ator alegou possuir uma voz distintiva (não associada a um único trabalho), a cantora procurou defender a associação de sua voz a determinada canção.

Em 1973, no caso Shirley Booth *vs.* Colgate-Palmolive Co.,[13] novamente, foi negada proteção a um estilo vocal. A requerente do referido caso, Shirley Booth, comediante e atriz dramática, interpretou, de 1961 a 1965, o papel de Hazel em um show televisivo baseado nas aventuras de um personagem de quadrinhos igualmente chamado Hazel, criado por Ted Key. As requeridas eram uma agência de publicidade e a empresa Colgate-Palmolive, que tinham levado ao ar anúncios publicitários do detergente Burst. Os anúncios haviam usado o nome e o personagem de quadrinhos Hazel, mediante contrato de licença com o criador e detentor do *copyright* sobre o personagem. A voz de Hazel, nos comerciais, foi realizada por uma cantora não identificada nos anúncios, imitando a voz da requerente. Shirley Booth pleiteou indenização por danos, alegando concorrência desleal e di-

---

11 Cf. WOHL, 1988, p.446.

12 Cf. 435 F2d 711 Sinatra *vs.* Goodyear Tire & Rubber Co., n. 23.472, United States Court of Appeals, Ninth Circuit, 1970.

13 Cf. 362 F. Supp. 343 Shirley Booth *vs.* Colgate-Palmolive Co., United States District Court for The Southern District of New York, 1973.

famação. O District Court for the Southern District of New York rejeitou ambos os argumentos e não acolheu os pedidos da requerente.

Da mesma maneira que no caso de Nancy Sinatra, o tribunal levou em consideração o fato de a atriz reclamar a respeito de imitação de uma interpretação, quando havia licença de *copyright* da obra interpretada.

Apenas no final da década de 1980, com o julgamento do caso Bette Midler *vs*. Ford Motor Company, a possibilidade de proteção jurídica da voz, nos Estados Unidos, parece ter se consolidado.[14] Pela primeira vez, desde o caso Lahr, o centro da discussão era a tutela da voz. Os fatos do caso foram os seguintes: em 1985, uma agência de publicidade entrou em contato com o agente de Bette Midler para verificar o interesse da cantora em participar de um comercial para a Ford Motor. A cantora, que tinha como política não endossar nenhum produto, recusou a oferta. Após algum tempo, Midler surpreendeu-se com um comercial levado ao ar pela companhia, em que foi usada uma música interpretada por uma cantora que imitava sua voz.

A imitação da voz foi tão boa que muitos amigos de Midler pensaram que ela havia modificado sua política de não fazer comerciais e concordado em endossar o produto da Ford Motor. Diante dessa situação, Bette Midler processou a empresa e a agência de publicidade pelo uso não autorizado de seu estilo vocal no comercial.

A alegação de Midler foi baseada no *right of publicity*.[15] Midler não discutiu o uso da música *Do you want to dance*, tampouco procurou reclamar direitos sobre sua interpretação da referida música. Para não correr nenhum risco de que o caso viesse a ser considerado sob o enfoque de *copyright*, Midler alegou que a voz não se sujeita ao *copyright*, pois os sons não podem ser fixados, e a lei de *copyright* protegeria apenas "obras ori-

14 Cf. 849 F. 2d 460, Bette Midler *v.* Ford Motor Co., United States Court of Appeals, Ninth Circuit, 1988.

15 Na Califórnia, o *right of publicity* está previsto na seção 3.344 do Código Civil, que estabelece: "*(a) Any person who knowingly uses another's name, voice, signature, photograph, or likeness, in any manner, on or in products, merchandise, or goods, or for purposes of advertising or selling, or soliciting purchases of, products, merchandise, goods or services, without such person's prior consent, or, in the case of a minor, the prior consent of his parent or legal guardian, shall be liable for any damages sustained by the person or persons injured as a result thereof. [...] (g) The remedies provided for in this section are cumulative and shall be in addition to any others provided for by law*". No caso de Midler, como a voz usada não era a da cantora, mas uma imitação, a fundamentação também foi feita com base no *common law right of publicity*.

ginais fixadas em uma forma de expressão tangível". Dessa maneira, sua pretensão não foi suplantada pela lei de *copyright*.

O Ninth Circuit Court of Appeals entendeu que, quando "a voz distintiva de uma cantora profissional amplamente conhecida é deliberadamente imitada, a fim de vender um produto, os vendedores [...] cometem um delito na Califórnia". A decisão a favor de Midler levou em consideração o fato de que a Ford Motor havia usado, de modo consciente, uma imitação para transmitir a impressão de que Midler cantava no comercial da empresa, e que a voz de Midler representava um valor para a empresa, pois, do contrário, ela não teria instruído a cantora a imitar sua voz. O tribunal reconheceu expressamente que: a Ford Motor buscava um atributo de identidade de Midler; a voz é um atributo distintivo e pessoal; a voz é tão distintiva e pessoal quanto um rosto; a voz é uma das formas mais palpáveis pelas quais a identidade se manifesta; todas as pessoas reconhecem um amigo com base em poucas palavras ao telefone. O tribunal afirmou ainda que, em nível filosófico, já havia sido reconhecido que, pelo som da voz, uma pessoa parece estar na presença dos outros.

Em 1992, mais uma vez, o Ninth Circuit Court of Appeals teve a chance de apreciar um caso relacionado à imitação de voz.

Trata-se do caso Tom Waits *vs.* Frito-Lay, Inc.[16] Tom Waits é cantor profissional, compositor e ator de renome, com uma voz rouca característica.[17] A disputa decorreu do fato de a Frito-Lay ter encomendado uma música inspirada em uma canção de Waits e contratado um cantor para fazer a interpretação da música em um anúncio. Waits processou a Frito-Lay alegando apropriação indevida de sua voz, no âmbito do *right of publicity*, e falso endosso, no âmbito da lei federal norte-americana sobre marcas e concorrência desleal, o Lanham Act.[18] Apesar de Waits ser bem

16 Cf. 978 F.2d 1093, 1097-1998 Waits *vs.* Frito-Lay, Inc., 1992.

17 Segundo a decisão, um fã teria descrito a voz de Tom Waits como a voz de alguém que "bebeu um litro de uísque, fumou um maço de cigarros e engoliu um pacote de lâminas de barbear [...] tarde da noite. Depois de não dormir por três dias".

18 Cf. Lei de Marcas norte-americana de 1946 (Lanham Act): "*§ 43 (15 U.S.C. § 1125). False designations of origin; false description or representation* (a) *(1) Any person who, on or in connection with any goods or services, or any container for goods, uses in commerce any word, term, name, symbol, or device, or any combination thereof, or any false designation of origin, false or misleading description of fact, or false or misleading representation of fact, which – (A) is likely to cause confusion, or to cause mistake, or to deceive as to the affiliation, connection, or association of such person with another person, or as to the origin, sponsorship, or approval of his or her goods, services, or commercial activities by another person, or (B) in commercial advertising or promotion, misrepresents the nature, characteris-*

menos conhecido do que Midler, a decisão foi favorável a Waits e determinou o pagamento de indenização de caráter compensatório e punitivo.

Há quem diga que essa decisão reforçou a posição do Ninth Circuit Court of Appeals contra a apropriação indevida de voz de duas importantes maneiras: o tribunal não limitou os danos de acordo com a fama do artista e fundamentou a decisão no Lanham Act, o que significa ser ela vinculante em todas as jurisdições norte-americanas, e não apenas no Estado da Califórnia.[19] De fato, a fundamentação de ações relacionadas à imitação de voz na seção 43 (*a*) do Lanham Act já vinha sendo defendida como melhor opção para as celebridades.[20]

É importante esclarecer que essa decisão é bem mais detalhista que a decisão do caso Midler. Ela discute a diferenciação entre *vocal style* e *voice*, afirmando que a mera *imitação do estilo* de um cantor não pode ser considerada um ato ilícito, sendo necessário saber se as pessoas familiarizadas com a voz de Waits, que ouviram o comercial da Frito-Lay, acreditaram que Waits o havia executado, deixando bem claro que não bastava tais pessoas entenderem que o intérprete do comercial soava parecido com Waits. A decisão aborda, ainda, a questão da distintividade da voz, afirmando que a voz de um cantor é distintiva se se distinguir das vozes de outros cantores e se tiver qualidades ou características particulares que a identifiquem como sendo de um cantor em particular.

Apesar da relevância dos casos Midler e Waits para a construção da proteção jurídica da voz nos Estados Unidos, há, ainda, opiniões doutrinárias que consideram as respectivas decisões confusas, ao menos no que tange à definição do que realmente é protegido sob a teoria de apropriação indevida de voz no âmbito do *right of publicity*.[21]

Russel A. Stamets entende ser insuficiente dizer que a voz é singular e merece proteção no âmbito do *right of publicity*, inclusive em casos de imitação, sem que ao menos seja indicada uma lista de possíveis conexões entre a imitação e a voz original que pudesse ajudar a decidir se a imitação de fato ocorreu. Para o autor, é necessário definir quais aspectos de uma voz são passíveis de proteção. Segundo ele, estilo, timbre e sotaque isola-

---

tics, qualities, or geographic origin of his or her or another person's goods, services, or commercial activities, shall be liable in a civil action by any person who believes that he or she is or is likely to be damaged by such act".

19 Cf. BUCKLEY, 1994, p.246-55.

20 Cf. WINDHOLZ, 1990, p.216-23.

21 Cf. STAMETS, 1994, p.360.

damente não merecem proteção, sendo que os tribunais deveriam indicar quais elementos e qual o número mínimo necessário de elementos para uma correlação entre a voz original e a voz do imitador, bem como uma maneira consistente e objetiva de se demonstrar essa correlação. Por fim, o autor entende que a análise deveria ser da voz isolada de componentes musicais, para, com isso, identificar qual aspecto da personalidade o direito contra a apropriação indevida de voz se destina a proteger.[22]

Em diversos países, a tutela da voz desenvolveu-se a partir do direito à privacidade. Nos Estados Unidos, pode-se dizer que o *right of privacy* foi a raiz da proteção à voz. Contudo, dada a raridade de casos julgados sobre o uso indevido da voz de pessoas comuns, não é possível afirmar categoricamente que esse instituto protegeria a voz como um atributo da personalidade, independentemente da existência de algum valor econômico. De fato, o único caso no qual se discutiu o uso indevido da voz de uma pessoa comum envolveu uma senhora de 78 anos de idade (Geneva Burger), cuja conversa telefônica com o neto, sobre maconha, foi gravada, e um trecho usado em uma música *rap*. Ela acionou o Snoop Dogg (que fez o *rap*), o C- Murder (que escreveu a letra do *rap*), a Master P (titular da gravadora que lançou o álbum com o *rap*), a No Limit Records (a gravadora) e a Priority Records (que distribuiu o álbum), com base no *right of privacy* e no instituto do *voice misappropriation*,[23] obtendo êxito.[24]

Nos casos de uso indevido de voz de celebridades, como visto, as discussões são profícuas e se referem ao *right of publicity*, ao *copyright* e ao falso endosso. A dificuldade da fundamentação baseada no *right of publicity* está no fato de que esses direitos são estaduais e não foram, até hoje, reconhecidos por lei federal. Assim sendo, uma celebridade vítima de uso indevido ou de imitação indevida de sua voz deve levar em conta a possibilidade de o tribunal entender que o caso está suplantado pelas leis federais de *copyright* e rejeitar o pedido, alegando que a voz em questão é parte de uma obra intelectual, bastando a autorização do titular do *copyright* para que o uso seja lícito.

---

22 Ibidem, p.360-5.

23 Para a compreensão detalhada do instituto, recomenda-se a leitura do artigo doutrinário "The Paradox that Wasn't: Federal Preemption of State-Law Voice Misappropriation Claims" recentemente publicado. Cf. VAUGHAN, 2012.

24 Cf. Geneva Burger *vs.* Priority Records et al., Los Angeles Superior Court (Pomona) Case n. KC 027 869 (Hon. R. Bruce Minto, Judge).

Foi exatamente o que ocorreu no caso Debra Laws *vs.* Sony Music Entertainment, Inc., em que Laws acionou a Sony por uso indevido de sua voz e de seu nome na canção *All I have*, interpretada por Jennifer Lopez e L. L. Cool J. O caso foi resolvido a favor da Sony, que alegou ter obtido uma licença de *copyright* junto à gravadora titular da obra originária sobre o trecho da música em que a voz da requerente aparecia.[25]

A questão da possível suplantação do *right of privacy* pelo *copyright* foi objeto de detalhado estudo no caso John Facenda Jr. *vs.* NFL Films, Inc., julgado em 2008.[26]

John Facenda, uma lenda da radiodifusão norte-americana conhecida pelo apelido "a voz de Deus", emprestou a voz, mediante acordo verbal, para muitas produções da National Football League (NFL) antes de sua morte, ocorrida em 1984. Algum tempo antes de falecer, Facenda celebrou um termo de autorização de uso de sua voz por tempo ilimitado, excluindo em específico a possibilidade de uso de voz para endossar produtos ou serviços. Mais de duas décadas depois da morte de Facenda, a NFL usou pequenas porções de trabalhos previamente gravados por Facenda em uma produção chamada *The Making of Madden nfl 06*. O espólio de Facenda processou a NFL alegando falso endosso, nos termos do Lanham Act, e uso não autorizado do nome e da imagem de Facenda, nos moldes da lei estadual da Pensilvânia sobre *right of publicity*. Em sua defesa, a NFL alegou ter direitos de autor sobre as produções originais (que lhe dariam o direito exclusivo de utilizar porções de trilhas sonoras como lhe aprouvesse).

O Third Circuit Court of Appeals confirmou a decisão do District Court for The Eastern District of Pennsylvania, acatando os argumentos do espólio de Facenda quanto ao *right of publicity* e determinando nova análise do District Court quanto à alegação de falso endosso.

Especificamente quanto à questão do conflito entre *copyright* e *right of publicity*, o tribunal afirmou que, apesar de ser possível fixar a voz de Facenda por uma gravação em meio tangível, é impossível divorciar sua voz de sua identidade, confirmando, ainda, que uma voz não pode ser ob-

25 Cf. United States Court of Appeals for the Ninth Circuit, 448 F.3d 1134; 2006 U.S. App. Lexis 12813; 78 u.s.p.q.2d (bna) 1910; copy. L.rep. (cch) p29, 185 September 12, 2005, argued and submitted May 24, 2006, filed Debra Laws *vs.* Sony Music Entertainment, Inc.

26 Cf. 542 F.3d 1007 John Facenda Jr. *vs.* NFL Films, Inc., United States Court of Appeals for the Third Circuit, 2008, e United States District Court for the Eastern District of Pennsylvania, 488 F. Supp. 2d 491; 2007 U.S. Dist. LEXIS 33139, May 3, 2007, Decided, May, 3, 2007, Filed Facendas *vs.* NFL Films, Inc.

jeto de *copyright*. O tribunal considerou, também, o fato de Facenda ter colaborado com a NFL para criar as gravações sonoras originais um argumento a favor da NFL.

Quanto às hipóteses em que o direito dos indivíduos de impedir a exploração comercial de sua identidade interfere nos direitos dos proprietários de *copyright* para explorar suas obras, o tribunal concluiu que, quando o uso da obra for "para fins comerciais", como em uma propaganda, o *right of publicity* deve prevalecer; quando o uso for feito em outras obras de manifestação do pensamento, o *copyright* deve prevalecer. Nesse sentido, a produção televisiva em questão não foi aceita pelo tribunal como um trabalho de manifestação do pensamento sem fins comerciais. Apesar disso, o tribunal ressalvou expressamente que o *right of publicity* deve ser reconhecido com parcimônia, para evitar que licenças adicionais dos artistas sejam sempre necessárias a cada novo uso de uma obra.

Nos Estados Unidos, portanto, apesar de ainda haver entendimentos destoantes na doutrina, a possibilidade de proteção jurídica da voz é reconhecida, inclusive em casos de imitação, em particular no caso de pessoas famosas e cuja voz seja distintiva.

Parte IV

Proteção jurídica da voz no Direito brasileiro

Capítulo 13

O bem jurídico voz

Embora no direito estrangeiro, como visto, ainda haja opiniões de que a voz não merece ser juridicamente tutelada – seja em decorrência do fato de a voz apresentar peculiaridades (efemeridade e alterações momentâneas), seja em decorrência do fundamento de que a voz não representa uma característica da personalidade da pessoa –, em nossa opinião, a voz pode ser considerada um bem jurídico.[1]

Nesse sentido, Pontes de Miranda alerta sobre eventuais dificuldades, afirmando que "a voz não é instantânea, como a fotografia ou o retrato; desenrola-se na dimensão do tempo",[2] mas a estuda como bem jurídico merecedor de tutela.

Para dirimir qualquer dúvida sobre a possibilidade de a voz ser um bem jurídico merecedor de proteção, vale traçar um paralelo com a imagem das pessoas, a qual também é mutável ao longo do tempo, sujeita a influências internas e externas e entendida como uma sensação provocada nas outras pessoas.[3]

1 O termo "bem jurídico" é utilizado aqui como sinônimo daquilo que pode ser objeto de direito, ou seja, no sentido referido por Caio Mario da Silva Pereira como bem jurídico "em sentido amplo ou genérico". Cf. PEREIRA, 2000, p.253.

2 Cf. PONTES DE MIRANDA, 1955, p.53.

3 Cf. VERCELLONE, 1959, p.10.

De fato, a imagem das pessoas pode ser percebida de modo diferente dependendo do ângulo de visão e da iluminação incidente sobre elas. Além disso, não há como negar que ocorrem alterações naturais na imagem das pessoas ao longo da vida, tampouco que a imagem está sujeita a diversas influências internas e externas, sendo comum, por exemplo, estar de olhos inchados ao despertar, ter rugas decorrentes do hábito de fumar ou acne provocada por alterações hormonais.

São, ainda, bastante frequentes situações em que as próprias pessoas interferem de modo voluntário na fisionomia, por meio de cirurgias plásticas. A esse respeito, Walter Moraes entende que quem se submete a uma cirurgia plástica, por mais que se transfigure, não adquire nova imagem, apenas modifica a que tem.[4] Por sua vez, Antonio Chaves afirma que a nova fisionomia alcançada por meio de cirurgia plástica também deve ser considerada bem jurídico.[5]

De acordo com esse paralelismo, são coerentes os ordenamentos jurídicos de diversos países que reconhecem a imagem das pessoas como um bem jurídico passível de proteção e também tutelam a voz.

1. A voz como meio de expressão

A voz é um fenômeno central em todas as culturas; é o suporte para a linguagem. Paul Zumthor toma o suporte vocal como realizador da linguagem e como fato físico psíquico próprio, que ultrapassa a função linguística.[6] A vocalização, por si só, já é uma forma de comunicação, independentemente da linguagem.[7]

Vale mencionar ainda que, antes do desenvolvimento da escrita, a comunicação oral impunha-se e teve papel extremamente relevante para a preservação da história da humanidade.[8] Mesmo após a disseminação da escrita, a oralidade e a influência da voz nos próprios textos escritos nun-

4 Cf. MORAES, 1972, p.11.
5 Cf. CHAVES, 1987, p.13.
6 Cf. ZUMTHOR, 2007, p.11.
7 Cf. parte I, capítulo II, item 1 da presente obra.
8 A história oral da humanidade é estudada por diversos pesquisadores brasileiros, entre os quais, a historiadora e pesquisadora Marieta de Moraes Ferreira, com diversas obras publicadas sobre o tema, tais como *Entre-vistas: abordagens e usos da história oral*, publicada em 1994 pela FGV, e *História oral: desafios para o século XXI*, publicada em 2000 pela Fiocruz.

ca deixaram de existir.[9] Nesse sentido, deve-se mencionar a relevância da voz para o desenvolvimento da humanidade, já que, em situações de oralidade pura, a conservação dos eventos é deixada a cargo da memória, a qual implica reiteração e incessantes variações, que levam à evolução, ao aprendizado e à inovação. Paul Zumthor refere-se a esse fenômeno como *movência*.[10]

Nesse aspecto, outros meios de expressão (como a escrita, por exemplo) levam desvantagem em relação à comunicação oral.

Para José Roberto do Carmo Jr., "na escrita, muitas vezes, o plano de expressão é inexpressivo. A ortografia desde sempre descurou da prosódia [...]. O que se busca registrar na escrita é apenas o conteúdo de um texto, apenas o que é dito – o denotado –, pouco importando como é dito – o conotado."[11] Já a voz pode criar um significado ou alterar o sentido original do texto escrito. Além disso, muitas vezes a voz é autossuficiente e adquire certa autonomia do conteúdo falado, não dependendo *do que é dito* para atingir o objetivo, apenas *do como é dito*. Diante disso, *a voz deve ser tutelada como bem jurídico necessário para permitir o pleno gozo da vida de uma pessoa, tanto quanto são tutelados outros atributos físicos e psíquico-intelectuais da pessoa.*

Assim, é provável que o Judiciário brasileiro condenasse a pagar indenização por danos morais aquele que causasse a perda definitiva da voz de outrem, ou a alteração do som da voz de uma pessoa.[12] Havendo laudo

---

9 Sobre o tema, cf. a vasta obra de Paul Zumthor (*Escritura e nomadismo: entrevistas e ensaios*. Trad. Jerusa Pires Ferreira e Sônia Queiroz. São Paulo, Ateliê Editorial, 2005; *Introdução à poesia oral*. Trad. Jerusa Pires Ferreira, Maria Lúcia Diniz Pochat e Maria Inês de Almeida. São Paulo, Hucitec, 1997; *Tradição e esquecimento*. Trad. Jerusa Pires Ferreira e Suely Fenerich. São Paulo, Hucitec, 1997; *A letra e a voz: a "literatura" medieval*. Trad. Jerusa Pires Ferreira e Amalio Pinheiro. São Paulo, Companhia das Letras, 1993) comentada por Ferreira (2007).

10 Cf. ZUMTHOR, 2007, p.65.

11 Cf. CARMO JR., 2005, p.77.

12 Sendo subjetiva, a responsabilidade civil do médico depende de comprovação da culpa do agente causador do dano. Cf. TJRS, Ap. cível n. 70.011.643.087, j. 22.09.2005, cuja ementa diz: "Responsabilidade civil. Ação de indenização. Erro médico. Preliminar arguida de ofício de anulação do processo para realização de nova perícia afastada. Cirurgia para retirada da glândula tireoide. Secção de nervo laríngeo. Perda da voz. Ausente prova da imperícia médica". Em ação de indenização julgada no Rio Grande do Sul, proposta por um fumante com diagnóstico de doença grave, que levou à realização de uma laringectomia total e esvaziamento cervical esquerdo e, em consequência, à perda da voz, do olfato e do paladar, houve, na apelação, um voto vencido no sentido de reconhecer a responsabilidade da empresa fabricante do cigarro, sendo relevante citar um trecho do referido voto: "Ora, o Direito é um sistema e não se esgota na simples letra fria da lei positiva posta pelo Estado; se se entender que além da lei existem os princípios gerais de direito e se entendermos que es-

médico favorável, a pessoa que tenha perdido a voz também pode pleitear ao responsável ou ao Estado o fornecimento de um aparelho denominado *eletrolaringe* (também conhecido como prótese vocal). Contudo, os tribunais brasileiros, sem atentar para a real relevância da voz na sociedade, ainda consideram que o Estado não é obrigado a priorizar seus recursos para atender a esse tipo de demanda, já que a falta da voz não caracteriza perigo de morte.[13] O aspecto físico da voz, inclusive eventual lesão à integridade física da pessoa pela perda da voz, é mais propenso a ser reconhecido do que o aspecto psíquico.

2. A voz como instrumento para a interpretação artística

Além de seu inerente papel como instrumento da comunicação oral entre as pessoas, a voz pode ser usada para declamar poemas, contar histórias ou cantar músicas, situações em que exerce o papel de instrumento para a interpretação artística e não deixa de ser um modo de expressão. Em alguns casos, a voz pode ser o próprio instrumento de formação de uma obra intelectual. Paul Zumthor define essas situações como *oralidade pura*.[14] Um caso típico seriam os repentistas, cujos processos de criação e de interpretação da obra praticamente se confundem.

Zumthor usa a expressão *voz poética* para se referir ao uso da voz para determinada finalidade interna e à formalização adequada a essa finalidade.[15] A *voz poética* citada pelo autor não é a voz natural, habitual e espontânea da pessoa. O emissor desenvolve uma qualidade vocal específica de acordo com a obra intelectual que visa a interpretar. É um conceito próximo ao da *voz cênica*, de Lucia Helena Gayotto.[16]

Usando outra nomenclatura, Heloísa de Araújo Duarte Valente menciona a existência de duas ramificações da voz: a *voz pronunciada* e a *voz*

---

tes, a ordem jurídica, assim como os valores superiores da justiça, não convivem com a iniquidade, especialmente quando a vontade é anulada pela dependência química e psíquica, e que ninguém pode propagandear, fabricar e colocar no mercado um produto que causa doença e morte, então não há como se deixar de concluir que o fabricante e o comerciante de tal produto têm efetiva e concreta responsabilidade pelos danos e consequências maléficas por ele causados, responsabilidade essa que é reforçada, no caso particular, especialmente por outros dois elementos: a publicidade e a lucratividade como característica peculiar da atividade" (cf. TJRS, Ap. cível n. 70.022.248.215, j. 28.02.2008).

13 Cf. TJRS, Ap. cível n. 70.023.513.989, j. 06.08.2008.

14 Cf. ZUMTHOR, 2007, p.65.

15 Ibidem, p.11.

16 Cf. GAYOTTO, 2002, p.23.

projetada. A primeira era usada nas canções francesas que não comportavam distinções sexuais, de idade e de nacionalidade. A segunda era exigida para a interpretação de óperas nas quais havia enredo e ação cênica para distinguir as diferenças sexuais, de idade e de classe social.[17]

Qualquer que seja a nomenclatura usada, *a voz como instrumento para interpretação artística deve ser considerada um bem jurídico a ser tutelado no âmbito dos direitos conexos aos direitos de autor.*

Na hipótese de determinada voz ser original e criativa, ela pode, inclusive, merecer ser tratada como obra intelectual. Parece ser esse o caso da voz do personagem Pato Donald dos estúdios Walt Disney, já que a voz caricata do personagem, criada originalmente por um intérprete, tem sido fielmente executada pelo sucessor do intérprete original, com total aprovação do público.[18]

Esse também foi o entendimento do Tribunal de Justiça do Estado de São Paulo ao analisar caso que tratava da interpretação das vozes caricatas das figuras de desenho animado Magali e Cebolinha, criadas por Maurício de Sousa. O tribunal não acolheu a alegação das intérpretes de violação a direitos "personalíssimos de imagem fônica dos personagens interpretados" e decidiu que as intérpretes não criaram as vozes caricatas das figuras Magali e Cebolinha, tampouco interpretaram-nas originalmente ou com exclusividade. O tribunal levou em consideração que a interpretação havia seguido um modelo estabelecido previamente pelo criador intelectual dos personagens.[19]

Todavia, essa situação é rara, sendo mais frequente que cada intérprete imprima ao personagem interpretado a própria voz. Disso decorre, muitas vezes, a total desaprovação do público em caso de substituição de intérpretes. Nesse aspecto, vale mencionar a decisão proferida pelo TJSP, que manteve a condenação de grupo musical que compareceu, com cantora diferente da que havia sido apresentada no momento da demonstração, a um evento para o qual havia sido contratado.[20]

17 Cf. VALENTE, 1999, p.137.
18 Cf. parte I, capítulo II, item 2 da presente obra.
19 Cf. TJSP, Ap. cível n. 199.530-1/0, 2ª Câm. de Dir. Privado, rel. José Roberto Bedran, j. 19.10.1999.
20 Cf. TJSP, Ap. cível n. 992.05.009094-0, 32ª Câm. de Dir. Privado, rel. Francisco Occhiuto Jr., j. 24.09.2009.

3. A voz como instrumento de trabalho

A voz como instrumento de trabalho nem sempre está vinculada ao meio artístico, pois existem diversos profissionais da voz que não são artistas. Os professores, por exemplo, têm na voz o principal instrumento para passar adiante seus ensinamentos. Desse modo, caso ocorra algum problema que leve à perda temporária ou definitiva da voz, não terão como exercer sua profissão (temporária ou definitivamente, conforme a situação). Nesse sentido, a voz está para o professor assim como as pernas e os pés estão para um jogador de futebol. Outros profissionais comumente afetados por problemas vocais são: os repórteres, especialmente os que transmitem notícias das ruas, sem equipamento de retorno suficiente e com acústica limitada; as telefonistas e os operadores de telemarketing.

Transtornos vocais ocupacionais, como os que constantemente afetam professores, repórteres, operadores de telemarketing e telefonistas, podem ser decorrentes de distúrbios inatos do aparelho fonador de cada pessoa; de comportamento vocal abusivo por parte desses profissionais; de má condição do ambiente de trabalho; ou, apenas, de esforço repetitivo.

Desse modo, é relevante que tanto os profissionais quanto as empresas preocupem-se em averiguar, em momento imediatamente anterior ao da contratação, se existe algum distúrbio inato no aparelho fonador do candidato ao emprego. Uma vez atestada a inexistência do distúrbio antes do início do exercício das funções, maior a probabilidade de que, na eventualidade de uma disfonia, o empregado consiga demonstrar o nexo causal entre o trabalho e a lesão.

Caso as precauções anteriormente indicadas não sejam tomadas, dificilmente o empregado conseguirá o reconhecimento do transtorno como uma lesão relacionada ao trabalho, como ocorreu em decisão proferida pelo extinto II TACSP, em que o tribunal destacou que o problema apresentado pela demandante decorria "exclusivamente do uso incorreto da voz consequente a um distúrbio de funcionamento do seu aparelho vocal, um vício fonatório que é inato e personalíssimo, e, por isso, não pode ser atribuído ao trabalho ou devido ao esforço vocal que eventualmente realizou no labor".[21]

Deve-se considerar ainda que muitos casos de comportamento vocal abusivo por parte do profissional são decorrentes do próprio ambiente laborativo. Nesse sentido, já decidiu o TJSP, destacando na ementa:

---

21 Cf. o extinto II TACSP, Ap. s/ rev. n. 723166-00/6, 2ª Câm., rel. Norival Oliva, j. 10.11.2003.

> Acidente do trabalho. Distúrbio da voz (disfonia disfuncional). Comprovação da lesão, do nexo e da incapacidade laboral do segurado. Auxílio acidente devido, *ut* art. 86, parágrafos, da Lei n. 8.213/91, com a redação dada pelas Leis ns. 9.032/95 e 9.528/96. Juros de mora devidos a partir do termo inicial do benefício. Recursos oficial e voluntário do INSS parcialmente providos.[22]

Outras vezes, os transtornos vocais ocupacionais independem das condições do local de trabalho, de distúrbios inatos ou de comportamento abusivo, sendo decorrentes de lesões de esforço repetitivo.

Assim, em adição à tutela cabível em relação ao seu papel como meio de expressão, *a voz como instrumento de trabalho merece ser considerada um bem jurídico a ser tutelado no âmbito do direito do trabalho e dos acidentes de trabalho, especialmente quanto às normas relativas às condições de segurança do trabalho.*

4. A voz como objeto implícito de relações contratuais

Diante dos diversos papéis sociais que um indivíduo pode dar à sua voz, é natural que ela seja objeto de relações contratuais. De fato, são diversas as relações contratuais que podem ter a voz como objeto implícito ou como um de seus objetos, ainda que de maneira indireta.

As mais comuns são as contratações de trabalho ou de prestação de serviço de locutores, radialistas, repórteres, mestres de cerimônia, operadores de telemarketing, entre outros denominados profissionais da voz. Muitas vezes, para celebrar esses contratos, o contratado é submetido aos chamados *testes de voz*, a fim de que a contratante aprove, previamente, a voz que será usada no trabalho a ser desenvolvido pelo contratado. Outras vezes, especialmente quando a pessoa a ser contratada é famosa, ou ao menos conhecida pela parte contratante, tais testes podem ser dispensados.

Também bastante frequentes, porém de natureza diferente, são as relações profissionais do meio artístico que envolvem contratos relacionados aos direitos de autor e aos direitos que lhes são conexos, entre os quais contratos de edição de fonogramas e de participação em obra coletiva, especialmente os firmados por cantores e dubladores. No meio artístico em geral, em particular para os iniciantes no ramo, os *testes de voz* também

22 Cf. TJSP, Ap. cível s/ rev. n. 598.468-5/0, 17ª Câm. de Dir. Público, rel. Alberto Gentil, j. 30.06.2009.

existem. Todavia, algumas vezes, tais testes são substituídos pela apresentação prévia de *demos* (suportes tangíveis que contêm arquivos com exemplos de performances que o artista é capaz de executar). De fato, os artistas que prepararem uma boa *demo* e sejam agenciados por um bom empresário terão sempre maior facilidade de ser contratados para participar de projetos artísticos relevantes.

Há, ainda, a possibilidade de a voz ser objeto de contrato de seguro. Especificamente quanto a essa hipótese, vale destacar que a voz pode ser segurada no âmbito do seguro de pessoa, previsto nos arts. 789 e segs. do Código Civil (CC).

Os contratos de seguros de pessoa podem oferecer coberturas para: invalidez permanente total ou parcial por acidente (com pagamento de indenização em caso de perda, redução ou impotência funcional definitiva, total ou parcial, de membro ou órgão decorrente de acidente pessoal); invalidez laborativa permanente total por doença (com pagamento de indenização em caso de invalidez para a qual não se pode esperar recuperação ou reabilitação para a atividade laborativa principal do segurado); invalidez funcional permanente total por doença (com pagamento de indenização em caso de invalidez consequente de doença que cause a perda da existência independente do segurado); diárias por incapacidade (com pagamento de diárias em caso de impossibilidade contínua e ininterrupta de o segurado exercer a sua profissão ou ocupação, durante o período em que se encontrar sob tratamento médico).

O TJSP já decidiu a favor de segurado que pleiteava o recebimento de seguro em caso de perda da voz, conforme ementa transcrita a seguir:

> Seguro de vida e acidentes pessoais em grupo. Indenização. Doença. Invalidez total e permanente. Cabimento. Recurso parcialmente provido. Comprovado por perícia que o segurado não pode exercer sua profissão de professor, em razão de câncer de laringe que lhe afeta o exercício da voz, faz ele jus a receber o seguro por invalidez permanente total por doença definida em cláusulas do contrato de seguro a que a situação se amolda.[23]

---

23 Cf. TJSP, Ap. c/ rev. n. 967.207-0/9, 33ª Câm., rel. Des. Cristiano Ferreira Leite, j. 14.08.2008. Vale destacar que, se a perda da voz tiver sido causada por hipótese não coberta pelo contrato de seguro, a decisão provavelmente será desfavorável ao segurado. Cf. TJSP, Ap. cível c/ rev. n. 1.026.401-00/8, 25ª Câm. de Dir. Privado, rel. Des. Amorim Cantuária, j. 06.10.2009, cuja ementa é a seguinte: "Seguro de vida e acidentes pessoais. Execução. Embargos à execução. Garantia adicional de invalidez permanente total ou parcial por acidente. 'Carcinoma laríngeo'. Moléstia não coberta pela apólice. Cobertura estendida apenas à invalidez por

Nesse sentido, é válida a comparação entre profissionais da voz e atletas. A comparação é comum, tanto que alguns autores chegam a usar a expressão *atletas da voz* para designar esses profissionais.[24]

De fato, a legislação a respeito do desporto, em vigor no Brasil, obriga as entidades de prática desportiva a contratar seguro de acidentes de trabalho para atletas profissionais a elas vinculados, com o objetivo de cobrir os riscos a que estão sujeitos.[25] Infelizmente, não há nada semelhante na legislação referente a artistas e intérpretes ou a outros profissionais da voz. Assim, cabe aos próprios profissionais reconhecer a importância de buscarem esse tipo de proteção ao seu instrumento de trabalho. Alguns já fazem isso há tempos. Um deles é Cauby Peixoto, que credita a ideia ao seu primeiro empresário.[26]

Não há dúvida de que a voz é reconhecida pelo ordenamento jurídico brasileiro como *um bem jurídico, passível de ser objeto de relações contratuais*, ainda que, muitas vezes, a voz seja apenas implicitamente o objeto de tais relações. Vale destacar que há a possibilidade de a voz ser objeto explícito de contratos cujo objetivo seja a formalização do consentimento do emissor para determinado uso de sua voz, como será visto adiante.

O sistema jurídico brasileiro reconhece a voz como um bem jurídico sob diversos enfoques. Tal conclusão pode ser constatada em decisões judiciais (algumas das quais citadas ao longo da presente obra), pela atenção dada à voz por alguns doutrinadores, pela expressa menção à voz em dispositivo constitucional e em alguns dispositivos legais, bem como pelo fato de a voz ser implícita ou explicitamente objeto de contratos.

---

acidente – Embargos. Rejeição daqueles. Sentença nesse sentido. Manutenção. Apelação desprovida. Recurso adesivo. Pretensão da seguradora de obter provimento decretando a prescrição. Gravame inexistente no caso de rejeição integral da pretensão satisfativa do exequente. Recurso não conhecido".

24 Cf. JUNG, 2007, p.124.

25 Cf. Lei n. 9.615/98: "Art. 45. As entidades de prática desportiva são obrigadas a contratar seguro de acidentes de trabalho para atletas profissionais a ela vinculados, com o objetivo de cobrir os riscos a que eles estão sujeitos".

26 Cf. AGUIAR, 2007, p.162.

Capítulo 14

Fundamentos de direito positivo para a proteção da voz

Como visto, o ordenamento jurídico brasileiro não rejeita a voz como bem jurídico; entretanto, não há, até o momento, uma sistematização para a proteção jurídica da voz no Brasil. Há apenas uma menção expressa à voz na Constituição Federal de 1988 (CF) e alguns fundamentos legais esparsos, que tutelam a voz em situações específicas.

Desse modo, neste capítulo serão apresentados os diversos possíveis fundamentos para a proteção jurídica da voz no Brasil. A partir da análise de cada um deles, extrai-se a justificativa para a defesa da tutela jurídica incondicionada e autônoma da voz.

1. Constituição da República Federativa do Brasil de 1988

O art. 5º da CF/88, que trata dos direitos e das garantias fundamentais dos brasileiros e estrangeiros residentes no Brasil, inclui, em seu rol, a proteção à reprodução da imagem e da voz humanas, nos termos de seu inciso XXVIII, *a*.[1]

1 Cf. CF/88: "Art. 5º Todos são iguais perante a lei, sem distinção de qualquer natureza, garantindo-se aos brasileiros e aos estrangeiros residentes no País a inviolabilidade do direito à vida, à liberdade, à igualdade, à segurança e à propriedade, nos termos seguintes: [...] XXVIII – são assegurados, nos termos da lei: *a*) a proteção às participações individuais em

Com isso, pode-se dizer que a proteção da voz foi elevada ao nível de garantia constitucional. Deve-se analisar, contudo, qual a abrangência dessa garantia constitucional. Há quem defenda que a expressa menção da voz no contexto constitucional representaria uma garantia de proteção à reprodução da voz em qualquer situação.[2]

Parece-nos, todavia, que a alínea *a*, do inciso XXVIII, do art. 5º da CF/88 não estipulou um direito à voz autônomo e extensível a todos os brasileiros; apenas assegurou proteção contra a reprodução da imagem e da voz humanas no âmbito dos direitos conexos aos direitos de autor e das atividades esportivas.

Isso porque a interpretação literal da frase[3] "[é assegurada] a proteção às participações individuais em obras coletivas e à reprodução da imagem e voz humanas, inclusive nas atividades desportivas" suscita ambiguidade. Em nossa opinião, se o espírito do legislador tivesse sido o de garantir a proteção à reprodução da voz em qualquer situação, não haveria necessidade de se acrescentar a frase final "inclusive nas atividades desportivas". Já a inexistência, ao final da frase, da expressão "em obras coletivas" poderia significar que a proteção à reprodução da imagem e da voz humanas estaria assegurada em qualquer contexto.

Contudo, a interpretação sistemática do texto da CF/88 permite concluir que, se a intenção do legislador fosse a de garantir um direito à voz para todas as pessoas, certamente esse direito teria sido incluído ao lado de outros direitos da personalidade mencionados nos primeiros incisos do mesmo art. 5º da CF, não em uma alínea do inciso que trata em específico dos direitos de autor e dos direitos que lhe são conexos.

A interpretação histórica dos trabalhos preparativos[4] para a CF/88 corrobora a conclusão de que a proteção constitucional é limitada, pois, nos Anais da Assembleia Nacional Constituinte 1987-1988, não há nenhuma menção ao direito à voz como direito da personalidade autôno-

---

obras coletivas e à reprodução da imagem e voz humanas, inclusive nas atividades desportivas; *b*) o direito de fiscalização do aproveitamento econômico das obras que criarem ou de que participarem aos criadores, aos intérpretes e às respectivas representações sindicais e associativas".

2 Cf. MORATO, 2007, p.173.

3 A "interpretação literal" faz parte do processo gramatical ou filológico de interpretação, o qual, quando feito de modo isolado, pode ser insuficiente. Cf. MAXIMILIANO, 2000, p.122. Cf., também, FRANÇA, 2008.

4 A expressão "trabalhos preparativos" compreende anteprojetos, projetos e exposições de motivos. Cf. MAXIMILIANO, 2000, p.141.

mo, sendo que as discussões relativas ao referido dispositivo constitucional resumem-se a questões de direitos conexos aos direitos de autor e de direito de arena.[5]

Nesse sentido, vale destacar que a menção à voz não constava do anteprojeto do relator da subcomissão de direitos e garantias individuais, tendo sido incluída após as emendas ES 25117-1, ES 29003-7, ES 29575-6 e ES 30674-0, cujas justificativas são baseadas exatamente nos direitos dos artistas e dos intérpretes.[6]

Vale mencionar, ainda, que José Afonso da Silva[7] e Celso Ribeiro Bastos,[8] ao comentarem o respectivo dispositivo constitucional, confirmam tratar-se de novidade instituída pela CF/88 para a proteção de participantes em telenovelas, artistas, desportistas e locutores, em decorrência das dificuldades enfrentadas por esses profissionais para receberem seus direitos de remuneração decorrentes de retransmissões de obras e espetáculos de que haviam participado. Esse parece ter sido o real motivo da criação do dispositivo constitucional em questão.[9]

Assim, entendemos que o dispositivo em questão assegura a proteção, *prima facie*, contra a reprodução da voz apenas aos artistas e intérpretes e aos atletas. O referido dispositivo, na tentativa de abarcar diversas situações, confundiu conceitos de direito de autor com direitos de artistas e intérpretes e, ainda, com direitos de atletas.

A insuficiência da regra constitucional foi analisada por Walter Moraes, conforme trecho transcrito a seguir:

> A voz, como imagem sonora capaz de identificar certa pessoa, é admitida como objeto de igual tutela jurídica. Uma sugestão legal nesse sentido – *apenas a sugestão* – se encontra no inciso XXVIII do art. 5º da Constituição, que assegura proteção à reprodução "da imagem e voz humanas".[10]

5 Cf. *Anais da Assembleia Nacional Constituinte 1987-1988*, publicação que contém os Diários da Assembleia Nacional Constituinte, com a íntegra de debates em Plenário, Comissões e Subcomissões Temáticas. Disponível em: www.senado.gov.br/sf/publicacoes/anais/asp/CT_Abertura.asp.

6 Cf. *Projeto de Constituição. Emendas oferecidas em plenário ao substituto do relator.* V.III. Disponível em: www.camara.gov.br/internet/constituicao20anos/DocumentosAvulsos/vol-238.pdf.

7 Cf. SILVA, 2007, p.277.

8 Os autores destacam as circunstâncias específicas atinentes ao objeto da norma e ajudam a confirmar a sua finalidade. Cf. BASTOS, 1989, p.148-56.

9 Cf. MAXIMILIANO, 2000, p.141.

10 Cf. MORAES, 1993, p.25.

O fato de a alínea *a* do inciso XXVIII do art. 5º da CF não ter expressamente reconhecido o direito à voz como uma garantia a todos os brasileiros não significa que a possibilidade de proteção à voz dos brasileiros inexista, tendo em vista que o rol constitucional não é taxativo, como previsto no § 2º do mesmo art. 5º.[11]

De qualquer modo, não há dúvida de que a expressa menção ao termo *voz* no texto constitucional, ao lado da palavra *imagem*, demonstra a intenção do legislador em separar e diferenciar a voz da imagem, indicando, porém, tratar-se de direitos de natureza semelhante.

2. Código Civil de 2002

O Código Civil (CC) de 2002 trouxe um capítulo específico sobre os direitos da personalidade,[12] estipulando, de modo amplo, a tutela de quaisquer direitos da personalidade ao estabelecer que se pode "exigir que cesse a ameaça, ou a lesão, a direito da personalidade, e reclamar perdas e danos, sem prejuízo de outras sanções previstas em lei".[13]

Porém, em descompasso com a CF/88, o CC sequer menciona expressamente o termo voz. Vale ressaltar que a redação original do projeto do CC, de 1975,[14] não sofreu grandes alterações ao longo de sua tramitação, o que faz alguns autores sustentarem que o CC "retrata uma lógica patrimonialista e individualista de difícil conciliação com a ordem pública constitucional, marcada pelos valores da solidariedade social, isonomia substancial e dignidade da pessoa humana".[15]

De qualquer modo, o art. 20 do CC estabelece que:

> Salvo se autorizadas, ou se necessárias à administração da justiça ou à manutenção da ordem pública, a divulgação de escritos, *a transmissão da palavra*, ou a publicação, a exposição ou a utilização da imagem de uma pessoa poderão ser proibidas, a seu requerimento e sem prejuízo da indenização que couber, se lhe atingirem a honra, a boa fama ou a respeitabilidade, ou se se destinarem a fins comerciais.

---

11 Cf. CF/88: "Art. 5º, § 2º Os direitos e garantias expressos nesta Constituição não excluem outros decorrentes do regime e dos princípios por ela adotados, ou dos tratados internacionais em que a República Federativa do Brasil seja parte".

12 Cf. CC, livro I, título I, capítulo II, intitulado "Dos direitos da personalidade".

13 Cf. CC, art. 12.

14 Cf. Projeto n. 634-B/1975.

15 Cf. TEPEDINO, 2003, p.9.

Nesse sentido, Antonio Carlos Morato defende que a expressão *transmissão da palavra* contida no art. 20 do CC "diz respeito à palavra oral (voz)".[16]

Apesar de não ser possível afirmar categoricamente que essa era a intenção do legislador, pois não há menção específica sobre essa questão na exposição de motivos do CC,[17] tendemos a concordar com ela.

Apoiamo-nos, para tanto, no direito português. A Constituição da República Portuguesa, em seu art. 26, n. 1, reconhece, entre outros, os direitos à identidade pessoal, ao desenvolvimento da personalidade, ao bom nome e reputação, à imagem, *à palavra*, à reserva da intimidade da vida privada e familiar. Diante do contexto em que o "direito à palavra" foi inserido, diz-se que ele inclui o direito a que não sejam registradas ou divulgadas palavras da pessoa sem o seu consentimento, conferindo um direito à reserva e à transitoriedade da palavra falada.

Para J. J. Gomes Canotilho e F. M. Vital Moreira, o direito à palavra desdobra-se em três direitos: direito à voz, como atributo de personalidade, sendo ilícito, sem consentimento da pessoa, registrar e divulgar sua voz, com ressalva, é claro, do lugar em que ela foi utilizada; direito às palavras ditas, que pretende garantir a autenticidade e o rigor da reprodução de termos, expressões, metáforas escritas e ditas por uma pessoa; direito ao auditório, ou seja, a decidir o círculo de pessoas a quem é transmitida a palavra.[18]

De fato, a inclusão da expressão *transmissão da palavra*, em adição às expressões *divulgação de escritos* e *publicação, exposição ou utilização da imagem*, permite a especulação de que a redação do art. 20 do CC pretende abranger o direito à imagem, os direitos morais de autor, os direitos morais de intérpretes e o *direito à voz* como direito da personalidade autônomo.

Vale destacar, ainda, que, além dos artigos referentes aos direitos da personalidade, o CC apresenta diversos outros dispositivos que podem contribuir para a proteção civil da voz, entre os quais, aqueles relativos aos negócios jurídicos, aos seguros e à responsabilidade civil.

---

16 Cf. MORATO, 2007, p.173.

17 Cf. CC, Exposição de Motivos, Parte Geral, item 17, *c*: "Todo um capítulo novo foi dedicado aos direitos da personalidade, visando à sua salvaguarda, sob múltiplos aspectos, desde a proteção dispensada ao nome e à imagem até o direito de se dispor do próprio corpo para fins científicos ou altruísticos. Tratando-se de matéria de per si complexa e de significação ética essencial, foi preferido o enunciado de poucas normas dotadas de rigor e clareza, cujos objetivos permitirão os naturais desenvolvimentos da doutrina e jurisprudência" (*Novo Código Civil: Exposição de Motivos e texto sancionado*, 2005, p.37).

18 Cf. CANOTILHO & MOREIRA, 2007, p.467.

3. Decreto n. 57.125/65 – proteção a artistas, intérpretes e executantes

Em 1964, o Congresso Nacional aprovou, por meio do Decreto Legislativo n. 26, de 1964, a Convenção Internacional para Proteção aos Artistas Intérpretes ou Executantes, aos Produtores de Fonogramas e aos Organismos de Radiodifusão, assinada em Roma, em 1961. Essa convenção, conhecida como Convenção de Roma, estabelece um patamar mínimo de proteção aos artistas intérpretes ou executantes. Em 19 de outubro de 1965, por meio do Decreto n. 57.125, o presidente Castello Branco promulgou a referida convenção, determinou seu cumprimento no Brasil e, por consequência, sua inserção no ordenamento jurídico brasileiro.[19]

Para o presente trabalho, importa destacar que, com base na Convenção de Roma, os artistas intérpretes e executantes podem impedir: a radiodifusão e a comunicação ao público de suas execuções sem seu consentimento; a fixação de sua execução em um suporte material sem seu consentimento; a reprodução de uma fixação de sua execução sem seu consentimento ou para finalidade diversa da consentida.

A Convenção de Roma é um elemento relevante na proteção civil da voz. Todavia, limita-se à tutela de vozes contidas em atuações e interpretações artísticas.

19 Cf. Decreto n. 57.125/65: promulga a Convenção Internacional para a Proteção aos Artistas Intérpretes e Executantes, aos Produtores de Fonogramas e Organismos de Radiodifusão. "Art. 7º 1. A proteção aos artistas intérpretes ou executantes prevista na presente Convenção compreenderá a faculdade de impedir: *a*) a radiodifusão e a comunicação ao público das suas execuções sem seu consentimento, exceto quando a execução utilizada para a radiodifusão ou para a comunicação ao público já seja uma execução radiodifundida ou fixada num fonograma; *b*) a fixação num suporte material sem seu consentimento, da sua execução não fixada; *c*) a reprodução sem seu consentimento de uma fixação da sua execução: (i) se a primeira fixação for feita sem seu consentimento; (ii) se a reprodução for feita para fins diferentes daqueles para os quais foi dado o consentimento; (iii) quando a primeira fixação, feita em virtude das disposições do artigo 15 da presente Convenção, for reproduzida para fins diferentes dos previstos nesse artigo; 2. (1) Compete à legislação nacional do Estado contratante, onde a proteção for pedida, regular a proteção contra a retransmissão, a fixação para fins de radiodifusão e a reprodução dessa fixação para fins de radiodifusão, quando o artista intérprete ou executante tenha autorizado a radiodifusão da execução. (2) As modalidades de utilização pelos organismos de radiodifusão das fixações feitas para fins de radiodifusão serão reguladas pela legislação nacional do Estado contratante onde a proteção for pedida. (3) Todavia, nos casos previstos nas alíneas (1) e (2) deste parágrafo, a legislação nacional não poderá privar os artistas intérpretes ou executantes da faculdade de estabelecer relações contratuais com os organismos de radiodifusão."

4. Leis ns. 6.533 e 6.615, de 1978 – profissão de artistas e radialistas

A Lei n. 6.533/78 regulamenta as profissões de artistas e de técnico em espetáculos de diversões. Em seu art. 16, a referida lei trata da questão da dublagem, estabelecendo que aquela realizada na mesma língua só pode ser feita com autorização do artista.[20] Percebe-se nesse dispositivo legal um tímido reconhecimento, pelo ordenamento jurídico brasileiro, de que a voz guarda uma relação relevante com seu emissor. De qualquer forma, a lei em análise aplica-se somente aos artistas.

Além disso, o art. 13 da referida lei proíbe a cessão definitiva de direitos de autor e dos que lhe são conexos, estabelecendo, em seu parágrafo único, que os direitos patrimoniais dos autores e dos intérpretes de uma obra serão devidos a cada nova exibição dela.[21]

Também a Lei n. 6.615/78, que dispõe sobre a regulamentação da profissão de radialista, previu em seu art. 17 a mesma proibição.[22]

Essa proibição, contida em ambas as leis referidas antes, demonstra que o ordenamento jurídico brasileiro reconhece indiretamente uma relação personalíssima entre o emissor e sua voz, a qual deve ser protegida diante dos interesses comerciais das empresas de rádio e televisão.

Vale ressaltar que as Leis ns. 6.533/78, e 6.615/78, bem como os decretos que as regulamentaram,[23] poderiam ter analisado diversas outras questões relacionadas à proteção da voz de artistas e radialistas, mas, infelizmente, não o fizeram, pois o enfoque, naquela época, estava mais nas questões relacionadas ao direito do trabalho do que nas questões referentes aos direitos da personalidade.

---

20 Cf. Lei n. 6.533/78: "Art. 16. O profissional não poderá recusar-se à autodublagem, quando couber. Parágrafo único. Se o empregador ou tomador de serviços preferir a dublagem por terceiros, ela só poderá ser feita com autorização, por escrito, do profissional, salvo se for realizada em língua estrangeira".

21 Cf. Lei n. 6.533/78: "Art. 13. Não será permitida a cessão ou promessa de cessão de direitos autorais e conexos decorrentes da prestação de serviços profissionais. Parágrafo único. Os direitos autorais e conexos dos profissionais serão devidos em decorrência de cada exibição da obra".

22 Cf. Lei n. 6.615/78: "Art. 17. Não será permitida a cessão ou promessa de cessão dos direitos de autor e dos que lhes são conexos, de que trata a Lei n. 5.988, de 14 de dezembro de 1973, decorrentes da prestação de serviços profissionais. Parágrafo único. Os direitos autorais e conexos dos profissionais serão devidos em decorrência de cada exibição da obra".

23 Cf., respectivamente, Decreto n. 82.385/78. Disponível em: www.planalto.gov.br/ccivil_03/decreto/1970-1979/D82385.htm, e Decreto n. 84.134/79. Disponível em: www.planalto.gov.br/ccivil_03/decreto/Antigos/D84134.htm.

5. Lei n. 9.610/98 – direitos autorais

A Lei n. 9.610/98,[24] que regula os direitos autorais (entendendo-se sob essa denominação os direitos de autor e os que lhes são conexos), em seu Título II, Capítulo I, indica, entre as obras intelectuais protegidas, conferências, alocuções, sermões e outras da mesma natureza: obras orais.[25] Essa previsão demonstra, de alguma forma, a relevância da oralidade e da voz para o ordenamento jurídico brasileiro.[26]

Outra demonstração dessa relevância são as regras contidas no Título V, Capítulo II, da mesma lei, capítulo este que dispõe sobre os direitos dos artistas, intérpretes ou executantes. Destaca-se o art. 90 dessa lei, o qual, refletindo o estipulado na Convenção de Roma, estabelece que o artista intérprete e o executante têm o direito de autorizar ou proibir a fixação de suas interpretações, bem como de autorizar ou proibir o uso de interpretações fixadas ou não. Especificamente o § 2º do referido artigo determina que a proteção aos artistas intérpretes ou executantes estende-se à reprodução de sua voz e de sua imagem, quando associadas às suas atuações.[27]

---

24 O Ministério da Cultura desenvolveu um anteprojeto de reforma da Lei n. 9.610/98, cuja primeira versão foi disponibilizada para consulta pública em junho de 2010 e pode ser encontrada no *site* do Ministério da Cultura. Disponível em: www.cultura.gov.br/consultadireitoautoral/wp-content/uploads/2010/06/APLRevisa_9610_Consulta_Publica.pdf. Em março de 2011, foi disponibilizada para consulta pública a segunda versão do referido anteprojeto. Disponível em: www.cultura.gov.br/site/wp-content/uploads/2011/03/Anteprojeto_Revisão_Lei_Direito_Autoral.pdf.

25 Cf. Lei n. 9.610/98: "Art. 7º São obras intelectuais protegidas as criações do espírito, expressas por qualquer meio ou fixadas em qualquer suporte, tangível ou intangível, conhecido ou que se invente no futuro, tais como: [...] II – as conferências, alocuções, sermões e outras obras da mesma natureza".

26 Vale destacar que as obras orais não são protegidas em todos os países.

27 Cf. Lei n. 9.610/98: "Art. 90. Tem o artista intérprete ou executante o direito exclusivo de, a título oneroso ou gratuito, autorizar ou proibir: I – a fixação de suas interpretações ou execuções; II – a reprodução, a execução pública e a locação das suas interpretações ou execuções fixadas; III – a radiodifusão das suas interpretações ou execuções, fixadas ou não, IV – a colocação à disposição do público de suas interpretações ou execuções, de maneira que qualquer pessoa a elas possa ter acesso, no tempo e no lugar que individualmente escolherem; V – qualquer outra modalidade de utilização de suas interpretações ou execuções. § 1º Quando na interpretação ou na execução participarem vários artistas, seus direitos serão exercidos pelo diretor do conjunto. § 2º A proteção aos artistas intérpretes ou executantes estende-se à reprodução da voz e imagem, quando associadas às suas atuações". Vale notar que as versões do anteprojeto de reforma da Lei n. 9.610/98, disponibilizadas para consulta pública pelo Ministério da Cultura, respectivamente, em junho de 2010 e em março de 2011, propõem a mesma alteração para o inciso II do art. 90 da referida lei, apenas para incluir o termo *exibição* ao lado de *"execução" pública*, o que não influencia a tutela estudada nesta obra.

Também merece destaque o art. 92 da lei em questão, o qual estipula que a dublagem da obra não pode desfigurar a interpretação do artista.[28] Esse artigo não condiciona a dublagem à prévia autorização do artista que será dublado; porém, garante a este o direito de se insurgir contra a dublagem, caso sua interpretação seja desfigurada. Ainda sobre a dublagem, é importante mencionar ter sido inserido o inciso VII no § 2º do art. 81 dessa lei,[29] o qual tornou obrigatória a menção ao nome dos dubladores em cada cópia de obra audiovisual. Essa inovação é fruto das demandas feitas pelos dubladores, especialmente em razão da falta de pagamento de seus direitos conexos e de práticas contratuais abusivas realizadas por parte dos titulares das obras audiovisuais a serem dubladas.[30] A obrigatoriedade visa a facilitar o gerenciamento dos pagamentos devidos aos dubladores.

As sanções, em caso de violação dos direitos dos titulares de interpretações e de fonogramas, previstas no art. 105 dessa mesma lei, de certo modo servem de proteção à voz de artistas e intérpretes.[31] Com isso, não há nenhuma dúvida a respeito da possibilidade de proteção da voz dos artis-

---

28 Cf. Lei n. 9.610/98: "Art. 92. Aos intérpretes cabem os direitos morais de integridade e paternidade de suas interpretações, inclusive depois da cessão dos direitos patrimoniais, sem prejuízo da redução, compactação, edição ou dublagem da obra de que tenham participado, sob a responsabilidade do produtor, que não poderá desfigurar a interpretação do artista".

29 Cf. Lei n. 12.091/2009. Disponível em: www.planalto.gov.br/ccivil_03/_Ato2007-2010/2009/Lei/L12091.htm. Importante destacar que a segunda versão do anteprojeto de reforma da Lei n. 9.610/98, disponibilizada para consulta pública pelo Ministério da Cultura em março de 2011, propõe a alteração do *caput* e do inciso VII, bem como a inclusão do inciso VIII do art. 81, § 2º, da Lei n. 9.610/98, conforme a seguir transcrito: "§ 2º Em cada cópia da obra audiovisual, mencionará o produtor: [...] VII – o nome dos dubladores e dos tradutores, se for o caso; e VIII – o nome dos autores, artistas intérpretes ou executantes de obras musicais ou litero musicais e produtores dos fonogramas incorporados à obra audiovisual". A alteração do *caput* e a inclusão do inciso VIII no referido artigo, se aprovadas, contribuirão indiretamente para a tutela da voz, pois reforçarão os direitos dos artistas intérpretes ou executantes de obras musicais ou litero musicais.

30 Cf. Reunião com Dubladores. MinC realizou encontro em São Paulo para ouvir representantes do setor. Disponível em: www.cultura.gov.br/site/2009/09/17/reuniao-com-dubladores/.

31 Cf. Lei n. 9.610/98: "Art. 105. A transmissão e a retransmissão, por qualquer meio ou processo, e a comunicação ao público de obras artísticas, literárias e científicas, de interpretações e de fonogramas, realizadas mediante violação aos direitos de seus titulares, deverão ser imediatamente suspensas ou interrompidas pela autoridade judicial competente, sem prejuízo da multa diária pelo descumprimento e das demais indenizações cabíveis, independentemente das sanções penais aplicáveis; caso se comprove que o infrator é reincidente na violação aos direitos dos titulares de direitos de autor e conexos, o valor da multa poderá ser aumentado até o dobro". Destaca-se que a segunda versão do anteprojeto de reforma da Lei n. 9.610/98, disponibilizada para consulta pública pelo Ministério da Cultura em março de 2011, propõe a inclusão do art. 105-A, o qual, se aprovado, significará um reforço indireto

tas e intérpretes quando associada à sua interpretação no ordenamento jurídico brasileiro.

6. Lei n. 9.296/96 – interceptação de comunicações telefônicas

A CF/88 assegura, em seu art. 5º, XII, o sigilo das correspondências e das comunicações telefônicas. O sigilo dessas últimas pode ser afastado quando presentes alguns requisitos, quais sejam: investigação criminal ou instrução processual penal; expedição de ordem judicial; lei estabelecendo a forma.

A Lei n. 9.296/96 foi editada para regular esse dispositivo constitucional. A referida lei definiu os parâmetros e procedimentos a serem observados nos casos de interceptação de comunicações telefônicas de qualquer natureza, os quais apenas devem ter lugar para fins de investigação criminal e instrução processual penal.

Sem embargo da enorme polêmica que tal lei criou, dividindo a doutrina sobre sua constitucionalidade, em particular quanto à sua aplicação no processo de interceptação do fluxo de comunicações em sistemas de informática e telemática, é imprescindível observar que o monitoramento e a captação de comunicações de qualquer natureza só se justificam quando existirem indícios razoáveis da autoria ou da participação do usuário em infração penal, punível com pena de reclusão, e quando a prova não puder ser feita por outros meios disponíveis, como se verifica nas condições mencionadas no art. 2º de tal lei federal.

Tendo em vista todos os requisitos antes mencionados, e em especial a necessidade de ordem judicial[32] para a interceptação de comunicações telefônicas, pode-se dizer que, indiretamente, a voz é protegida pela lei em tela.

Destacamos que a via de proteção indireta à voz não possui muita relevância em nosso ordenamento jurídico, dado que existem diversos outros dispositivos legais que podem ser utilizados para justificar a tutela direta da voz. Contudo, conforme visto anteriormente, a tese da proteção da voz por meio da proibição de escutas telefônicas ainda é importante em alguns países, como França, Espanha e Canadá, por exemplo.

à tutela da voz, eis que cria um mecanismo para que se torne indisponível eventual fonograma colocado à disposição do público na Internet sem a autorização de seus titulares.

32 Cf. Lei n. 9.296/96: "Art. 1º A interceptação de comunicações telefônicas, de qualquer natureza, para prova em investigação criminal e em instrução processual penal, observará o disposto nesta Lei e dependerá de ordem do juiz competente da ação principal, sob segredo de justiça".

Capítulo 15
Reconhecimento da voz como atributo da personalidade

De acordo com o analisado até o momento, percebe-se que, apesar de existirem apenas fundamentos esparsos e destinados a proteger a voz em situações específicas, o ordenamento jurídico brasileiro reconhece, na voz, um bem jurídico tutelável, independentemente de qual o papel social que uma pessoa dê à sua voz (seja apenas como meio para expressão de ideias, seja como instrumento para interpretação artística, seja como instrumento de trabalho).

A explicação para essa aparente incoerência pode ser obtida na primeira parte desta obra. Nela, foram apresentadas, sobre a voz, definições e opiniões de não juristas. Tais opiniões referem-se à voz como "repuxo sonoro de nossos sentimentos"; "eco da alma"; "espelho vocal da personalidade humana"; "uma das extensões mais fortes de nossa personalidade".[1] Percebe-se, nessas abordagens, que a relação entre voz e personalidade é intuitiva.

Na tentativa de tornar a complexa relação entre voz e personalidade menos intuitiva do ponto de vista da ciência do Direito, vale verificar o conceito jurídico de personalidade. Para Rubens Limongi França, a personalidade é a qualidade do ente que se considera pessoa.[2] Goffredo da

1 Cf. parte I, capítulos 1 e 2 da presente obra.
2 Cf. FRANÇA, 1975, p.145.

Silva Telles Júnior, por sua vez, define a personalidade como o conjunto dos caracteres próprios do indivíduo, ou seja, o conjunto dos elementos distintivos que permitem o reconhecimento desse indivíduo, primeiro como pessoa e, depois, como determinada pessoa.[3] Merece destaque, ainda, a definição trazida por Elimar Szaniawski, para quem personalidade é o conjunto de caracteres do próprio indivíduo, parte intrínseca da pessoa humana.[4]

Com base nos autores anteriormente citados, assumimos como conceito jurídico de personalidade a ideia resumida de conjunto de qualidades ou caracteres intrínsecos à pessoa. Entre esses caracteres, incluímos a voz, já que, como visto, a relação entre a voz e a pessoa dá-se de modo complexo, havendo influências mútuas entre elas, tanto do ponto de vista físico quanto do ponto de vista social e psicológico.

Para destacar apenas um dos aspectos dessa relação, vale lembrar a já mencionada possibilidade de identificação da pessoa por sua voz e a existência de diversas decisões judiciais brasileiras que condenaram ou absolveram suspeitos de ilícitos civis ou penais com fundamento na identificação por voz. Assim, entendemos que o sistema jurídico brasileiro admite a voz como qualidade única da pessoa e, uma vez reconhecida como qualidade intrínseca desta, necessariamente a voz deveria ser entendida como diretamente relacionada à personalidade.

A doutrina jurídica brasileira, contudo, trata do assunto apenas de modo tangencial, havendo poucos estudos dedicados exclusivamente à voz. Obras e decisões judiciais a respeito de direitos conexos aos direitos de autor e de direitos da personalidade contêm opiniões esparsas a respeito da voz.

Em geral, os autores brasileiros reconhecem, na voz, um atributo da personalidade; porém, nem todos vislumbram diferenças entre ela e outros atributos da personalidade, em particular entre a voz e a imagem. No âmbito dos direitos conexos aos direitos de autor, Walter Moraes reconhece como intérpretes, entre outros menos relevantes para esta obra, o ator de rádio, o ator fonográfico, o dublador, o declamador, o narrador, o cantor e o cantor lírico. Ao discorrer sobre cada categoria, ele relaciona a voz à personalidade do intérprete, como ao mencionar que "o povo viveu preso à personalidade de atores radiofônicos através da expressividade de suas vozes" ou quando fala a respeito do cantor solista

3 Cf. TELLES JR., 1979, p.315.
4 Cf. SZANIAWSKI, 2005, p.70.

cujo "cunho de sua personalidade impresso na atuação [...] faz dele um típico 'criador' de obra artística".[5]

Antonio Chaves, por sua vez, ao apresentar o conceito de dublador, traz a frase de Henri Desbois, no sentido de que o dublador assume a posição de ator invisível, o que daria a entender que o dublador, por meio de sua voz, imprime a própria personalidade na obra dublada. Antonio Chaves também cita J. Pereira, para quem o dublador não cria, não interpreta, sendo um deformador da obra.[6] Ao analisar decisões judiciais que reconheceram o dublador como intérprete e detentor de direitos conexos ao direito de autor, Antonio Chaves concorda com a ideia de que a voz é atributo da personalidade.[7]

Mais adiante, Antonio Chaves apresenta o conceito de J. Pereira a respeito de locutores e narradores, no sentido de que nenhum dos dois poderia ser considerado artista, pois eles não criam, não interpretam, nem executam obra de caráter cultural.[8] Walter Moraes, ao contrário, afirma que o desempenho do locutor exige preparo no que toca à voz, à dicção, à fluência do discurso e, em decorrência da sonoridade, da eufonia, da nitidez e da musicalidade, reconhece o caráter artístico da locução e, por consequência, sua conexão com a personalidade do locutor.[9]

José Carlos da Costa Netto, por sua vez, afirma ser justificável a subordinação da voz e da imagem do artista ao regime autoral quando esses bens são elementos intrínsecos da interpretação,[10] dando a entender que concorda com o vínculo desses atributos à personalidade, e que as regras

5 Cf. MORAES, 1976, p.108-10, 116-7 e 120-3. Sobre a influência da expressividade da voz de atores e locutores radiofônicos sobre o público em geral, vale lembrar episódio ocorrido em 1938, quando o jovem Orson Welles ganhou fama internacional ao narrar sua adaptação para rádio da peça *A Guerra dos Mundos*, de H. G. Wells, com estilo que causou pânico nos ouvintes por acreditarem que uma invasão extraterrestre estava realmente ocorrendo. A descrição sobre as reações do público pode ser lida em *site* oficial sobre o episódio. Disponível em: www.waroftheworlds.org/Articles/UneasyMoments.aspx.

6 Sobre o tema, vale lembrar a opinião do jornalista Diogo Mainardi a respeito do efeito das dublagens na sociedade brasileira: "Quando Jack Lemmon, numa comédia de Billy Wilder, tem a mesma voz e, principalmente, os mesmos atributos estéticos de Salsicha, num episódio do desenho animado *Scooby-Doo* (ambos – Jack Lemmon e Salsicha – dublados por Mário Monjardim), o resultado só pode ser uma sociedade como a nossa, em que todos os valores se equivalem e, portanto, se anulam". Cf. MAINARDI, 2010.

7 Cf. CHAVES, 1999, p.123-31.

8 Ibidem, p.136-43.

9 Cf. MORAES, 1976, p.119.

10 Cf. COSTA NETTO, 2008, p.42-3.

específicas dos direitos conexos aos direitos de autor só lhes são aplicáveis na hipótese mencionada.

De fato, no âmbito dos direitos conexos aos direitos de autor, os tribunais brasileiros não têm hesitado em tutelar a voz de artistas e intérpretes.

Nesse sentido, o TJRJ manteve condenação à Globovídeo Sistema Globo de Videocomunicação Ltda. pelo uso desautorizado de dublagem realizada por André Pereira de Sousa. O dublador havia celebrado contrato com Herbert Richers S.A. para fazer a dublagem de filmes a serem exibidos na televisão. Nem o dublador nem Herbert Richers celebraram contrato com a Globovídeo para autorizar o uso da dublagem em fitas de *home video*. Ainda assim, a dublagem foi inserida em tais fitas, o que levou à condenação de pagamento de indenização em montante superior ao que seria devido por contratação de dublagem ou por nova exibição de dublagem contratada.[11]

O TJSP deu parcial provimento à apelação da dubladora e intérprete musical Cibelle Ribeiro de Sá Freire em ação ajuizada em face de Abril Vídeo da Amazônia S.A. para requerer indenização por danos patrimoniais e morais decorrentes da comercialização, sem pagamento nem indicação de sua participação, de fitas VHS do filme *Branca de Neve e os sete anões*, bem como da obra *Cante com a Disney* (a primeira dublada e a segunda, com canção interpretada pela artista).[12] A decisão do tribunal levou em consideração que a omissão quanto ao crédito nominativo não foi negada, tornando incontroversa a questão e evidenciando o dano moral. Os danos patrimoniais não foram reconhecidos, pois a artista os havia cedido mediante ampla quitação.

O STJ manteve a decisão do TJSP, que havia concedido indenização por danos morais aos dubladores dos personagens denominados Bernardo e Medusa, da obra infantil *Bernardo e Bianca em missão secreta*.

O caso pode ser resumido da seguinte forma: os dubladores ajuizaram ação indenizatória contra empresa que colocou à venda livros com a história de *Bernardo e Bianca em missão secreta*, acompanhados de discos ou fitas cassete que reproduziam trechos da gravação original da dublagem feita por eles para o suporte cinematográfico. Eles alegaram que não haviam autorizado a veiculação de suas vozes em outros suportes materiais além do cinematográfico, bem como que os discos e as fitas omitiam os no-

11 Cf. TJRJ, Ap. n. 4299/97, j. 17.03.1998.

12 Cf. TJSP, Ap. c/ rev. n. 302.094.4/4-4-00, 5ª Câm. de Dir. Privado, rel. Oscarlino Moeller, j. 30.08.2006.

mes deles. A sentença julgou improcedente o pedido inicial, à consideração de que os direitos autorais sobre a dublagem da obra haviam sido cedidos. Os dubladores apelaram, e o TJSP, à unanimidade de votos, deu parcial provimento ao apelo para condenar a empresa ao pagamento dos danos morais. Apresentado recurso especial ao STJ, esse tribunal entendeu que, a despeito da eventual cessão de direitos patrimoniais, a empresa tinha comercializado os discos e as fitas cassete contendo as vozes dos dubladores, sem mencionar seus nomes, e considerou que a indenização era devida pela transgressão do direito moral deles.[13]

Quanto aos locutores, o STJ reverteu decisão do TJSP e condenou a empresa controladora de rádios e televisões educativas ao pagamento de indenização pelo uso não autorizado e não remunerado de voz e imagem de locutor em reexibições de programas com sua locução. O caso, em suma, foi o seguinte: Gualberto Mattucci ajuizou ação indenizatória contra empresa controladora de rádios e televisões educativas, sob a alegação de que atuou como locutor e apresentador de vários programas e foi remunerado tão somente na primeira exibição destes, sendo que tais trabalhos artísticos foram reexibidos sem sua autorização e sem que recebesse qualquer quantia pelos direitos conexos. A sentença julgou improcedente o pedido inicial, à consideração de que os direitos morais e patrimoniais das obras, por configurarem programas com produção coletiva, pertenciam à empresa.

O TJSP, à unanimidade de votos, negou provimento ao apelo do locutor, com base no mesmo argumento. Inconformado, o locutor apresentou recurso especial e alegou que na obra coletiva se inserem os direitos autorais, sendo aqueles pertencentes a quem tem a titularidade da obra, enquanto os conexos pertencem a artistas, intérpretes e executantes. Alegou, ainda, que teve sua voz utilizada sem autorização e sem remuneração em diversas reexibições dos programas. O STJ enfatizou a distinção entre os direitos autorais e os direitos que lhe são conexos e condenou a empresa a pagar ao locutor os direitos conexos pela reexibição dos programas de que o locutor participou, em decorrência do componente artístico que ele carreou aos mesmos com sua imagem e, sobretudo, com sua voz.[14]

No âmbito dos direitos da personalidade, não localizamos, na doutrina brasileira, opiniões no sentido de limitar a proteção da voz aos casos em que haja divulgação de conteúdo de caráter privado ou conteúdo ofen-

13 Cf. STJ, REsp n. 148.781/SP, 4ª T., rel. Min. Barros Monteiro, j. 02.09.2004.
14 Cf. STJ, REsp n. 152.231/SP, 4ª T., rel. Min. Barros Monteiro, j. 07.04.2005.

sivo à honra do próprio emissor, tampouco às pessoas cuja voz seja conhecida do grande público, limitações existentes em diversos outros países.

Muitos são os autores que entendem a voz como elemento integrante de outro direito da personalidade. Nesse sentido, há autores que entendem a voz como parte do direito à identidade pessoal, por exemplo, Elimar Szaniawski, para quem o direito à identidade pessoal constitui-se com base na aparência física e na voz da pessoa, entre outras características.[15]

Diversos outros autores brasileiros entendem que a proteção à voz estaria inserida no direito à imagem. Entre eles, é relevante mencionar Francisco Cavalcanti Pontes de Miranda, que define o direito à imagem como o direito da personalidade cujo conteúdo seria a reprodução das formas, da voz ou dos gestos de uma pessoa. O autor afirma que "tudo isso está no conteúdo do direito à imagem; não são direitos paralelos ao direito à imagem: são direito à imagem". E, mais adiante, continua: "não se precisa construir direito à voz, por analogia com o direito à imagem: o direito à imagem já o contém".[16] Vale ressaltar que, para Francisco Cavalcanti Pontes de Miranda, a imagem integra a identidade pessoal. Assim, de certa forma, o autor entende que a voz estaria inserida no contexto do direito à identidade pessoal. Decorre disso sua opinião de que "imitação de voz, sem ser para se crer na identidade, não é imagem usurpada; nem depende de consentimento [...]".[17]

Outro autor que considera a voz integrante do direito à própria imagem é Antonio Chaves. Destaca sua opinião em um tópico denominado "A voz como componente do direito à própria imagem", em artigo publicado em 1972.[18] Nesse trecho, o autor analisa a voz sob o aspecto de atributo da personalidade e, fundado em Adriano de Cupis, afirma que a personalidade não fica menos gravada na voz do que na imagem e que a analogia permite a construção de um direito à voz ao lado do direito à imagem.

Para Hermano Duval, a voz seria complemento normal da imagem.[19] O autor comenta dois casos judiciais que merecem destaque. O primeiro refere-se à atriz Henriette Morineau, que propôs reclamação trabalhista em face do produtor e da distribuidora do filme *Leonora dos sete mares*, em

15 Cf. SZANIAWSKI, 2005, p.165.
16 Cf. MIRANDA, 1955, p.53.
17 Ibidem, p.63.
18 Cf. CHAVES, 1972, p.64.
19 Cf. DUVAL, 1988, p.118.

que ela havia atuado. Sem seu consentimento, a atriz teve a voz dublada pela voz de outra pessoa. As partes fizeram um acordo e foi publicado, em jornal de grande circulação, um comunicado esclarecendo a situação. O segundo caso refere-se ao radialista Jota Domingues, que propôs ação em face de Multifilmes S.A. em razão de não ter sido consultado sobre a dublagem de sua voz pela de outra pessoa. As partes não chegaram a um consenso e o caso foi decidido contra o radialista.

Hermano Duval concorda com o fundamento das demandas (o princípio da indivisibilidade da prestação do artista) e se posiciona de modo contrário à decisão do segundo caso.[20]

Walter Moraes também defende que a imagem não se limita à representação do aspecto visual da pessoa. Em suas palavras, a imagem compreende "a imagem sonora da fonografia e da radiodifusão e os gestos, expressões dinâmicas da personalidade".[21] Reforça seu entendimento estendendo as considerações feitas sobre a imagem "à imagem dinâmica da voz e dos gestos", a qual, segundo o autor, é capaz de "traduzir a personalidade do sujeito em formas sensíveis [...]".[22] Fundamentado em Walter Moraes, outro autor que inclui a voz no âmbito da imagem é Milton Fernandes, o qual afirma que esta última abrange "qualquer componente físico ou intelectual bastante para identificar a pessoa".[23]

Além dos autores mencionados, José Serpa de Santa Maria, ao discorrer sobre direito à imagem, menciona que esse pode incluir a voz, no caso de cantora que apareça em um filme.[24] Por sua vez, Alvaro Antônio do Cabo Notaroberto Barbosa defende que "não há que se construir o edifício jurídico de um direito à voz paralelamente a um direito da imagem: este é suficientemente amplo para, por analogia, abraçar a voz como componente da imagem, desde que se possa pela voz reconhecer um sujeito".[25] Mais recentemente, Pedro Frederico Caldas e Gilberto Haddad Jabur confirmaram esse mesmo entendimento, ao afirmarem, respectivamente, que a imagem de uma pessoa pode compreender também a sua voz quando "a voz seja passível de exprimir a representação da pessoa",[26] e que a imagem,

20 Ibidem, 1988, p.118-9.
21 Cf. MORAES, 1972, p.64-5.
22 Ibidem, p.77.
23 Cf. FERNANDES, 1977, p.173.
24 Cf. SANTA MARIA, 1987, p.91.
25 Cf. BARBOSA, 1989, p.26.
26 Cf. CALDAS, 1997, p.28.

além dos traços físicos de alguém, pode "ser considerada através de outras manifestações humanas, como a voz e sinais distintivos".[27]

Também Regina Sahm considera que a voz é parte da imagem e que a imagem e a voz são bens da personalidade em razão de sua essencialidade de conexão com o indivíduo. Para ela, a tutela da voz independe da proteção dos direitos conexos aos de autor e não se confunde com a tutela à intimidade ou à honra.[28]

Importante citar, ainda, que Caio Mário da Silva Pereira reconhece a proteção à voz no mesmo contexto da proteção à intimidade e à imagem. Para o autor, as diversas modalidades de comunicação "aliam uma pessoa a sua emissão vocal, e vice-versa, de tal modo que constitui atentado contra o direito à imagem a utilização por outrem da voz de uma pessoa, que por ela se identifique".[29]

Roxana Cardoso Brasileiro Borges parece esboçar uma separação entre voz e imagem ao afirmar que o "direito à voz, enquanto direito de personalidade, assemelha-se ao direito à imagem, por ser um elemento identificador da pessoa, pelo fato de a pessoa poder ser reconhecida por meio do som de sua voz".[30] Entretanto, a autora conclui que "o direito à voz se subsume ao direito à imagem, constituindo a imagem sonora da pessoa".[31]

Ressalte-se a importância do posicionamento dos autores citados antes: apesar de não reconhecerem a autonomia da voz em relação à imagem, reconhecem que a voz merece proteção independentemente do conteúdo comunicado e além do âmbito dos direitos conexos aos direitos de autor. Dessa forma, é bem ilustrativa a frase de Fernanda Orsi Baltrunas Doretto no sentido de que "não se discute, portanto, se a voz é, ou não, um atributo da personalidade, o que se discute é se está, ou não, compreendida pelo direito à imagem".[32]

Os tribunais brasileiros, contudo, ainda não refletem claramente o entendimento de que a voz é atributo da personalidade e, algumas vezes, decidem com base na premissa equivocada de que a voz não merece proteção ou que só merece proteção indireta.

---

27 Cf. JABUR, 2000, p.267.
28 Cf. SAHM, 2002, p.19/25.
29 Cf. PEREIRA, 2001, p.31.
30 Cf. BORGES, 2007, p.161.
31 Ibidem, p.161
32 Cf. DORETTO, 2003, p.60.

É isso que ilustra o caso a seguir. O TJSP negou provimento à apelação interposta por uma mulher que alegou não ter recebido a remuneração combinada para gravar, para uma exposição, uma mensagem falada a ser instalada em determinado equipamento médico, bem como ter tido sua voz reproduzida sem autorização e instalada em outros equipamentos comercializados pela demandada.[33]

No referido caso, o tribunal entendeu que não estava configurado o dano moral, nem a ofensa à honra, à imagem e à intimidade da autora, pois ela havia assentido com o uso de sua voz e não havia pacto entre as partes referente ao uso da gravação tão somente por ocasião da exposição. Assim, o tribunal confirmou o entendimento de primeira instância, no sentido de que a autora fazia jus apenas ao pagamento pelo serviço prestado, porém, não a uma indenização por dano moral. Nota-se que o tribunal confundiu conceitos e condicionou a proteção à voz à violação de outros atributos da personalidade.

Também ilustrativo é o caso relatado na sequência. O TJRGS negou provimento à apelação de uma demandante que pleiteava indenização por danos morais e materiais em decorrência do uso não autorizado de sua voz em gravações de serviços prestados aos consumidores da demandada (empresa do ramo de telefonia), como: "não foi possível completar sua chamada" e "verifique o número discado", entre outras. O tribunal entendeu que houve concordância da autora para a utilização de sua voz nas gravações de mensagens e que não existiu exploração comercial da gravação. Entendeu, ainda, que o fato de a autora ter se mantido inerte perante a utilização da gravação por mais de cinco anos demonstraria que ela não havia se incomodado com a situação.

Além disso, o tribunal considerou que as gravações feitas pela autora não poderiam ligá-la à sua pessoa, exceto por alguns colegas de trabalho, e, com isso, a autora não conseguiu comprovar satisfatoriamente o efetivo dano moral, o abalo psíquico, o sofrimento e a situação vexatória ou angústia passados pela exposição do uso de sua voz.[34] Percebe-se que o tribunal não tratou a voz da demandante como um atributo da personalidade e deixou de usar as regras comumente aplicáveis aos casos que versam sobre direitos da personalidade.

---

33 Cf. TJSP, Ap. c/ rev. n. 274.831.4/1-00, 5ª Câm. A de Dir. Privado, rel. Ana Luiza Liarte, j. 29.08.2007.

34 Cf. TJRS, Ap. cível n. 70.025.171.836, j. 18.12.2008.

Vale mencionar, ainda, a confusão de conceitos em decisão proferida pelo TJRJ quando se discutia a possibilidade de gravação das assembleias de um condomínio. O tribunal decidiu manter a sentença que havia impedido a gravação afirmando que poderia ser violado o direito à intimidade daqueles que não permitiram ter sua imagem ou voz gravadas.[35] Outro caso desse mesmo tribunal tratou da divulgação da imagem e da voz de pessoa em matéria jornalística a respeito de turistas sendo enganados nas praias do Rio de Janeiro. Decidiu-se que a divulgação havia sido ilícita porque, embora a parte da reportagem em que o autor aparecia não revelasse qualquer imputação de desonestidade a ele, a edição e o contexto final da reportagem acarretaram o dano moral.[36] Em nossa opinião, as decisões do tribunal pecam por não esclarecer exatamente qual direito (à voz, à imagem, à intimidade ou à honra) estava sendo tutelado.

Já o TJSP confundiu conceitos de direitos de autor, direitos conexos aos direitos de autor e direitos da personalidade ao decidir que o uso de vinhetas após o término do contrato de trabalho entre intérprete e empresa não ofende nenhum direito autoral do intérprete nem se mostra abusivo, muito menos ofende direito de imagem daquele que emprestou a voz. O tribunal entendeu tratar-se de exercício regular de direito, dentro dos limites do razoável, incapaz de macular a honra ou a imagem do intérprete.[37] Em nossa opinião, se a vinheta não foi considerada como obra intelectual (conforme afirmado no acórdão), não há que se falar que a vinheta pertence à empresa e, menos ainda, que o intérprete não possa impedir o uso de sua voz. Desse modo, entendemos que a decisão do tribunal foi equivocada.

Diante das decisões mencionadas até aqui, nota-se a importância de se aprofundar o estudo em relação à voz, já que é papel da doutrina sistematizar o tema a fim de que os tribunais possam usar os conceitos já sistematizados nas situações fáticas que lhes sejam apresentadas a decidir.

---

35 Cf. TJRJ, Ap. cível n. 33366/2008, j. 13.08.2008.

36 Cf. TJRJ, Ap. cível n. 2007.001.64903, j. 02.04.2008.

37 Cf. TJSP, Ap. c/ rev. n. 477.421.4/0-00, 3ª Câm. B de Dir. Privado, rel. Antonio M. C. Rimola, j. 27.06.2008.

Capítulo 16

O direito à voz

1. Autonomia

Como visto, o ordenamento jurídico brasileiro considera a voz um bem jurídico, sendo que a doutrina e a jurisprudência, apesar de não serem unânimes, reconhecem a voz como um atributo da personalidade. No entanto, tendo em vista a inexistência de dispositivo legal expresso a respeito do tema, ainda há, na doutrina e na jurisprudência, incerteza quanto à existência do chamado direito à voz, independente e autônomo em relação a outros direitos da personalidade. A dúvida é compreensível, pois, como afirma Rubens Limongi França, os direitos da personalidade não são estanques.[1]

Conforme já apontado, a voz é um dos principais meios de expressão do indivíduo. Assim, nos casos em que o conteúdo expresso pela voz é de caráter privado, há clara interpenetração entre a proteção à voz e a proteção à intimidade. Na verdade, o direito à intimidade protege a voz apenas indiretamente, pois seu verdadeiro objeto de proteção é o conteúdo íntimo da fala. Além disso, o conteúdo expresso pela voz pode prejudicar a reputação ou a honra da própria pessoa, demonstrando haver inter-relação entre a proteção à voz e à honra. Mais uma vez, contudo, o direito à honra

1 Cf. FRANÇA, 1983, p.12.

só protege a voz indiretamente. Portanto, afirmar que a proteção à voz deve ser compreendida como parte do direito à intimidade ou do direito à honra significa, em última análise, negar-lhe proteção.

Como também visto anteriormente, a voz é uma das formas de identificação de uma pessoa.[2] Assim, pode-se dizer que, em conjunto com o nome, a imagem e outros sinais distintivos, a voz compõe de modo substancial a identidade da pessoa. Com efeito, negar que a voz de alguém é dela ou reproduzi-la afirmando ser de outrem são claras violações à voz da pessoa em seu aspecto identificador. Todavia, a voz possui outras vertentes que não são relacionadas à identidade. Desse modo, afirmar que sua proteção está compreendida no direito à identidade significa negar à pessoa a possibilidade de permitir ou proibir a reprodução de sua voz quando tal uso não implique ofensa à identidade. Em outras palavras, significa negar proteção à voz.

Nota-se que a voz e a imagem guardam uma relação ainda mais próxima entre si do que com os demais atributos da personalidade, em especial pelo fato de ambas serem características que individualizam e identificam uma pessoa no meio social, bem como por serem comumente exploradas para fins publicitários. Entretanto, voz e imagem são diferentes atributos da personalidade.

A esse respeito, vale lembrar que as pessoas surgem no mundo do direito com uma figura que lhe compõe a personalidade,[3] sendo reconhecido aos nascituros o direito à imagem.[4] Já a produção vocal não existe enquanto não houver respiração, como explicado na primeira parte desta obra. Desse modo, não se deve falar em voz do nascituro.[5] Essa é uma diferença relevante entre imagem e voz, que corrobora nossa defesa de que o direito à voz e o direito à imagem não se confundem e devem ser considerados direitos autônomos.

---

2 Vale citar a referência feita pelo Território Eldorado à Rod Stewart em reportagem a respeito do aniversário do cantor: "A voz mais rouca do pop faz 65 anos". Disponível em: www.territorioeldorado.limao.com.br/musicas/playlists/playlist.php?guid=9839FA4DE736402EBC891A14BD2F53C8,rod-stewart-65-anos---festa-de-sucessos!---.

3 Cf. MORAES, 1972, p.11.

4 O CC, em seu art. 2º, reconhece direitos ao nascituro, o que significa afirmar a sua personalidade. De fato, existem vários dispositivos legais que consagram de modo expresso alguns desses direitos. Além deles, é possível reconhecer outros direitos ao nascituro diante da redação não taxativa do art. 2º do CC/2002. Assim, a doutrina tem citado como direitos do nascituro o direito à vida, à integridade física, à honra e à imagem. Cf. CHINELLATO, 2009, p.412-66, 427-8.

5 Cf. TABORDA & DEUTSCH, 2004, p.233.

Além disso, a voz é uma manifestação sonora captada pela audição e que não pode ser vista. Nesse sentido, Hélio Sodré destaca que a voz pode ser escutada no claro ou no escuro, e afirma que "a voz impõe-se por si mesma, até aos distraídos", concluindo que o poder da voz é extraordinariamente grande.[6] De fato, a relevância da voz muitas vezes é traduzida na preferência do público pelos vocalistas em relação aos demais componentes de bandas de rock e pop. Há casos em que a popularidade da banda diminui drasticamente com a substituição de seu vocalista,[7] bem como há casos em que as opiniões do cantor quanto aos rumos da banda prevalecem exatamente em razão da sua posição de destaque perante o público.[8] Esse grande poder da voz, em muitas ocasiões maior do que o poder da imagem, também justifica a autonomia entre o direito à voz e o direito à imagem.

Mais do que isso, a voz é um som vivo, que sofre alterações momentâneas e pode ser variada com facilidade por seu emissor, enquanto a imagem pode ser considerada menos maleável naturalmente. Assim, quanto ao aspecto visual, caracterizações de um personagem como mais velho ou mais novo, em geral, dependem de efeitos especiais computadorizados ou recursos de figurino e de maquiagem.[9] Já no aspecto sonoro, a caracterização pode ser feita por simples impostação de voz, ainda que seja igualmente possível aplicar recursos tecnológicos para modificar o som da voz. Percebe-se, com isso, que a fácil adaptabilidade é mais uma característica distintiva da voz em relação à imagem, acrescentando força ao argumento de que o direito à voz e o direito à imagem devem ser entendidos como autônomos entre si.

---

6 Cf. SODRÉ, 1967.

7 Esse foi exatamente o caso da banda de *heavy metal* chamada Iron Maiden, cujo conceito entre os fãs diminuiu substancialmente com a ausência do vocalista Bruce Dickinson durante os anos de 1993 a 1999. Cf. WALL & INGHAM, 2004.

8 Assim, John Fogerty, cantor do extinto conjunto de rock Creedence Clearwater Revival, afirmando que sua voz era um instrumento único e que não interpretaria com ela qualquer tipo de composição, conseguiu impor aos demais integrantes da banda que apenas as composições dele seriam gravadas. Cf. *site* oficial do cantor. Disponível em: www.johnfogerty.com/.

9 Um exemplo interessante do uso desses recursos é o filme *The curious case of Benjamin Button*, estrelado por Brad Pitt e Cate Blanchet, e lançado em 2009 no Brasil com o título *O curioso caso de Benjamin Button*. No referido filme, o personagem de Brad Pitt nasce idoso e vai rejuvenescendo ao longo dos anos. Para dar veracidade à representação, foram necessários diversos recursos de maquiagem e efeitos especiais, tendo a obra sido premiada com o Oscar de direção de arte, maquiagem e efeitos visuais. Mais detalhes a respeito do filme podem ser encontrados no banco de dados sobre filmes *The Internet Movie Database*. Disponível em: www.imdb.com/title/tt0421715/.

Convém sinalizar ainda que não existe nenhuma relação entre qualidade vocal e imagem. Decorrem disso as dificuldades encontradas pelos atores do cinema mudo com a criação do cinema falado, como já comentado na segunda parte da presente obra. Sobre o tema, Celso Sabadin afirma que "astros e estrelas com vozes desagradáveis [...] viram sua carreira desabar da noite para o dia".[10] Também consequência dessa falta de relação é o fracasso dos radioatores na tentativa de transposição das radionovelas para as telenovelas. Sobre o assunto, Antonio Augusto Amaral de Carvalho ("Tuta") comenta que o galã da radionovela, muitas vezes, "tinha uma voz linda, de veludo [...] mas, na verdade, o cara era feio pra burro",[11] e que "a estrela que tinha uma voz de veludo e era tida como uma loira linda e sensual não passava de uma senhora bem-posta, no máximo simpática".[12]

Nessa perspectiva, vale lembrar o caso de Susan Boyle, participante de um programa de televisão para identificação de novos talentos na Inglaterra, em 2009. Por sua aparência, fora dos exigentes padrões estéticos esperados no mundo atual, ela foi vista com desdém e até ridicularizada. Todavia, ao iniciar sua apresentação, cantando lindamente uma música bastante difícil, deixou a plateia e os jurados encantados, tendo garantido sua participação na etapa final do programa e ficado em segundo lugar entre todos os concorrentes.[13]

Em mais um viés, percebe-se que, por um lado, a imagem física raras vezes revela a esfera moral de uma pessoa.[14] Por outro lado, dada a mútua influência entre o estado psicológico da pessoa e a produção vocal, a voz pode denunciar muito a respeito de sua esfera moral. O componente físico da voz soma-se a seus dois outros componentes (o moral e o intelectual) e a torna um atributo da personalidade diferente da imagem, cujo estudo deve ser feito de modo independente.

Importante destacar, ainda, que a voz é usada isoladamente em muitos meios de comunicação, tais como rádio, telefone e Internet, o que possibilita sua violação em contextos totalmente dissociados da violação à imagem. Portanto, não faz mais sentido estudar os dois atributos (voz e

---

10 Cf. SABADIN, 2009, p.219.
11 Cf. CARVALHO, 2009, p.263.
12 Ibidem, p.181.
13 Cf. "Susan Boyle perde final para grupo de dançarinos", 2009.
14 Cf. COSTA JR., 1995, p.55.

imagem) no âmbito de um único direito, pois isso significaria desprezar as peculiaridades inerentes a cada um deles.

Diante do exposto, percebemos que a voz não se resume à intimidade ou à honra, nem à identidade, tampouco à imagem. A voz é um bem essencialmente integrante da personalidade jurídica de cada pessoa. Em outras palavras, a voz é o instrumento da expressão de ideias de cada indivíduo e, nesse sentido, está intimamente ligada à sua personalidade.

Não há dúvida de que cada pessoa se identifica com a própria voz e não se reconhece com a voz de um terceiro. Daí as diversas polêmicas em torno da dublagem de filmes e de outras obras audiovisuais.[15] Acrescente-se que, quando a pessoa acredita que sua voz não combina com sua personalidade, ela tende a buscar uma adaptação. Essa é a situação dos transexuais (masculino para feminino) que retiram seu órgão sexual e recebem doses de hormônio feminino, os quais acarretam o desenvolvimento de seios e outras modificações no corpo. Apesar de se sentirem como mulheres e terem a aparência perfeita de uma mulher, o tom da voz não é automaticamente alterado, precisando ser adaptado em momento posterior.[16]

Diante do exposto, não temos dúvida em afirmar que a voz está diretamente ligada à personalidade da pessoa, sem necessidade de se recorrer a qualquer outro bem de apoio, seja a intimidade, a honra, a identidade ou a imagem. Assim, aquele que usa a voz de uma pessoa, na verdade, usa a própria pessoa.

Além disso, entendemos que a voz é substancialmente diferente de outros atributos da personalidade, inclusive da imagem, devendo ser considerada um atributo da personalidade autônomo.

Se tomarmos por autônomo aquilo que tem características próprias e é socialmente relevante para justificar a criação de regras específicas a esse respeito,[17] podemos defender que a voz deve ser tutelada por um direito da personalidade autônomo, não por meio de qualquer outro direito da personalidade reconhecido pelo ordenamento jurídico brasileiro.

A autonomia da proteção à voz, ainda que timidamente, já foi reconhecida por alguns juristas brasileiros. A iniciativa foi de Carlos Alberto Bittar, que apresenta o direito à voz como "outro direito" em relação ao direito à imagem. Para o autor, o direito à voz "incide sobre a emanação

15 Cf. casos analisados por Hermano Duval, citados no capítulo 3 desta quarta parte da presente obra, e a opinião de J. Pereira no sentido de que a dublagem pode deformar uma obra.
16 Cf. MASSON, 2001.
17 Cf. MORAES, 1972, p.67, e BITTAR, 2000, p.17.

sonora natural da pessoa", a qual "acaba por adquirir contornos próprios, suscetíveis de individualizar a pessoa no meio social".[18] Sobre a autonomia desse direito, o autor afirma que a voz destacou-se da imagem para ganhar individualidade "frente ao uso isolado, principalmente em rádio e em gravações identificando pessoas e estilos vários".[19]

Outros autores também mencionam a existência de um direito da personalidade específico, o direito à voz, ainda que não aprofundem suas explicações. Vivian de Melo Silveira é taxativa ao afirmar que a voz "constitui direito da personalidade" e, mais adiante, complementa que a voz "não constitui imagem do indivíduo, no sentido em que tratamos nesta obra, e sim, constitui parte da personalidade da pessoa, parte capaz de identificá-la".[20] Guilherme Carboni, ao tratar de obras multimídia, defende que, para a utilização de vozes de pessoas, é obrigatória a expressa autorização das mesmas, em respeito ao direito à voz.[21]

Silmara Juny Chinellato confirma a tese da autonomia ao mencionar textualmente o direito à voz em seus comentários a respeito do art. 11 do CC.[22] Outra autora que menciona expressamente a existência de um direito à voz é Maria Helena Diniz, reconhecendo-o ao lado do direito à imagem.[23]

Entre todos os autores brasileiros que admitem a autonomia do direito à voz, destaca-se Antonio Carlos Morato, que traz à tona diversos elementos interessantes sobre a relação entre o direito à voz e o avanço tecnológico. Na concepção de Morato, "a voz integra a personalidade na medida em que ela constitui um veículo que possibilita à pessoa relacionar-se no meio social".[24] O autor destaca a autonomia como um dos aspectos de considerável interesse a respeito do direito à voz.[25] O autor chega a afirmar que o "constituinte encerrou a discussão acerca da autonomia do direito à voz".[26]

Como já explicamos anteriormente, em nossa opinião, a CF/88 não estabeleceu textualmente um direito à voz, autônomo e independente, extensível a todas as pessoas. De qualquer modo, concordamos com o autor no

18 Cf. BITTAR, 1999a, p.99.
19 Ibidem, p.99.
20 Cf. SILVEIRA, 2000, p.233.
21 Cf. CARBONI, 2003, p.113.
22 Cf. CHINELLATO & COSTA, 2008, p.18.
23 Cf. DINIZ, 2004, p.128.
24 Cf. MORATO, 2007, p.162.
25 Ibidem, p.162.
26 Ibidem, p.172.

sentido de que a expressa menção à voz (ao lado da imagem) na alínea *a* do inciso XXVIII, art. 5º da CF, com certeza demonstra que os atributos em referência são independentes entre si.

Algumas decisões indicam que há uma tendência no sentido de que os tribunais brasileiros passem a garantir às pessoas a devida reparação e compensação pelo uso indevido de suas vozes, independentemente da violação de quaisquer outros atributos da personalidade. Uma delas é a decisão proferida pelo Tribunal de Justiça do Estado do Rio de Janeiro em apelação cível. No referido caso, uma funcionária gravou uma saudação telefônica para a empresa onde trabalhava. Após deixar o emprego, solicitou expressamente que a empresa deixasse de usar tal gravação, mas o uso foi mantido. A ex-funcionária ingressou, então, com ação de obrigação de fazer cumulada com pedido de indenização por danos materiais e morais em face da empresa. A sentença julgou o pedido parcialmente procedente, para determinar a cessação do uso da gravação por parte da empresa, sob pena de multa, e concedeu indenização por danos materiais, dado o uso comercial da gravação feito pela empresa. Em seu recurso, a empresa alegou que a ex-funcionária havia autorizado de modo tácito o uso da gravação por tempo indeterminado. O tribunal entendeu que o consentimento tácito pode existir, porém não *ad eternum*, e negou provimento à apelação, mantendo integralmente a sentença.[27]

Caso similar foi analisado pelo TJSP,[28] em que uma gerente de *marketing* de uma empresa de telefonia foi convidada para fazer testes de voz supostamente para gravações de uso interno e aceitou. Mais tarde, tomou conhecimento de que sua voz estava sendo usada para o atendimento dos clientes em geral, sem que tivesse sido informada a respeito disso ou dado autorização para tanto. Assim, ajuizou ação em face da ex-empregadora, requerendo indenização por danos materiais e morais. Em primeira instância, foi realizada perícia de voz, pela qual se constatou que a voz usada pela empresa era da ex-funcionária. Com isso, a ação foi julgada parcialmente procedente para condenar a empresa a pagar indenização por danos morais. O Tribunal manteve a decisão de primeira instância. O relator reconheceu expressamente que "a voz humana integra a personalidade, de forma que é protegida pelo ordenamento", e deixou claro que, na falta de

27 Cf. TJRJ, Ap. cível n. 2007.001.69106, j. 12.02.2008.

28 Cf. TJSP, Ap. cível c/ rev. n. 438.312.4/8-00, 5ª Câm. de Dir. Privado, rel. A. C. Mathias Castro, j. 27.05.2009.

autorização inequívoca para o uso da voz, há "o dever de indenizar, na medida em que violado direito da personalidade da requerente, sendo irrelevante, para a caracterização do ilícito, que a demandante não explore profissionalmente sua voz".

Em um terceiro caso, uma empresa fabricante de telefones com secretária eletrônica contratou uma locutora profissional para gravar algumas mensagens e pagou pelo serviço de gravação; porém, não obteve autorização expressa da locutora para inserir as mensagens gravadas nas secretárias eletrônicas de todos os telefones por ela fabricados e comercializados. A locutora ajuizou ação cominatória cumulada com pedido de indenização por danos morais e materiais em face da empresa. Esta, por sua vez, tentou defender a ideia de que a análise do texto das mensagens gravadas pela autora da ação permitiria a verificação de que as mensagens seriam destinadas ao uso nos aparelhos de telefone em questão. Em primeira instância, a ação foi julgada parcialmente procedente, para condenar a empresa a indenizar a locutora por danos morais. O TJSP manteve a sentença de primeira instância, sob o argumento de que ninguém pode apropriar-se da voz alheia para uso comercial e que a ausência de autorização do titular do direito não pode ser suprida, a não ser pelo consentimento expresso e inequívoco do próprio titular.[29]

As referidas decisões, ainda que imprecisas do ponto de vista acadêmico, demonstram a evolução jurisprudencial a respeito do tema, já que reconhecem a autonomia da voz em relação à identidade e à imagem, e deixam claro que pode haver ofensa à voz, sem que ocorra violação à honra ou à intimidade.

2. Natureza jurídica

Diante do exposto até o momento, não há dúvida de que a voz é um atributo da personalidade. Assim, de maneira intuitiva, é possível defender que o direito à voz deve ser considerado um direito da personalidade.

De modo a tornar essa conclusão menos intuitiva, é importante destacar que a maioria dos doutrinadores nacionais e estrangeiros entende os direitos da personalidade como direitos subjetivos[30] e referentes aos atributos pessoais de cada indivíduo.

29 Cf. TJSP, Ap. c/ rev. n. 966.146-0/1, 32ª Câm. de Dir. Privado, rel. Fernando Occhiuto Jr., j. 26.11.2009.

30 Sobre a natureza jurídica dos direitos de personalidade cf. GOGLIANO, 1982, e SZANIAWSKI, 2005.

Nas palavras de Rubens Limongi França, direitos da personalidade significam faculdades jurídicas sobre "os diversos aspectos da própria pessoa do sujeito, bem assim seus prolongamentos e projeções".[31] Já para Carlos Alberto Bittar, direitos da personalidade são aqueles "próprios da pessoa em si (ou originários)" e os "referentes às suas projeções para o mundo exterior (a pessoa como ente moral e social, ou seja, em seu relacionamento com a sociedade)".[32] Goffredo da Silva Telles Júnior conceitua direitos da personalidade como "os direitos subjetivos da pessoa de defender o que lhe é estritamente próprio".[33] Nesse contexto, sustenta que direitos da personalidade são os direitos de defender a identidade, a liberdade, a sociabilidade, a intimidade, a reputação, a honra e a autoria. San Tiago Dantas afirma que os direitos da personalidade têm como objeto "os atributos da personalidade humana".[34] O autor considera que os atributos da personalidade podem ser objeto de direito, embora não constituam elementos do mundo exterior, pois aderem à personalidade.

Miguel Maria de Serpa Lopes entende os direitos da personalidade como os "atinentes à utilização e disponibilidade de certos atributos inatos ao indivíduo, como projeções biopsíquicas integrativas da pessoa humana, constituindo-se em objetos (bens jurídicos), assegurados e disciplinados pela ordem jurídica imperante".[35] Também Caio Mário da Silva Pereira afirma que os direitos da personalidade são atinentes à própria natureza do homem, sendo inerentes à pessoa humana, independentemente de reconhecimento pela ordem positiva e se caracterizam por serem "inalienáveis, vitalícios, intransmissíveis, extrapatrimoniais, irrenunciáveis, imprescritíveis, impenhoráveis, e como tais, oponíveis *erga omnes*".[36]

Abrangendo em sua definição as principais características dos direitos à personalidade, Gilberto Haddad Jabur define-os como

> [...] direitos subjetivos privados, fora do comércio, alguns adquiridos com o simples fato do nascimento (liberdade, privacidade e direito moral do autor), outros coexistentes com a concepção (vida, integridade física, honra, imagem

31 Cf. FRANÇA, 1983.
32 Cf. BITTAR, 1999a, p.17.
33 Cf. TELLES JR., 1979, p.315.
34 Cf. DANTAS, 2001, p.185.
35 Cf. LOPES, 2000, p.241.
36 Cf. PEREIRA, 2001, p.26.

> e identidade pessoal), independente da vontade de cada um, irrenunciáveis e excepcionalmente transmissíveis aos sucessores, de conteúdo não patrimonial, mas com reflexo pecuniário, que possibilitam o desfrute das faculdades do corpo e do espírito, essenciais ao bem-estar, e que encerram, por isso, categoria autônoma a ponto de não serem absolutamente disponíveis e de merecerem, sem intervenção humana, como nenhum outro direito merece, o predicado da inexpropriabilidade, imprescritibilidade e impenhorabilidade.[37]

Sendo a voz uma projeção da pessoa, atributo inerente, característico e identificador, não há como negar ser a voz bem essencialmente integrante da personalidade da pessoa, que pode ser defendido como algo que é estritamente seu.

Ademais, considerando que é produzida por meio do trabalho harmônico de diversos órgãos do corpo humano, e que, na falta de algum deles (como as cordas vocais ou a laringe), há impossibilidade de emissão vocal, entendemos ser a voz precipuamente um componente físico da personalidade da pessoa. Acreditamos, ainda, que a voz tem um componente moral e intelectual, dada a comprovada influência das condições socioeducacionais e psicológico-emocionais em sua produção.

Diante dos argumentos jurídicos apresentados, entendemos que o direito à voz é, sem dúvida, um direito da personalidade e esclarecemos que o uso das palavras "dono" ou "titular" da voz ao longo deste livro não conota qualquer intenção de aproximar a natureza do direito à voz ao direito de propriedade.

3. Conteúdo

O direito à voz consiste no direito que a pessoa tem sobre o som de sua voz e representa o vínculo jurídico entre a pessoa e este atributo de sua personalidade.[38]

Em outras palavras, o direito à voz engloba a proibição de utilização (gravação, armazenamento, reprodução e divulgação) da voz alheia

37 Cf. JABUR, 2000, p.94.

38 O direito à voz, no sentido aqui definido, não engloba o direito de ter voz, ou seja, o direito de exigir qualquer tipo de intervenção cirúrgica, medicamentosa, fisioterápica ou psicológica para ser capaz de emitir um som por meio do aparelho fonador. Tampouco engloba o direito a se manifestar, criticar, expressar sua opinião ou votar em qualquer contexto da vida social. Note que não se nega a existência desses direitos; porém, entende-se que estes não compõem o direito à voz, mas o direito à saúde e à livre manifestação do pensamento.

sem o consentimento do emissor bem como pressupõe o direito deste de autorizar o uso de sua voz em determinadas circunstâncias e para finalidades específicas. O direito à voz garante ao emissor, ainda, a possibilidade de se arrepender de autorização concedida, podendo revogá-la, devendo, nesse caso, responsabilizar-se pelos prejuízos eventualmente causados a terceiros.

3.1. Imitações de voz

Uma questão intrigante é definir se a imitação da voz equipara-se ou não à reprodução da voz e se pode ser inserida no conteúdo protegido pelo direito à voz, ou seja, se o titular do direito à voz pode impedir que terceiros imitem sua voz sem prévia autorização.

A análise do tema demonstrou que existem opiniões variadas sobre o assunto.

Em nossa opinião, sendo a voz um atributo da personalidade, cada pessoa deveria ter, em princípio, o direito de impedir que se imite sua voz, em particular nos casos em que o imitador tente assumir a identidade do imitado e em situações de violação da dignidade humana deste. Também entendemos que a imitação, não autorizada, da voz de celebridade ou de pessoa que exerça função pública para fins publicitários ou comerciais deve ser equiparada à violação da voz original da pessoa imitada e, portanto, considerada ilícita, tal como acontece nos Estados Unidos e na França. De qualquer modo, podemos imaginar situações em que o direito à livre manifestação de ideias justifique a imitação da voz de uma pessoa.

Um critério interessante para se definir se a imitação é lícita ou não é o de se verificar tratar-se de imitação *alvo* ou imitação *arma*, nos termos explicados por Marco Antonio dos Anjos: "Será 'alvo' a imitação sonora que relacione a voz propalada com algo que efetivamente tenha pertinência com o ramo de atividade exercida ou atos específicos praticados pelo imitado". O autor complementa: "será 'arma' a imitação sonora que coloque o satirizado em situação que em nada se relacione com as atividades por ele exercidas". Para o autor, a imitação *alvo* não depende de autorização; já a imitação *arma* dependeria sempre de autorização.[39]

Outra maneira de analisar a questão é fazer uma analogia entre a imitação da voz de uma pessoa e a caricatura ou a charge com a imagem de

39 Cf. DOS ANJOS, 2009, p.86.

uma pessoa.[40] Nesse sentido, é importante ressaltar que a charge tem como principal finalidade uma crítica, enquanto a caricatura tem como objetivo apenas o humor. Portanto, nas palavras de Marco Antonio dos Anjos, a caricatura sempre dependeria de autorização do retratado, enquanto a charge, não.[41]

Aplicando esse mesmo raciocínio às imitações de voz, seria possível afirmar que apenas a imitação de voz que tivesse finalidade crítica poderia ser feita independentemente de consentimento prévio. Acreditamos, todavia, que essa conclusão não é razoável, considerando-se que a imitação de vozes de celebridades e de pessoas notórias possa representar uma legítima forma de expressão, tanto que é uma forma de manifestação artística muito comum em nosso país.

De fato, a imitação de vozes com fins humorísticos é comum no Brasil desde a década de 1940, quando começou a ser transmitido o programa de rádio denominado PRK-30. No programa de humor semanal, Lauro Borges e Castro Barbosa "imitavam à perfeição vozes de inúmeros personagens"[42] e criavam figuras imaginárias que passaram a fazer parte da vida dos ouvintes. O PRK-30 ficou no ar por vinte anos e influenciou novas gerações de comediantes brasileiros, em particular quanto à fórmula de uma única pessoa interpretar personagens diferentes por meio de variações vocais.

Já nas décadas de 1970 e 1980, o programa *Show de rádio* entrava no ar alguns minutos após o encerramento dos jogos de futebol, e o humorista Estevam Sangirardi interpretava diversos personagens (tais como Didu Morumbi, o torcedor do Tricolor; Joca, o corintiano representante das classes menos favorecidas; e o palmeirense Comendador Fumagalli) para divertir os ouvintes do programa. Além dos personagens criados, havia também imitações de jogadores e personalidades políticas e artísticas do Brasil.[43] Entre os diversos humoristas imitadores que atuam no Brasil hoje em dia,[44]

40 A analogia entre imitação de voz e caricatura foi feita no passado por Antônio Chaves. Cf. CHAVES, 1989.
41 Cf. DOS ANJOS, 2009, p.76.
42 Cf. PERDIGÃO, 2003.
43 Cf. CORAUCCI, 2006.
44 Para exemplificar, citamos alguns humoristas imitadores que alcançaram sucesso no Brasil: Tom Cavalcante, Ceará, Marco Bianchi. Muitos outros existem, pois a imitação é uma das portas de entrada para a carreira de humorista. Há, inclusive, um *site* denominado Imitadores do Brasil, no qual os perfis de diversos imitadores podem ser consultados. Disponível em: www.imitadoresdobrasil.com.br/v5/default.asp. Acessado em 28.03.2010.

acreditamos que Beto Hora (por sua versatilidade vocal e pelo forte vínculo com o rádio) é quem melhor representa a grande influência do PRK-30 e do *Show de rádio* até os dias atuais.[45]

Nesse sentido, parece mais acertado o critério do *desnaturamento* da imagem (expressão que pode ser entendida como a exploração caricata da imagem que não respeite a dignidade humana), adotado por Regina Sahm. A autora entende que "a reprodução da voz deve ser distinguida de sua imitação. A diferença é análoga àquela que separa a reprodução da imagem física por um sósia, caricaturas, montagens e imagens virtuais, que se podem classificar como utilização ilícita por desnaturamento da imagem".[46]

Transpondo esse raciocínio para as imitações de voz, seria possível dizer que a imitação de voz que respeite a dignidade do imitado é lícita. Entendemos que, se a imitação for usada em um contexto artístico (com ou sem finalidade crítica), sem fins publicitários, sem o objetivo de causar confusão aos ouvintes e não ferir a dignidade humana do imitado, ela pode ser considerada lícita. Caso a imitação extrapole os limites da liberdade de manifestação e viole algum direito da pessoa imitada, esta poderá exigir a cessação da violação e a reparação dos danos.

Apesar de não termos identificado, no Brasil, muitos casos de imitação de vozes de celebridades para fins publicitários (semelhantes aos relatados no estudo de direito estrangeiro, em particular nos Estados Unidos), levantamos diversas situações em que houve imitação de voz com a finalidade de gerar confusão aos ouvintes. São vários os casos de imitação da voz do ex-presidente Luiz Inácio Lula da Silva.

Em um deles, a empresa fabricante do papel higiênico Neve levou ao ar, em várias emissoras de rádio do país, uma propaganda bem-humorada em que Beto Hora utilizava os principais bordões do ex-presidente, como *companheiros e companheiras* e *nunca antes na história deste país*, para falar que lançava um *pack* (embalagem) que traria economia aos brasileiros, fazendo referência ao PAC do governo.

Consultado, o Conselho de Autorregulamentação Publicitária (Conar) disse que a propaganda não havia sido analisada pelos conselheiros, mas

45 Interessante mencionar que Beto Hora, em início de carreira, chegou a participar do programa *Show de rádio*, sendo também sócio de uma produtora denominada PlayRK-30, cujo nome foi escolhido em homenagem ao programa de Lauro Borges e Castro Barbosa. Cf. *PlayRK30: Onde tiver silêncio, a gente quer colocar som*. Disponível em: www.radioagencia.com.br/noticia.php?noticia=10740&categoria=2. Acessado em 19.04.2010.

46 Cf. SAHM, 2002, p.25.

que não há proibição para que se faça paródia com governantes, não sendo antiético usar de humor em comerciais.[47]

Ainda que não haja proibição ética ou jurídica para que o humor seja usado em anúncios publicitários, acreditamos que o ex-presidente Luiz Inácio Lula da Silva teria argumentos para impedir a utilização da imitação de sua voz com finalidade comercial. Ao que parece, todavia, o presidente não tomou qualquer medida para suspender a veiculação da propaganda.

Outro caso relevante foi o do imitador que concedeu entrevistas falsas a rádios angolana e australiana, fazendo-se passar pelo ex-presidente Luiz Inácio Lula da Silva.[48] Em nossa opinião, a confusão que atingiu os ouvintes poderia ser utilizada para fundamentar ação de reparação de danos em face do imitador. O caso, contudo, não teve repercussão no Brasil, tendo sido ignorado ou mantido em sigilo.

Em caso eleitoral, a imitação da voz do ex presidente Luiz Inácio Lula da Silva foi inserida em programa de dois candidatos à prefeitura de municípios do interior do Ceará, pertencentes a partidos coligados ao Partido dos Trabalhadores. Apesar de os candidatos afirmarem que não havia intenção de enganar os eleitores e que o locutor não se apresentava como o presidente da época, a Justiça Eleitoral entendeu, nos dois casos, que a imitação poderia levar os eleitores a engano, por isso determinou que as mensagens fossem retiradas do ar.[49]

Caso semelhante atingiu o cantor e compositor Raimundo Fagner. Uma canção gravada por ele em seu álbum *Terral*, de 1997, foi interpretada por um imitador e usada na campanha eleitoral do candidato a prefeito do município de Crato, no interior do Ceará. A má-fé ficou evidente, pois o locutor do programa eleitoral anunciava que Fagner havia regravado a música para a referida campanha, a pedido do deputado federal Ciro Gomes, de quem é amigo. Fagner repudiou o uso de imitação de sua voz e pediu a imediata suspensão da veiculação do áudio.[50]

A possibilidade de obtenção de lucros com base em imitação foi um dos argumentos usados pela emissora SBT Canal 4 de Televisão para obter judicialmente a suspensão da divulgação, pela Rede Record, de sons e imagens que caracterizassem o apresentador Sílvio Santos e seus programas *Qual é a mú-*

47 Cf. OLIVEIRA & ABOS, 2009.
48 Cf. "Hoaxer Impersonates Brazil Leader", 2009.
49 Cf. FERNANDES, 2008.
50 Cf. MARTIN, 2008.

sica? e *Gente que brilha*.[51] Vale destacar que a alegação de direito à paródia usada pela Rede Record e pelo apresentador Tom Cavalcante (integrante do polo passivo das medidas judiciais) não foi aceita pelo Tribunal de Justiça do Estado de São Paulo, por entender que os limites da comédia e da paródia haviam sido excedidos no caso concreto. Interessante destacar que o tribunal considerou enfraquecida a tese da defesa, pelo fato de que, para realizar outras imitações, a emissora requerida havia pedido autorização dos imitados.

Destacamos, ainda, toda a repercussão, na mídia, a respeito da autorização concedida pelo apresentador Sílvio Santos para que a imitação de sua voz e de sua imagem fosse usada pelo programa *Pânico*.[52] Importante notar que o imitador de Sílvio Santos tem o hábito de apresentar o programa *Pânico* caracterizado. Tendo em vista não se tratar apenas de um dos quadros do programa, mas de imitação contínua da mesma pessoa, acreditamos que a autorização para essa imitação seja de fato necessária, evitando a configuração de ato ilícito por parte do imitador.

Acreditamos que a questão da imitação é bastante polêmica, por isso reforçamos nossa opinião de que toda imitação pode ser equiparada à violação da voz original do imitado, mas a ilicitude da imitação somente poderá ser avaliada no caso concreto, após ponderação com outros direitos igualmente tutelados no Brasil.

4. Características especiais

Sendo direito da personalidade, o direito à voz tem, em princípio, as mesmas características dos demais direitos da personalidade. Assim, o direito à voz é originário, essencial, vitalício, irrenunciável, indisponível, intransferível ou intransmissível, inexpropriável ou impenhorável, imprescritível, extrapatrimonial e oponível *erga omnes*.

---

51 Cf. TJSP, AI n. 395.173-4/0-00, 8ª Câm. de Dir. Privado, rel. Ribeiro da Silva, j. 09.03.2006, e AI n. 399.674-4/6-00, 8ª Câm. de Dir. Privado, rel. Ribeiro da Silva, j. 30.03.2006.

52 Tanto o apresentador quanto o imitador sempre souberam tirar proveito da situação fazendo mistério a respeito dos termos da autorização, já que a dúvida gera notícias e é um bom *marketing* espontâneo para todos os envolvidos. Cf. http://ego.globo.com/Gente/Noticias/0,,MUL327155-9798,00-LIBEROU+SILVIO+SANTOS+AUTORIZA+CEARA+A+FAZER+IMITACAO+SUA+NO+PROGRAMA+PANIC.html. Acessado em 29.03.2010. O vídeo que contém o final da "saga", em que Sílvio Santos inclusive lê para as câmaras cláusula contratual que o autoriza a cancelar, a qualquer momento, a autorização concedida ao imitador, está disponível em: www.youtube.com/watch?v=zgiEz0rv_Co. Acessado em 29.03.2010.

A presente obra não tratará de todas essas características, mas focará aquelas que, especificamente para o direito à voz, apresentam algumas nuances.

Diante da possibilidade de o emissor da voz permitir o uso dela em determinadas situações, entendemos que o direito à voz é apenas relativamente indisponível. Além disso, tendo em vista que a autorização de uso pode ser onerosa, diz-se, também, que a voz pode ser objeto de avaliação patrimonial; de qualquer modo, isso não retira do direito à voz sua extrapatrimonialidade.

Ademais, dadas todas as possibilidades tecnológicas existentes atualmente, em particular gravação digital, remix e, inclusive, recriação de voz a partir de material previamente gravado, somos da opinião de que o direito à voz não pode extinguir-se após a morte da pessoa.

4.1. Disponibilidade relativa

Um caracterizador do direito à voz citado pelos doutrinadores que estudaram o assunto é sua relativa disponibilidade. Para Carlos Alberto Bittar, o uso da voz (principalmente as vozes especiais de atores e dubladores) exerce papel de relevo no progresso do setor de comunicações e da publicidade.[53] Nesse sentido, vale ressaltar estar sedimentada, na doutrina brasileira, a possibilidade de disposição ampla (ainda que não irrestrita) dos direitos da personalidade. Essa é a opinião de Roxana Cardoso Brasileiro Borges, que defende que o livre desenvolvimento da personalidade depende da possibilidade de serem realizados os negócios jurídicos a respeito dos atributos da personalidade.[54]

Com isso, ganha importância a questão do consentimento. Quando há consentimento explícito prévio, o uso da voz é lícito. Já a admissibilidade do consentimento tácito é polêmica. Alvaro Antônio do Cabo Notaroberto Barbosa defende a possibilidade de consentimento tácito para o uso da imagem, o que se pode aplicar para o uso da voz, já que, para esse autor, a voz é componente da imagem.[55] Já Regina Sahm entende que os direitos da personalidade só podem ser cedidos de forma expressa, sendo necessário consentimento autônomo para cada forma de utilização.[56] Esse

53 Cf. BITTAR, 1999a, p.100.
54 Cf. BORGES, 2007, p.243.
55 Cf. BARBOSA, 1989, p.61.
56 Cf. SAHM, 2002, p.198.

também é o entendimento de Silmara Juny Chinellato, para quem o consentimento não se presume em casos relacionados a direitos da personalidade.[57] Há quem entenda que o uso da voz em um evento público e em local público equivale ao consentimento tácito do emissor para a divulgação e a reprodução incidental do ato.[58] Entendemos que, nessa hipótese, o que legitima a divulgação e a reprodução da voz é o interesse público, não a presunção de consentimento do emissor.

Assim, somos da opinião de que não se pode pressupor o consentimento tácito para usos comerciais de uma manifestação inequívoca da personalidade do indivíduo, e que, a despeito de toda a construção doutrinária no sentido de que alguns direitos da personalidade são disponíveis, não se pode concluir que essa disponibilidade poderia materializar-se de maneira tácita.

De fato, o CC[59] estipula que, não sendo necessária a declaração de vontade expressa, o silêncio importa anuência. Decorre disso a dúvida: para os direitos da personalidade, em particular para a disposição da voz, a declaração de vontade expressa é necessária ou não? O próprio CC ajuda-nos a resolver a questão. No art. 11, os direitos da personalidade são definidos como intransmissíveis e irrenunciáveis, com exceção dos casos previstos em lei.[60] Já no art. 20, está previsto que a transmissão da palavra, salvo se autorizada, poderá ser proibida. Para que fique incontestavelmente configurado o desejo de dispor de sua voz, entendemos que o emissor deve formalizar seu consentimento por meio de declaração expressa de vontade, seja por atos ou negócios jurídicos. Assim, a autorização exigida pelo art. 20 deve ser *expressa*, não tácita.

Os tribunais brasileiros ainda divergem sobre a questão, tendo entendido o TJRJ que o consentimento tácito pode existir, porém não *ad eternum*, enquanto, em caso análogo, o TJSP exigiu consentimento expresso e inequívoco.[61]

Roxana Cardoso Brasileiro Borges afirma que a discussão sobre a disponibilidade do direito à imagem pode ser aplicada ao direito à voz e que, por se tratar de direito da personalidade, a autorização (seja remunerada ou

---

57 Cf. CHINELLATO & COSTA, 2008, p.19.

58 Cf. FERNANDEZ, 1990.

59 Cf. CC: "Art. 111. O silêncio importa anuência, quando as circunstâncias ou os usos o autorizarem, e não for necessária a declaração de vontade expressa".

60 Cf. CC: "Art. 11. Com exceção dos casos previstos em lei, os direitos da personalidade são intransmissíveis e irrenunciáveis, não podendo o seu exercício sofrer limitação voluntária".

61 Cf. TJRJ, Ap. cível n. 2007.001.69106, j. 12.02.2008, e TJSP, Ap. c/ rev. n. 966.146-0/1, 32ª Câm. de Dir. Privado, rel. Francisco Occhiuto Jr., j. 26.11.2009.

gratuita) deve ser limitada no tempo e em relação às finalidades de uso, bem como merece interpretação restritiva.[62] É evidente que, para poder englobar todos esses detalhes, a autorização precisa ser expressa e por escrito.

Diante disso, discordamos da decisão proferida pelo TJRS,[63] que admitiu o consentimento implícito pelo simples fato de a pessoa não se recusar a efetuar a gravação de sua voz. Não se pode assumir automaticamente que a pessoa tenha concordado com a finalidade do uso feito pela empresa demandada, tampouco com o período de uso. Com efeito, sendo a voz um atributo da personalidade, ela não pode ser cedida em definitivo a terceiros, nem pode ser considerada licenciada sem a expressa anuência da pessoa. Assim, na falta de um documento que comprove a concordância da pessoa com o referido uso ou que comprove, ao menos, o recebimento de uma contraprestação pelo uso de sua voz, entendemos que se deve interpretar como inexistente o consentimento da pessoa.

Concordamos, entretanto, com a decisão proferida pelo TJMG, em caso no qual o autor pediu indenização em virtude de a empregadora ter utilizado gravação com sua voz sem que houvesse autorização para isso nem pagamento.[64] A decisão do tribunal levou em conta que o contrato do autor referia-se ao exercício de funções de assistente de vendas e que ele não havia sido contratado para desempenhar, rotineiramente, atividades de gravação de voz para divulgações realizadas pela empresa. Acertadamente, a decisão manteve a indenização concedida em primeira instância, já que a utilização de voz para divulgação comercial sem a devida autorização do autor gera à empresa a obrigação de indenizar.

Vale observar, ainda, que, de acordo com os princípios gerais atinentes aos direitos da personalidade, a autorização concedida pelo emissor da voz pode ser revogada. Desse modo, concordamos com Roxana Cardoso Brasileiro Borges, para quem os negócios jurídicos sobre direitos da personalidade não podem ser objeto de execução forçada.[65]

Ressalta-se, todavia, ser devida a indenização do prejuízo causado pela eventual revogação da declaração de vontade.[66] No já mencionado

62 Cf. BORGES, 2007, p.160-2.

63 Cf. TJRS, Ap. cível n. 70.025.171.836, 6ª Câm. Cível, rel. Liege Puricelli Pires, j. 18.12.2008.

64 Cf. TJMG, Ap. cível n. 1.0024.03.940956-0/001, 9ª Câm. Cível, rel. Des. Fernando Caldeira Brant, j. 27.09.2005.

65 Cf. BORGES, 2007, p.245-6.

66 Ibidem, p.160.

caso julgado pelo TJRS,[67] ainda que a pessoa tivesse verbalmente concordado com determinado uso de sua voz, ela poderia, a qualquer momento, revogar a autorização e exigir a cessação do uso, podendo, nessa hipótese, ser-lhe imputado o dever de ressarcir eventuais prejuízos causados à empresa.

Pode-se dizer que o direito à voz é intransmissível e inalienável, mas seu exercício pode ser cedido, por contrato expresso, como o de licença de uso.[68] De fato, esse é o entendimento aceito pelo ordenamento jurídico brasileiro, já que a voz é comumente objeto de contratos, os quais, quando submetidos ao judiciário, são aceitos e suas estipulações, aplicadas. Vale dizer que desconhecemos qualquer decisão no sentido de considerar nulo um contrato de concessão, licença ou autorização de uso de voz por ilicitude, impossibilidade ou indeterminação de seu objeto.[69]

É certo que, na hipótese específica de uma pessoa querer dispor de sua voz para determinada finalidade (por exemplo, gravar mensagens de espera telefônica ou prestar um testemunho radiofônico em favor de certo produto ou serviço), não há, na legislação, previsão de contrato típico.

Assim, quando uma pessoa pretende formalizar o consentimento quanto ao uso da voz para determinada finalidade, pode-se recorrer a tipos diferentes de contrato, dependendo do objetivo das partes, como: uma simples autorização de uso de voz; uma licença de uso de voz; um contrato de prestação de serviços com cessão de direitos de uso de voz. Em todos os casos, o ideal é que fique estabelecida a finalidade do uso, o período pelo qual ele está autorizado, as modalidades autorizadas, o território em que o uso poderá ser feito, bem como se há ou não remuneração.

Especialmente nos casos de consentimento de uso da voz para fins publicitários, os contratos habitualmente são mais complexos, pois envolvem a prestação de serviços do intérprete. Este precisa sujeitar-se às jornadas de trabalho designadas pelo contratante, bem como ceder os direitos de uso da voz, muitas vezes, com cláusulas de exclusividade por determinado período ou para produtos concorrentes do produto objeto da publicidade.

Nesse sentido, Newton Silveira alerta para a complexidade envolvida nos casos de licença de uso de sinais destinados à publicidade, citando um

67 Cf. TJRS, Ap. cível n. 70.025.171.836, 6ª Câm. Cível, rel. Liege Puricelli Pires, j. 18.12.2008.

68 Cf. CHINELLATO & COSTA, 2008, p.18.

69 O único caso que localizamos a respeito da anulabilidade de um contrato de cessão de uso de imagem e voz versava sobre o fato de a modelo ter celebrado contrato quando relativamente incapaz e sem a devida assistência dos pais ou responsáveis. Cf. TJSP, AI n. 640.456-4/2-00, 8ª Câm. de Dir. Privado, rel. Joaquim Garcia, j. 17.06.2009.

exemplo de contrato de publicidade composto por três instrumentos separados, sendo que, em um deles, o artista cedia com exclusividade sua imagem e voz.[70] No referido contrato, ficava claro que o uso da imagem e da voz de modo diverso do previsto naquele documento dependia de anuência expressa do artista. O referido contrato não abrangia qualquer cessão de direitos conexos. De fato, os pagamentos pelos direitos conexos foram ajustados em outro instrumento, que limitava o número de exibições da campanha publicitária.[71]

Percebe-se que, ao deixar de formalizar o consentimento, o emissor da voz perde a oportunidade de tornar claras as regras combinadas entre as partes e permite que haja discussões longas e desgastantes para comprovação do uso indevido de sua voz, como as mencionadas anteriormente.

Celebrando instrumentos como os mencionados, o emissor por certo terá mais facilidade de exigir que sua voz seja usada apenas para as finalidades combinadas e poderá imputar, ao agente causador do dano, responsabilidade contratual em caso de descumprimento de alguma obrigação estabelecida contratualmente bem como responsabilidade extracontratual, conforme o caso.

Com efeito, o ordenamento jurídico brasileiro reconhece a validade de contratos cujos objetos sejam o consentimento de uso da voz, da imagem e do nome de determinada pessoa, para finalidade específica. De fato, eventualmente, contratos com tais objetos são submetidos à análise do Poder Judiciário em casos de inadimplemento contratual.

Esse foi o caso das jogadoras de vôlei Fernanda Porto Venturini e Ana Margarida Vieira Álvares, que celebraram, com o Clube de Regatas Vasco da Gama, contrato de cessão de direito de uso de nome, apelido desportivo, imagem e voz, porém não receberam do clube todos os valores contratados. Em consequência disso, propuseram ação de cobrança dos valores inadimplidos, tendo obtido decisão favorável em primeira instância, a qual foi integralmente confirmada pelo TJRJ, em 2003.[72] Vale destacar que o tribunal limitou-se a analisar a validade e a natureza do contrato e o respectivo inadimplemento, o que restringiu a possibilidade de discussão, por parte do clube, e facilitou o recebimento dos valores devidos às jogadoras.

---

70 Cf. SILVEIRA, 1984, p.80.
71 Ibidem, p.125-31.
72 Cf. TJRJ, Ap. cível n. 05733/2003, j. 13.05.2003.

O TJSP julgou um caso bastante interessante.[73] A discussão enfocava o uso da imagem e da voz da jogadora de vôlei Ana Moser em anúncio publicitário de uma universidade patrocinadora da equipe de vôlei que a jogadora integrava. A jogadora foi interveniente no contrato firmado entre a pessoa jurídica Ana Moser Marketing e Participações Ltda. e a Municipalidade de São Caetano, segundo o qual a jogadora assumia obrigação de exercer a função de jogadora de vôlei em treinos e jogos e de utilizar, no Brasil, antes, durante e após cada jogo ou exibição, bem como em entrevistas e apresentações em programas de televisão e em eventos esportivos ou promocionais, a indumentária promocional do time de vôlei em questão. A jogadora ressalvou expressamente que a concordância com o uso da indumentária não importava em cessão de direito de imagem, ou seja, o uso de sua imagem e voz em campanhas publicitárias dependeria de sua anuência.

Apesar disso, a universidade veiculou peça publicitária, em meio televisivo, com reprodução da imagem e da voz da jogadora, entendendo estar amparada em contratos celebrados à Municipalidade de São Caetano do Sul e com a jogadora. No documento assinado com a municipalidade, havia permissão para o uso da imagem da equipe, seus atletas e comissão técnica, individual ou coletivamente, no lançamento e na divulgação de produtos, planos e serviços da patrocinadora. No documento firmado com a jogadora, estava contratada a gravação de um *spot* de rádio, mas não havia limitação expressa quanto ao uso da voz da autora apenas em rádio.

O tribunal entendeu que a peça publicitária não poderia ter sido veiculada sem a anuência da jogadora, já que ela não havia assinado o contrato entre a municipalidade e a patrocinadora – nem mesmo como interveniente ou anuente –, tampouco tinha assinado qualquer outro documento cedendo à municipalidade ou à patrocinadora o direito de uso de sua imagem ou voz. Apesar de a decisão não ter sido explícita a esse respeito, pode-se dizer que o Tribunal entendeu, também, que o contrato para a gravação de um *spot* de rádio não permite o uso do referido *spot* em mídia televisiva, pois os contratos relacionados a direitos da personalidade devem ser interpretados restritivamente.

O TJPR analisou interessante caso que versava sobre contrato de prestação de serviços e concessão de imagem e som de voz do ator Edson Ce-

73 Cf. TJSP, Ap. cível c/ rev. n. 225.018.4/8-00, 8ª Câm. A de Dir. Privado, rel. Randolfo Ferraz de Campos, j. 21.06.2006.

lulari, para a publicidade do produto Forteviron, por tempo determinado.[74] O contrato previa a participação do ator em gravação de diversas peças publicitárias do referido produto. O ator tinha o direito de aprovar ou reprovar os roteiros das referidas peças, bem como direito a receber o valor da remuneração combinada mesmo em caso de não gravação de todas as peças, desde que esta não fosse decorrente de ação ou omissão imputável ao ator. Logo no início dos trabalhos, o ator não concordou em gravar cenas em que precisasse ingerir o produto e, assim, apenas algumas peças foram gravadas. O ator submeteu a situação ao Judiciário para que fosse declarada a rescisão contratual e imputada à empresa a obrigação de pagamento da multa por rescisão. O tribunal entendeu que não se podia imputar ao ator a responsabilidade pela não gravação das cenas, já que o contrato não previa a obrigação de ingestão do produto. Além disso, o tribunal entendeu que o fato de eventualmente não terem ocorrido gravações a partir de determinado mês não significava que o contrato deveria ter sido considerado rescindido a partir daquela data, pois o objeto do contrato incluía a concessão de imagem e voz, não apenas a prestação de serviços de gravação. Diante disso, o tribunal condenou a empresa ao pagamento da multa contratual, acrescida de juros de mora a partir da citação e corrigida monetariamente a contar da rescisão.

Em outro caso, também analisado pelo TJPR,[75] relativo a um contrato de prestação de serviços e concessão de imagem e som de voz por tempo determinado para utilização em campanha publicitária, o ator Gabriel Gorosito alegava que um comercial gravado por ele continuara a ser divulgado após o prazo contratual, conforme apurado por empresa especializada em acompanhamento de todo o conteúdo transmitido em TV. O ator requereu indenização pelo uso indevido de imagem e por danos morais. O contrato formalizado em 15 de outubro de 2005 estipulava que o comercial seria veiculado pelo prazo de três meses a contar da data da primeira inserção, data que não poderia ultrapassar trinta dias da conclusão da filmagem ou gravação.

A sentença julgou improcedente o pedido inicial, pois o ator não juntou nenhum documento capaz de comprovar a data em que ocorreu a primeira inserção nem a filmagem ou a gravação. Inconformado com a decisão, o ator recorreu, requerendo a reforma total da sentença, e alegou que

74 Cf. TJPR, Ap. cível n. 445164-9, 6ª Câm. Cível, rel. Ana Lúcia Lourenço, j. 03.06.2008.
75 Cf. TJPR, Ap. cível n. 612.086-3, 9ª Câm. Cível, rel. Rosana A. G. Fachin, j. 05.11.2009.

a contagem do prazo deveria ser feita a partir da data do contrato. O tribunal entendeu que a data da filmagem poderia ser facilmente explicitada pela apelada, que, porém, não prestou essa informação ao Juízo, deixando de colaborar para a solução do processo. Assim, o tribunal entendeu ser coerente iniciar a contagem do prazo na data da assinatura do contrato e que a veiculação deveria ser encerrada em 15 de fevereiro de 2006, considerando extemporâneas veiculações do comercial nos meses de junho e julho de 2006, e entendendo merecer ser reformada a sentença para o fim de fixar indenização ao apelado a título de danos morais.

Os casos comentados demonstram a clara aceitação do ordenamento jurídico brasileiro quanto à disponibilidade relativa do direito à voz, bem como a relevância de que as pessoas façam uso de tais negócios jurídicos no exercício do direito à voz.

4.2. Situação após a morte

A relevância da respiração para a produção da voz foi apresentada na primeira parte desta obra.[76] Sem a passagem do ar pelo aparelho fonador, não há que se falar em produção vocal. Considerando que o morto não respira, ele não produz emissões vocais. Todavia, as emissões vocais produzidas em vida por uma pessoa ficam gravadas na memória das pessoas que a conheceram. Além disso, a voz da pessoa falecida pode ter sido registrada em suportes tangíveis ou intangíveis, os quais possibilitam que tais emissões vocais venham a ser reproduzidas, editadas, remixadas ou até usadas como base para a sintetização de discursos nunca proferidos em vida pelo falecido. Desse modo, lembramos a lição de Hermano Duval (para quem a voz é protegida no âmbito do direito à imagem), no sentido de que a morte não extingue o direito à imagem,[77] e destacamos a importância da discussão sobre a possibilidade de proteção *post-mortem* da voz.

O CC, no parágrafo único do art. 12, prevê que o cônjuge sobrevivente ou qualquer parente em linha reta ou colateral até o quarto grau pode requerer que cesse a ameaça ou a lesão de direitos da personalidade do morto. Segundo Silmara Juny Chinellato, a inovação é digna de aplausos e significa que os direitos da personalidade se estendem para além da vida da pessoa

76 Cf. parte I, capítulo 1 da presente obra.
77 Cf. DUVAL, 1988, p.148.

natural.[78] No tocante à voz, há, ainda, a previsão do art. 20, parágrafo único, do CC, que também legitima o cônjuge, os ascendentes ou os descendentes para requererem a proibição da transmissão da palavra do morto.[79]

Diante disso, afirma-se que a violação à voz de uma pessoa morta (isto é, a utilização indevida de gravações de voz feitas durante a vida da pessoa, ou a utilização de imitações baseadas em tais gravações ou na memória do próprio imitador) poderá ser judicialmente questionada por pessoas legitimadas pelos dispositivos legais mencionados. É de ressaltar que referidos dispositivos não deixam claro se os legitimados, para requererem a cessação da violação e a indenização pelos danos causados por tal violação, seriam, também, titulares do direito de autorizar a utilização da voz do morto.

A discussão doutrinária a respeito dos direitos da personalidade *post-mortem* tem se ampliado ao longo dos anos, havendo opiniões no sentido de que o direito conferido aos parentes é um direito novo, fundado em interesse próprio.[80] Há, também, opiniões no sentido de que os direitos da personalidade do morto mantêm-se na medida em que ele houvesse sinalizado interesse nisso.[81]

No Brasil, Alfredo Domingues Barbosa Migliore foi o autor que mais se aprofundou sobre o tema, defendendo a existência de um patrimônio moral póstumo do indivíduo que permanece vivo como uma projeção de sua personalidade para além da morte.[82] De acordo com as explicações do autor, é possível haver ofensa *post-mortem* à honra, à imagem, à voz ou à privacidade, em particular nos casos em que se tenta vincular a pessoa falecida a situações às quais ela, em vida, jamais manifestou seu interesse em se vincular.

Há, também, casos em que a ofensa *post-mortem* dá-se a um direito patrimonial derivado do direito da personalidade, como ocorre quando há exploração comercial da imagem, da voz ou do nome do falecido. Nestes últimos casos, o autor entende que, dada a natureza patrimonial dos direitos envolvidos, os herdeiros são os titulares de tais direitos (como se o morto tivesse firmado um contrato, ainda em vida, autorizando o uso de seus atributos para aquele determinado fim e os direitos tivessem sido transmi-

78 Cf. CHINELLATO & COSTA, 2008, p.19.

79 Vale mencionar que apesar de os colaterais não estarem indicados no art. 20, parágrafo único, do CC, eles também têm sido considerados legitimados, já que o art. 12 refere-se genericamente aos direitos da personalidade, entre os quais os tratados no art. 20.

80 Cf. BITTAR, 1999a, p.95; e SAHM, 2002, p.169.

81 Cf. CAMPOS, 2009, p.55-63

82 Cf. MIGLIORE, 2009, p.129.

tidos com a herança).[83] Tendemos a concordar com o autor, pois, diante do interesse comum na exploração econômica de vozes de pessoas já falecidas, é muito importante que essas pessoas legitimadas pelo CC para combater violações sejam, igualmente, legitimadas a autorizar ou proibir o uso da voz do morto.[84] Para o autor, essa realidade é ofuscante, tanto que os interessados em utilizar a imagem, a voz ou o nome de pessoa falecida para fins comerciais, em geral, recolhem autorização de familiares e herdeiros, e praticam atos autorizados nos termos do contrato.

Nesse ponto, seu entendimento destoa do entendimento de José Rogério Cruz e Tucci, que defende que os interessados em usar a imagem, a voz e o nome de pessoa falecida apenas buscam autorizações prévias para evitar pendências judiciais futuras, sendo tais autorizações mero pacto de não requererem judicialmente a suspensão do uso indevido do atributo da personalidade do falecido ou indenização decorrente de tal uso.[85]

Sobre a titularidade dos direitos da personalidade *post-mortem* propriamente ditos, ou seja, aqueles que integram o patrimônio moral póstumo do indivíduo, Alfredo Domingues Barbosa Migliore conclui que o titular é o falecido, que, enquanto vivo, tinha aqueles interesses protegidos do ponto de vista jurídico. E complementa que a lei legitima algumas pessoas para a defesa desses direitos, já que estas, presumivelmente, gostariam de ver respeitados os direitos do morto.[86]

5. Extensão

Diante de todo o analisado até este ponto, entendemos que o direito à voz deve ser considerado uma garantia a todas as pessoas, não importando se são famosas ou não, bem como se usam a voz profissionalmente ou nao.

---

83 Ibidem, p.135.

84 Exemplo interessante de voz que continua despertando interesse e é reiteradamente utilizada mesmo após a morte de seu emissor é a do ator norte-americano Sheb Wooley, que morreu em 2003. Um grito do ator foi gravado em 1951 para o filme *Tambores distantes* e ficou conhecido como *Wilhelm scream*, tendo se tornado o efeito de som mais usado da história do cinema. Segundo apurado pelo jornal *Times*, sua voz foi ouvida em mais de 114 filmes de Hollywood. Cf. "Aaaaaaaarrrrrrrggggghhh!!", *Times Online*, 21.05.2005. Disponível em: www.timesonline.co.uk/tol/news/world/article524937.ece. Acessado em 20.04.2010.

85 Cf. TUCCI, 2005, p.128.

86 Cf. MIGLIORE, 2009, p.187.

Com efeito, é desnecessário, para sua tutela, que a voz violada tenha qualquer conteúdo econômico, como as vozes de cantores e locutores. Sendo um direito da personalidade, deve ser garantido a todas as pessoas.

Não há razão para limitar a proteção a casos de pessoas popularmente conhecidas, pois, como demonstrado à exaustão, todas as pessoas são individualizadas por sua voz no meio social em que vivem. Ainda que haja alguma dúvida no reconhecimento subjetivamente realizado por peritos, sistemas tecnológicos avançados podem auxiliar a definir se uma voz é atribuível a uma pessoa específica ou não.

Nesse sentido, entendemos equivocada a já citada decisão do TJRS[87] quanto ao fundamento de que as gravações feitas pela autora não poderiam ligá-la à sua pessoa, exceto por alguns colegas de trabalho. A voz de cada pessoa é uma projeção de sua personalidade e é isso que deve ser levado em conta. O fato de mais ou menos pessoas poderem identificar a voz da autora não pode ser empecilho para a configuração do dano, ainda que possa influenciar no montante da indenização.

Aprofundando a análise, torna-se importante avaliar a situação da voz de artistas e intérpretes. Há quem defenda que a tutela à voz de artistas e intérpretes tem a natureza jurídica de direito conexo aos direitos de autor, sendo que apenas o direito à voz de pessoas comuns teria a natureza de direito da personalidade.[88] Esse entendimento parece-nos equivocado, pois, em última instância, os direitos conexos aos direitos de autor visam a proteger a personalidade dos artistas e intérpretes. De acordo com esse enfoque, sendo a voz dos artistas e intérpretes primordialmente emanação da personalidade deles, a tutela à voz dos artistas e intérpretes, em princípio, tem natureza de direito da personalidade. A mera mudança do sujeito de direito não implica alteração da natureza desse direito. Além disso, a voz do artista ou intérprete desvinculada de qualquer interpretação não é protegida no âmbito dos direitos conexos aos direitos de autor.

Entretanto, o papel social dado à voz pode trazer algumas consequências à sua proteção jurídica. Desse modo, quando a voz é usada como instrumento para interpretação artística, a personalidade do artista ou intérprete reflete-se na obra intelectual interpretada e passa a ser protegida no âmbito dos direitos conexos ao direito de autor. Nesse aspecto, ao utilizar sua voz como instrumento para interpretação artística e autorizar a fixa-

87 Cf. TJRS, Ap. cível n. 70.025.171.836, 6ª Câm. Cível, rel. Liege Puricelli Pires, j. 18.12.2008.
88 Cf. SANTINI, 1977, p.1.027.

ção e a reprodução de sua interpretação, o artista ou intérprete não pode alegar uso indevido de voz, especialmente se os limites de sua autorização estiverem sendo respeitados. Nesses casos, o artista ou intérprete pode exigir os pagamentos que tiverem sido ajustados, bem como a manutenção da integridade de sua interpretação e os créditos dela decorrentes, nos termos previstos no art. 92 da Lei n. 9.610/98.

Quando sua interpretação estiver sendo usada sem autorização ou além dos limites autorizados, o artista poderá se socorrer dos próprios direitos conexos aos direitos de autor para questionar judicialmente a situação, como ocorreu no caso vencido por Jorge Laffond em face de Sony Music Entertainment Indústria e Comércio Ltda., que havia feito uso de uma música interpretada por ele sem seu expresso consentimento.[89]

A falta de clareza desses conceitos é muito prejudicial aos artistas e intérpretes, que, algumas vezes, celebram negócios jurídicos abrangentes demais. Decorre disso a relevância da Lei n. 6.533/78, que regulamenta a profissão dos artistas e proíbe, em seu art. 13, a cessão definitiva de direitos patrimoniais sobre interpretações, estabelecendo a necessidade de remuneração dos artistas a cada uso da obra.

Ainda assim, é possível que o artista ou intérprete perceba-se em situação diferente da imaginada, como ocorreu com Chico Buarque, que, logo após trocar de gravadora, foi surpreendido com a notícia de que sua antiga gravadora havia comprado aquela para a qual havia se mudado. Em um caso como esse, em que possivelmente a compradora sucedeu a gravadora comprada em todos os negócios jurídicos celebrados anteriormente, acreditamos que o cantor e compositor poderia até ter procurado encerrar a relação jurídica. Entretanto, o autor preferiu expressar seu descontentamento por meio da composição da canção *A voz do dono e o dono da voz*.[90]

A respeito da possibilidade de um artista arrepender-se de uma interpretação sua já disponibilizada ao público ou da possibilidade de ele revogar um contrato com sua gravadora (ou outro intermediário), é importante mencionar que pouco foi estudado. A discussão sobre o direito ao arrependimento de artistas e intérpretes e sobre o direito de retirada de circulação de interpretações anteriormente autorizadas é praticamente inexistente na doutrina e na jurisprudência brasileiras. Por um lado, considerando que as normas relativas aos direitos de autor aplicam-se, no que

89 Cf. STJ, REsp n. 46.688/RJ, 4ª T., rel. Min. Aldir Passarinho Jr., j. 25.10.1999.
90 Cf. HOMEM, 2009, p.202.

couber, aos direitos dos artistas e intérpretes, seria possível imaginar uma situação em que um intérprete pretendesse retirar de circulação uma obra por ele interpretada com voz desafinada ou suspender uma autorização concedida para o uso de interpretações em que ele estivesse embriagado e, por consequência, sua voz estivesse pastosa. Por outro lado, tendo estipulado o art. 92 da Lei n. 9.610/98 que aos intérpretes cabem os direitos morais de integridade e paternidade de suas interpretações, sem mencionar qualquer outro direito moral, seria possível entender tratar-se de uma limitação intencional da legislação, o que impediria artistas e intérpretes de fazerem uso da prerrogativa do arrependimento.

No sistema jurídico dos Estados Unidos, pretensões fundadas em arrependimento seriam rejeitadas, já que, uma vez usada como instrumento de interpretação artística, a voz passa a integrar a obra e eventuais questionamentos a respeito desta ficam restritos ao âmbito das normas de *copyright* (que não admitem direitos morais aos intérpretes), sendo recusados pleitos feitos com base no *right of publicity*.

Na maioria dos países, os direitos morais de artistas e intérpretes são limitados, sendo exceções as legislações da Colômbia e da República Dominicana, que reconhecem aos intérpretes os mesmos direitos morais concedidos aos autores.[91]

No Brasil, apesar da não inclusão expressa do direito ao arrependimento como um direito moral cabível a artistas e intérpretes, é possível defender que um artista faz jus à prerrogativa do art. 24, VI, da Lei n. 9.610/98,[92] podendo alegar que determinadas interpretações afrontam sua reputação e requerer a retirada delas de circulação. Interpretação contrária a essa desprezaria a "relação pessoal extremamente particularizada"[93] existente entre o intérprete, a obra e o público, bem como violaria o princípio da isonomia, pois as mesmas razões que "levam o autor a arrepender-se da obra podem afetar os artistas intérpretes ou executantes"[94] quanto às suas interpretações. Além disso, o fato de a Lei n. 9.610/98 exigir o ressarcimento de eventuais prejuízos causados a terceiros é um forte argu-

91 Cf. MORAES, 2008, p.234.

92 Cf. Lei n. 9.610/98: "Art. 24. São direitos morais do autor: [...] VI – o de retirar de circulação a obra ou de suspender qualquer forma de utilização já autorizada, quando a circulação ou utilização implicarem afronta à sua reputação e imagem".

93 Cf. CABRAL, 2000, p.134.

94 Ibidem, p.135.

mento[95] a favor da extensão desse direito aos artistas e intérpretes. Silmara Juny Chinellato analisa em detalhes o tema do direito ao arrependimento (com enfoque nos autores, não nos intérpretes) e afirma ser fundamental a indenização do terceiro prejudicado.[96]

Os tribunais brasileiros, contudo, não chegaram a avaliar muitas vezes conflitos sobre o tema,[97] sendo o caso mais conhecido a respeito da retirada de circulação de obra por requerimento de intérprete o da apresentadora de televisão Maria da Graça Xuxa Meneghel, que obteve decisão favorável para recolher cópias de filme adulto que havia feito no início de sua carreira.[98]

O fato de o direito ao arrependimento também ser útil para impedir usos indesejados da voz de um artista não significa que o direito à voz de um artista tenha natureza jurídica diversa do direito à voz de uma pessoa comum. Além disso, é importante ressaltar que o fundamento do direito ao arrependimento do intérprete também é a tutela de sua personalidade.

Assim, pode-se dizer que artistas e intérpretes têm a voz protegida por fundamentos jurídicos sobrepostos, tais como os direitos conexos aos direitos de autor, o direito ao arrependimento e o direito à voz. Como já visto, esses fundamentos partem de uma mesma premissa, que é a proteção dos atributos da personalidade dos artistas. Portanto, somos da opinião de que uma voz, independentemente de quem seja o seu emissor, sempre deve ser protegida com fundamento na personalidade deste, ainda que outros institutos jurídicos possam também reforçar tal tutela.

Para concluir o aspecto da extensão do direito à voz, importante destacar que, por estar fundamentado na tutela da personalidade do emissor, esse direito deve ser garantido a todas as pessoas, sem distinção.

---

95 Outro argumento favorável é a possibilidade de controle de eventuais excessos por parte de artistas e intérpretes, com base no instituto do abuso do direito, previsto no art. 187 do CC/2002.

96 Cf. CHINELLATO, 2008b, p.194.

97 Cf. STJ, REsp n. 134.151/SP, 4ª T., rel. Min. Ruy Rosado de Aguiar, j. 16.12.1997. Gilberto Gil propôs ação em face da Editora Musical BMG Arabela Ltda., requerendo a resolução de contrato firmado com a editora há mais de trinta anos, com base em dois argumentos: o direito de arrependimento e a onerosidade excessiva do contrato, em virtude da falta de previsão de atualização monetária de sua remuneração. O STJ, analisando recurso especial do cantor, acatou o segundo argumento e sequer analisou a questão do direito de arrependimento.

98 Sobre os argumentos usados no caso pela apresentadora, cf. MORAES, 2008, p.237-8. Vale mencionar a existência de diversos outros casos de direito ao arrependimento, entre eles o de Tim Maia, que rejeitou sua obra denominada *Racional* (volumes 1 e 2), sendo que poucos deles chegaram a ser analisados pelos tribunais. Cf. MORAES, 2008, p.227-43.

Capítulo 17

Relação do direito à voz com outros direitos da personalidade

Diversos direitos da personalidade se entremeiam e se relacionam, quando se analisa a proteção jurídica da voz. Tanto é assim, que o reconhecimento da autonomia do direito à voz ainda não é pacífico. Apesar de nossa posição favorável à autonomia do direito à voz, não podemos deixar de mencionar que a violação da voz também pode ser instrumento para violação de outros direitos da personalidade. Como analisado, o conteúdo transmitido pela voz tem caráter privado ou íntimo. Além disso, a honra de uma pessoa pode ser violada por meio do uso indevido de sua voz.

Para demonstrar essa inter-relação entre os direitos da personalidade, vale transcrever trecho da ementa de caso julgado pelo TJRJ:[1]

> [...] No caso vertente, o autor teve violado seu direito à imagem e voz, quando a ré, sem autorização, divulgou-os no programa *Domingão do Faustão*, de extensa difusão, no quadro "Pegadinha do Consumidor", sem as cautelas necessárias, inerentes à verificação de matéria meramente informativa, como a utilização de tarjas pretas ou o recurso de distorção da imagem para preservar a identidade do autor [...].

1 Cf. TJRJ, Ap. cível n. 2002.001.27.444, j. 26.03.2003.

A decisão do tribunal reconheceu a existência de violação dos direitos à imagem e à voz do demandante por parte da emissora de televisão pelo fato de esta ter divulgado, sem autorização, cenas em que um repórter levou, para conserto, um aparelho eletrônico cujo defeito era um fusível queimado e recebeu um orçamento de valor excessivo, com o objetivo de alertar os consumidores para os abusos praticados por empresas de assistência técnica. Em nossa opinião, no caso em tela, além da violação da imagem e da voz do demandante, pode ter havido, também, violação do direito à honra do demandante. Contudo, a violação de tal direito sequer foi analisada pelo tribunal, que pareceu mais preocupado com o atributo da identidade, o qual chegou a ser mencionado na ementa.

Outros casos em que comumente ocorre, além da violação da imagem e da voz, também a violação da honra da pessoa estão relacionados à edição, montagem ou remixagem. Regina Sahm esclarece que a montagem visa dar ao espectador a impressão de que o divulgado é a reprodução da realidade quando se trata de resultado de artifício.[2]

Vale lembrar o caso citado anteriormente,[3] relativo à divulgação da imagem e da voz de uma pessoa em matéria jornalística sobre turistas sendo enganados nas praias do Rio de Janeiro. O tribunal daquele estado entendeu que a divulgação se deu de forma ilícita em razão da edição da reportagem. Já o TJBA entendeu que a edição da filmagem pode modificar o sentido da fala do entrevistado e ofender sua honra.[4]

Também o TJSP decidiu em favor de colunista social de cidade do interior do estado, mantendo liminar concedida para suspender a divulgação de trechos de conversa telefônica mantida entre a colunista social e o apresentador de programa de rádio, em que a referida conversa vinha sendo divulgada. Da leitura da ementa depreende-se a possibilidade de diversos direitos da personalidade serem violados mediante a edição de gravação da fala de uma pessoa:

> Dano moral. Medida cautelar inominada. Veiculação de conteúdo de ligações telefônicas em programa de rádio. Alegação de distorções dos diálogos, por meio de edição, por parte da emissora de rádio, a fim de causar danos à imagem da requerente. Violação de intimidade e honra da reque-

2 Cf. SAHM, 2002, p.214.
3 Cf. TJRJ, Ap. cível n. 2007.001.64903, j. 02.04.2008.
4 Cf. TJBA, Ap. cível n. 23368-0/2004, j. 03.03.2003.

rente. *Fumus boni iuris* e *periculum in mora* caracterizados. Liminar concedida. Recurso não provido.[5]

Além da edição, montagem ou remixagem, também a dublagem pode ser causa de violação a direitos da personalidade. Portanto, é necessário que ela seja feita de modo cuidadoso, para que se evitem danos à reputação da pessoa que tiver sua voz dublada por outra e para que a dublagem não soe estranha ao público da obra dublada.[6] Para evitar os problemas decorrentes da *muda vocal* do dublador infantil (que certamente ocorreria em projetos de longo prazo), diversos estúdios em geral contratam mulheres adultas para fazer o papel masculino infantil.[7] Como no Brasil o número de dubladores de qualidade é limitado, é comum que personagens totalmente diferentes sejam dublados pela mesma pessoa, o que pode ser mais um fator causador de danos à pessoa dublada.

Em outros casos, ainda, a imitação pode causar danos injustificáveis a diversos direitos da personalidade da pessoa imitada. Esse foi o entendimento do TJSP em decisão que condenou a apresentadora de televisão Eliana ao pagamento de indenização a Cid Moreira, pelo uso de boneco que tinha as feições, imitava a voz e era chamado pelo nome do jornalista. No caso, a imitação foi considerada ilícita por ter violado a dignidade huma na do imitado. Vale notar que o STJ negou provimento ao agravo de instrumento contra decisão que denegou seguimento a recurso especial.[8]

Também no já citado caso da imitação da voz de Fagner,[9] seria possível dizer que, além da voz, outro atributo da personalidade do cantor (seu nome) foi violado.

5 Cf. TJSP, AI n. 632.676-4/2-00, 8ª Câm. Dir. Privado, rel. Joaquim Garcia, j. 26.08.2009.
6 Cf. COLNAGO, 2002.
7 Cf. parte I, capítulo 1, item 2 desta obra.
8 Cf. TJSP, Ap. cível n. 469.168-4/1, 1ª Câm. Dir. Privado, rel. De Santi Ribeiro, j. 06.03.2007, e STJ, AI n. 975.382/SP (2007/0255670-2), 3ª T., rel. Min. Vasco Della Giustina, j. 09.03.2009.
9 Cf. MARTIN, 2008.

Capítulo 18

Colisão entre direito à voz e direitos de terceiros

A doutrina tradicional caracteriza os direitos da personalidade como absolutos. A expressão "absolutos", porém, é usada no sentido de "oponíveis *erga omnes*",[1] pois mesmo os direitos da personalidade são estabelecidos frente aos direitos das demais pessoas e às imposições do bem comum.[2]

Diante disso, tradicionalmente, a doutrina tende a indicar limites aos direitos da personalidade, ainda que a legislação não imponha qualquer restrição a eles. Maria Helena Diniz e Hermano Duval, por exemplo, detalham diversas hipóteses de limitação ao direito à imagem.[3] Walter Moraes, por sua vez, refere-se a uma consciência geral de juridicidade e resume a quatro as causas limitadoras do direito de dispor da própria imagem.[4]

Outra maneira de equacionar a colisão de direitos da personalidade e direitos de terceiros é compreender os direitos da personalidade como *prin-*

1 Cf. PEREIRA, 2000, p.153.
2 Cf. TOBEÑAS, 1952, p.23.
3 Cf. DINIZ, 2004, p.129-30, e DUVAL, 1988, p.126-2.
4 Cf. MORAES, 1972, p.23.

cípios[5] que expressam valores a serem preservados na medida permitida pelas situações apresentadas em um caso concreto.[6]

Há várias teorias a respeito dessa nova forma de interpretação[7] que não usa, de modo exclusivo, o método da *subsunção*,[8] agregando a ele o método da *ponderação*.[9]

Entre elas, destaca-se a teoria de Robert Alexy (no Brasil, estudada principalmente por Virgilio Afonso da Silva), para a qual princípios são normas que ordenam que algo seja realizado na maior medida possível dentro das possibilidades jurídicas e fáticas existentes e, por isso, são *mandamentos de otimização*. Eles podem ser satisfeitos em graus variados, dependendo das possibilidades fáticas e jurídicas. O âmbito das possibilidades jurídicas é determinado pelos princípios e regras colidentes. Já as regras são normas que (quando válidas) devem ser exatamente atendidas; nem mais, nem menos. Regras contêm, portanto, determinações no âmbito daquilo que é fática e juridicamente possível. Isso significa que a distinção entre regra e princípios é uma distinção qualitativa, e não uma distinção de grau.[10]

Virgilio Afonso da Silva observa que, enquanto as regras garantem direitos (ou impõem deveres) *definitivos*, os princípios garantem direitos (ou impõem deveres) *prima facie*. Segundo essa concepção, as regras são aplicadas por meio de *subsunção* e os princípios são aplicados por meio de *ponderação*.[11]

Um princípio é, *prima facie*, ilimitado, mas isso não significa que represente um direito absoluto. Ao contrário, o próprio conceito de princípio como *mandamento de otimização* indica que a realização completa de determinado princípio pode ser obstada pela realização de outro. Essa ideia é traduzida pela metáfora da colisão entre princípios, que deve ser resolvi-

---

5 A palavra *princípio* é utilizada de modo distinto pela doutrina. Muitos autores brasileiros definem *princípios* como *disposições fundamentais*, *mandamentos nucleares* ou *núcleos de condensações* de um sistema jurídico.

6 Cf. BARROSO, 2004.

7 Entre todas as obras sobre o tema, destacamos: ÁVILA, 2005; DWORKING, 1977; ALEXY, 2008; SARMENTO, 2006; SILVA, 2003, p.613, e 2005; MENDES, 1994, p.297-301; DIREITO, 2002, p.31-7; e D'ELBOUX, 2005.

8 Subsunção é o "ato de subordinação do fato à norma, pelo juiz, no momento da resolução do caso concreto", e representa um "ato de participação criadora do juiz na interpretação e aplicação da norma jurídica". Cf. REALE, 2005, p.298.

9 Ponderação é "o ato de balanceamento de valores e interesses"; ou seja, ponderar é sopesar, balancear, atribuir peso. Cf. CANOTILHO, 2003, p.1.161.

10 Cf. ALEXY, 2008, p.90-1.

11 Cf. SILVA, 2005, p.172.

da por meio de um *sopesamento*, para que se possa chegar ao melhor resultado possível no caso concreto. Para efetuar o *sopesamento*, avaliam-se, de um lado, o grau ou a intensidade de não satisfação ou de afetação de um princípio e, de outro lado, o grau de importância da satisfação do outro princípio, sendo preciso fundamentar, por meio de argumentos jurídicos, os enunciados sobre graus de afetação e de importância dos princípios colidentes, de modo a deixar claro o que justifica a afetação de um princípio e a satisfação do outro.[12]

Sendo o direito à voz um direito à personalidade, entendemos que ele tem a estrutura de *princípio* no sentido de mandamento de otimização, que deve ser realizado dentro das possibilidades fáticas e jurídicas existentes. Com isso, a verdadeira extensão do direito à voz será conhecida após a análise de cada caso concreto, pois não é possível formular, em abstrato, uma relação de precedência entre dois princípios válida para quaisquer condições. Para a avaliação e comparação de interesses conflitantes e para a tomada de decisão a respeito de qual deles deve prevalecer, é importante compreender quais são os principais elementos de valoração de cada interesse envolvido.

A voz é atributo da personalidade excessivamente relevante para as pessoas. É sinal distintivo, compondo a identidade de cada um, além de ser o principal meio de expressão de ideias.

Desse modo, a voz de cada pessoa permite o livre desenvolvimento de sua personalidade e a liberdade de manifestação de seu pensamento, bem como permite a individualização da pessoa na sociedade. Extrapolando o interesse preponderantemente pessoal, a voz permite que a sociedade reconheça determinada pessoa. Além disso, a voz instrumentaliza o direito de as pessoas falarem a respeito dos mais diversos assuntos, divulgando eventos históricos, interpretando obras intelectuais, passando adiante conhecimentos, enfim, promovendo o desenvolvimento cultural da sociedade.

Por outro lado, o direito à voz, *prima facie*, contrapõe-se à liberdade de coletar e disseminar informações verdadeiras, colidindo com a liberdade de manifestação do pensamento dos outros e com a liberdade de informação jornalística, bem como com o direito à informação, todos expressamente previstos na Constituição.[13]

---

12 Cf. ALEXY, 2008, p.171.

13 Cf. CF/88: "Art. 5º [...] IX – é livre a expressão da atividade intelectual, artística, científica e de comunicação, independentemente de censura ou licença; [...] XIV – é assegurado a todos o acesso à informação e resguardado o sigilo da fonte, quando necessário ao exercício pro-

Diante dessa colisão, é importante salientar que, entre os principais elementos para a valoração desses direitos, encontram-se o interesse público da livre expressão da atividade intelectual, artística, científica e de comunicação e a livre circulação de informações a respeito da ciência, das letras, da arte e da política.

Nesse sentido, no caso concreto, haverá sempre de se ponderar todos esses elementos, sendo que, em algumas situações, a notoriedade da pessoa, especialmente em casos de exercício de cargo ou função pública, poderá justificar a divulgação não autorizada de sua voz. Em outras situações, o direito coletivo à informação sobre acontecimentos da atualidade pode justificar a divulgação da voz de pessoa envolvida no acontecimento.[14]

Em casos em que não haja destaque para a voz de uma pessoa específica e essa voz não possa ser dissociada da voz da multidão (situação chamada por Francisco Cavalcanti Pontes de Miranda de *panorama fônico*),[15] entendemos que a valoração dos elementos penderá para a permissão da divulgação da gravação, como ocorre com o som das torcidas de um time de futebol durante a partida ou com o som dos fãs de uma banda musical.

Percebe-se, assim, que a proteção à voz deve ser ponderada com outros interesses constitucionalmente tutelados. Em caso de colisão, devem ser levados em conta os elementos indicados, privilegiando as medidas que não restrinjam a divulgação de informações, desde que verídicas.[16]

---

fissional; [...] Art. 220. A manifestação do pensamento, a criação, a expressão e a informação, sob qualquer forma, processo ou veículo não sofrerão qualquer restrição, observado o disposto nesta Constituição. § 1° Nenhuma lei conterá dispositivo que possa constituir embaraço à plena liberdade de informação jornalística em qualquer veículo de comunicação social, observado o disposto no art. 5°, IV, V, X, XIII e XIV. § 2° É vedada toda e qualquer censura de natureza política, ideológica e artística".

14 Imaginemos, por exemplo, a hipótese de queda de uma aeronave em que, para decidir se a divulgação das vozes gravadas na caixa-preta deve ser autorizada ou não, é necessário sopesar se o interesse público na divulgação da notícia e das possíveis causas do acidente deve prevalecer, ou não, sobre o direito à voz das pessoas gravadas e o respeito ao sentimento das famílias dos falecidos na tragédia.

15 Cf. MIRANDA, 1955, p.53.

16 No sentido de privilegiar a ponderação de direitos, foi aprovado o enunciado n. 279 na IV Jornada de Direito Civil do Conselho da Justiça Federal, a respeito do direito à imagem, cujo teor é o seguinte: "Art. 20. A proteção à imagem deve ser ponderada com outros interesses constitucionalmente tutelados, especialmente em face do direito de amplo acesso à informação e da liberdade de imprensa. Em caso de colisão, levar-se-á em conta a notoriedade do retratado e dos fatos abordados, bem como a veracidade destes e, ainda, as características de sua utilização (comercial, informativa, biográfica), privilegiando-se medidas que não restrinjam a divulgação de informações". Cf. *Jornadas de Direito Civil I, III e IV, Enunciados Aprovados*, 2007.

Demonstrando a importância da adoção da teoria dos princípios em relação à fórmula dos limites extrínsecos aos direitos da personalidade, vale mencionar caso julgado pelo STF a respeito da permissão ou vedação da transmissão do depoimento de Law Kin Chong na chamada Comissão Parlamentar de Inquérito da Pirataria. No referido caso, houve intenso debate do plenário do tribunal a respeito da ponderação dos valores do direito à honra, à imagem e à voz do depoente em relação aos valores do direito à liberdade de informação jornalística e do direito à informação de quem quisesse acompanhar o desenrolar do depoimento, sendo que, ao final, a transmissão foi autorizada por maioria de votos.[17]

O TJSP analisou outro conflito entre a liberdade de imprensa e os direitos da personalidade, ao manter liminar proibindo veiculação da imagem e da voz de testemunha de um crime em matéria jornalística. No referido caso, a testemunha era também namorada do autor dos disparos que acabaram por causar a morte de uma pessoa e lesões corporais em outra. Portanto, ao analisar agravo de instrumento interposto pela emissora de televisão que havia sido proibida de divulgar a imagem e a voz da testemunha, o tribunal admitiu a existência de interesse público na veiculação de matéria jornalística sobre o crime, já que o mesmo havia tido grande repercussão. Entretanto, o tribunal entendeu que a matéria jornalística publicada pela emissora não tinha se limitado aos fatos de interesse público ao explorar a imagem, a voz e informações de cunho privado da testemunha e namorada do suspeito, e rejeitou o agravo de instrumento.[18]

Em outro caso relativo à transmissão de imagem e voz pela televisão, o TJRJ entendeu que a divulgação não autorizada da cena em que um repórter leva para conserto um aparelho eletrônico (cujo defeito era um fusível queimado) e recebe do demandante um orçamento de valor excessivo configurava violação dos direitos à imagem e à voz do demandante, pois a emissora de televisão não usou qualquer recurso de distorção de imagem e voz.[19] Vale notar que, em nossa opinião, a violação decorreu da falta de distorção da imagem e da voz, não da captação ou da divulgação da cena gravada, pois, na ponderação com o direito à informação do consumidor, a captação e a divulgação com distorção deveriam ter sido consideradas lícitas.[20]

17 Cf. STF, MC em MS n. 224.832-7/DF, j. 18.03.2004.
18 Cf. TJSP, AI n. 530.099.4/5-00, 9ª Câm. de Dir. Privado, rel. Viviani Nicolau, j. 06.11.2007.
19 Cf. TJRJ, Ap. cível n. 2002.001.27.444, j. 26.03.2006.
20 O STJ poderá analisar a questão sob esse enfoque e reverter a decisão ou determinar a redução da indenização quando do julgamento do recurso especial interposto pela demandada.

Existem várias outras decisões, corretas em nosso entender, que responsabilizam emissoras de rádio ou de televisão por não usarem os recursos tecnológicos de distorção de voz e/ou de imagem, já que tais recursos permitem a plena harmonização entre os direitos da personalidade e o direito de liberdade de informação jornalística.[21]

Vale destacar, ainda, decisão do Supremo Tribunal Federal que garantiu ao historiador Fernando Augusto Fernandes, com base no direito à informação, acesso aos registros fonográficos de sessões de julgamento do Superior Tribunal Militar, ocorridas na época da ditadura militar.[22] Tais registros foram usados na elaboração do livro denominado *Voz humana: a defesa perante os tribunais da república*, publicado em 2004 pela Revan.

O TJSP analisou caso que versava sobre o uso, sem autorização, de trechos do programa eleitoral do Partido dos Trabalhadores nos quais aparecia a voz do locutor do referido programa.[23] Em primeira instância, o locutor (alegando que executou trabalho criativo com timbre, modulação e outras características personalíssimas de sua voz) obteve indenização por danos morais. O partido político que reproduziu os trechos do programa eleitoral do partido adversário recorreu, requerendo a improcedência da ação. O tribunal reconheceu que o locutor tinha proteção legal para o tra-

21 Cf. TJSP, Ap. cível n. 130.656-4/1, 1ª Câm. de Dir. Privado, rel. Alexandre Germano, j. 18.03.2003; Ap. n. 136.446.4/7-00, 4ª Câm. de Dir. Privado, rel. Olavo Silveira, j. 24.04.2003; e Ap. n. 143.007-4/0, j. 26.10.2004, cujas respectivas ementas seguem transcritas: "Ação de indenização. Danos morais reclamados por ex-drogado que prestou depoimento à televisão, sem que fosse preservada a identificaçao de sua voz e imagem. Indenização devida. Apelo do autor. Provido em parte, para elevar o valor da indenização, negado provimento ao recurso da ré"; "Indenização. Dano moral. Entrevista à emissora de televisão, condicionada à distorção da imagem e da voz. Descumprimento. Exibição sem qualquer alteração. Repercussão na família e nas relações de amizade e de trabalho. Dano moral que não pode ser afastado. Prova consistente. Valor da indenização que deve ser compatível com a realidade dos fatos. Recurso provido, em parte"; "Responsabilidade civil. Programa noticioso radiofônico. Reprodução de gravação clandestina de conversa telefônica, envolvendo o autor, Delegado de Polícia, e suposto traficante de armas. Falta de comprovação da verdade dos fatos e, assim, da presença do interesse público na divulgação. Forma inadequada de exposição da imagem do autor, cuja voz foi reproduzida naturalmente, sem qualquer efeito técnico sonoro. Negligência. Danos à honra e imagem caracterizados. Condenação imposta. Sentença reformada. Apelação provida. Julgamento em 26 de outubro de 2004"; e TJRS: "Apelação cível. Responsabilidade civil. Ação indenizatória. Veiculação de entrevista em moldes não autorizados pelo autor. Dano moral. Hipótese em que restou constatado o evento danoso decorrente de divulgação de entrevista, onde o autor foi exposto de forma a possibilitar sua identificação, considerando que a empresa de televisão possui equipamento para alteração de sua voz. Dano moral *in re ipsa*. *Quantum* indenizatório mantido. Apelo não provido. Recurso adesivo não provido".

22 Cf. STF, RO em MS n. 23.036-1/RJ, j. 28.03.2006.

23 Cf. TJSP, Ap. cível n. 130.654-4/2-00, j. 11.03.2003.

balho artístico desenvolvido com as características próprias de sua voz, porém entendeu que a reprodução dos trechos se deu com o evidente intuito de crítica à propaganda do adversário político e dentro dos limites necessários a tal finalidade. Assim, o tribunal deu provimento, por maioria de votos, à apelação para julgar improcedente a ação.

Na declaração de voto vencido, há uma ponderação bastante relevante indicando que, se a voz de alguém é utilizada sem que se debata o que ela expressa, não se está utilizando desse patrimônio humano para fins eleitorais legítimos. A conclusão do voto vencido apontou que não haveria que se falar em interesse político-eleitoral para aproveitamento da voz do autor e, portanto, inexistindo causa que excluísse a responsabilidade civil pelo ilícito, correta a sentença em estabelecer o dever de indenizar, merecendo ajuste apenas no valor da indenização concedida. O locutor apresentou recurso especial que será julgado pelo STJ.

Em nosso entendimento, há boas chances de essa decisão do TJSP ser revertida, já que a fundamentação do voto vencido está mais clara e coerente com a natureza jurídica do direito que está sendo discutido no caso em tela.

De fato, o voto vencedor fundou-se no direito de citação de trecho de obra preexistente como exceção ao direito de autor. Entretanto, o direito pleiteado pelo locutor tem natureza de direito da personalidade autônomo, sendo que a decisão de não indenizar só deveria ser mantida se, feito o sopesamento entre o direito à voz do locutor e o direito à livre manifestação de ideias do partido político, este segundo recebesse, no caso concreto, maior valoração.

Lembramos ainda que, no já citado caso da imitação de Cid Moreira, prevaleceram os direitos da personalidade (direito à imagem, à voz e à honra) do apresentador em relação à liberdade de expressão da apresentadora Eliana.[24]

---

24 Cf. TJSP, Ap. cível n. 469.168-4/1, 1ª Câm. de Dir. Privado, rel. De Santi Ribeiro, j. 06.03.2007; e STJ, AI n. 975.382/SP (2007/0255670-2), 3ª T., rel. Min. Vasco Della Giustina, j. 09.03.2009.

Capítulo 19

Responsabilidade civil por violação do direito à voz

A proteção civil da voz não é expressamente sistematizada no Brasil. Tampouco há previsão legal específica sobre a responsabilidade civil por violação do direito à voz. De qualquer modo, independentemente da existência de regras específicas, é importante lembrar o princípio do *neminem laedere*, que prescreve o dever genérico de não causar danos aos outros e é reconhecido como o fundamento da teoria da responsabilidade civil.

No ordenamento jurídico brasileiro, a responsabilidade civil (seja qual for a natureza jurídica do direito violado) fundamenta-se na regra prevista no art. 189 do Código Civil (CC), a qual estabelece que, violado um direito, nasce, para o titular desse direito, uma pretensão que se extingue apenas pela prescrição.[1] Essa pretensão pode consistir na exigência de cessação da violação e na reparação do dano causado pela violação. A obrigação de reparar o dano decorre da aplicação dos arts. 186 e 187 e do *caput* do art. 927 do CC,[2] que pressupõe a comprovação do nexo de causa-

1 Cf. CC: "Art. 189. Violado o direito, nasce para o titular a pretensão, a qual se extingue, pela prescrição, nos prazos a que aludem os arts. 205 e 206". A regra de prescrição para ações de reparação civil está prevista no art. 206, § 3º, V, do CC: "Art. 206. Prescreve: [...] § 3º Em três anos: [...] V – a pretensão de reparação civil".

2 Cf. CC: "Art. 186. Aquele que, por ação ou omissão voluntária, negligência ou imprudência, violar direito e causar dano a outrem, ainda que exclusivamente moral, comete ato ilícito. Art. 187. Também comete ato ilícito o titular de um direito que, ao exercê-lo, excede mani-

lidade entre a ação ou omissão do lesante e o dano sofrido pelo lesado, e, como regra, exige a verificação da culpa do lesante.

Para os direitos da personalidade, entre eles o direito à voz, aplica-se, ainda, o art. 12 do CC, que prevê a possibilidade de ser exigida a cessação de ameaça ou de lesão ao direito bem como ser reclamada a correspondente indenização.

Ademais, há, no art. 20 do CC, a possibilidade de proibição, mediante requerimento do lesado, da *transmissão da palavra*, sem prejuízo da indenização que couber.

Nos casos em que a voz violada seja instrumento de interpretação artística, há a previsão do art. 105 da Lei n. 9.610/98, no sentido de que a transmissão, a retransmissão e a comunicação ao público de interpretações de obras artísticas e de fonogramas deverão ser imediatamente suspensas se realizadas mediante violação aos direitos de seus titulares, sem prejuízo das indenizações cabíveis.

Assim, o ordenamento jurídico brasileiro possibilita que aquele que tenha sofrido lesão ou ameaça de lesão ao seu direito à voz busque, com base nos institutos disponíveis, a cessação[3] das práticas lesivas, a apreensão[4] ou suspensão da veiculação[5] de materiais caracterizadores da violação e a reparação de danos materiais e morais.

---

festamente os limites impostos pelo seu fim econômico ou social, pela boa-fé ou pelos bons costumes. [...] Art. 927. Aquele que, por ato ilícito (arts. 186 e 187), causar dano a outrem, fica obrigado a repará-lo".

3 As medidas inibitórias são especialmente importantes nos casos de violação de direitos da personalidade, já que o principal interesse do lesado, em geral, é a cessação do dano. Desse modo, aliados ao art. 12 do CC, os arts. 273 e 461 do Código de Processo Civil (CPC) possibilitam ao julgador impor a adoção de quaisquer medidas capazes de fazer cumprir a cessação da violação a direito da personalidade.

4 O lesado tem ainda, à sua disposição, as ações cautelares previstas nos arts. 796 e seguintes do CPC, que também permitem o requerimento de liminar para a imediata cessação das práticas ilícitas e as medidas previstas nos arts. 839 e seguintes do CPC para busca e apreensão de materiais caracterizadores da violação.

5 Quanto à medida de busca e apreensão, esta é plenamente cabível para produtos nos quais a voz tenha sido inserida sem autorização, desde que ainda estejam na posse do fabricante, agente violador do direito à voz. Tendemos a considerá-la extrema, porém, quando os produtos já tiverem sido distribuídos aos comerciantes. Nessa hipótese, acreditamos que a via reparatória seja a mais adequada. Destacamos caso concreto em que a voz de uma locutora foi inserida, sem autorização, em aparelhos telefônicos com secretária eletrônica comercializados pela empresa Panasonic do Brasil Ltda. A locutora não requereu a busca e apreensão dos aparelhos, limitando-se a requerer a cessação ou suspensão das vendas dos equipamentos, sob pena de multa cominatória. As decisões de primeira e segunda instância, contudo, entenderam que o pedido cominatório não procedia, pois não haveria como mensurar todas as vendas dos aparelhos com a voz da locutora, para o fim de possibilitar

No tocante à reparação de danos materiais, o objetivo é restabelecer a situação anterior ao fato gerador do dano. No caso de danos morais, fala-se apenas na possibilidade de se compensar o dano e restabelecer o equilíbrio econômico-jurídico alterado por ele. Desse modo, é importante destacar que a violação do direito à voz pode gerar ou não danos de ordem patrimonial ao lesado. Já o dano moral por violação ao direito à voz sempre existirá.

Danos materiais são aqueles passíveis de serem contabilizados economicamente. Assim, o uso da voz de uma pessoa em uma campanha publicitária sem sua autorização gerará, no mínimo, o direito de recebimento pelo valor de mercado comumente pago a participantes de campanhas publicitárias. Caso a pessoa cuja voz tenha sido violada já estivesse contratualmente comprometida a atuar em campanha publicitária de produto do mesmo segmento de mercado do produto objeto da campanha que utilizou indevidamente sua voz, e, consequentemente, vedada de atuar em campanhas publicitárias de concorrentes, é possível que eventual valor de multa prevista no contrato com terceiro seja considerado parte do dano material.

Ademais, cada pessoa tem o direito de autodeterminar o valor que cobrará para autorizar o uso de sua voz para determinada finalidade, bem como para decidir não autorizar o uso de sua voz para aquele fim. Assim, celebridades consagradas podem cobrar valores bem mais elevados do que jovens talentos. Também podem ser cobrados valores diferenciados, dependendo da finalidade do uso. Desse modo, é possível que uma pessoa aceite fazer uma campanha publicitária de um produto ou serviço do qual não seja muito simpatizante, desde que a remuneração seja mais elevada. Nesse caso, se uma campanha publicitária desse tipo de produto ou serviço usar sua voz de modo indevido, a pessoa poderá demonstrar que o dano material é maior do que o valor de mercado.

---

a suspensão ou a cessação pretendida. Cf. TJSP, Ap. cível n. 966.146-0/1, 32ª Câm. de Dir. Privado, rel. Francisco Occhiuto Jr., j. 26.11.2009. Vale ressaltar que o pedido cominatório poderia ter sido concedido para determinar que a empresa deixasse de distribuir aos seus revendedores novos equipamentos com a voz da locutora. Todavia, o tribunal considerou que a cessação seria consequência do objeto da lide, pois, se houve condenação pelos danos morais, por certo a empresa não deveria dar continuidade à comercialização, sob pena de novamente ter de responder por seu ato. Acreditamos que a concessão da medida cominatória nos moldes por nós sugeridos seria mais eficaz para evitar a continuidade da violação.

De acordo com o previsto no art. 944 do CC,[6] a indenização mede-se pela extensão do dano. Além do art. 944, outros artigos do CC também estipulam parâmetros para que se chegue ao valor da indenização.[7] Infelizmente, não há um artigo que trate das indenizações por violação aos direitos da personalidade, havendo previsão específica apenas para os casos de injúria, difamação ou calúnia.[8]

Nota-se que, quanto aos danos materiais, será necessária a comprovação do efetivo prejuízo para que a indenização seja concedida, sendo certo que, quanto mais prejuízos forem demonstrados, maior será o valor da indenização. Se os danos materiais não forem comprovados, ao menos com indício de prova, a indenização a esse título será rejeitada. O caso a seguir ilustra essa situação: o TJRJ[9] rejeitou pedido de indenização por danos materiais decorrentes da omissão dos devidos créditos de intérprete em obra audiovisual, sob o argumento de que a demandante não havia trazido quaisquer provas dos referidos danos, apenas meras alegações subjetivas de que havia deixado de ser contratada para outros trabalhos pela falta do crédito em questão.

Entretanto, se a pessoa que teve sua voz violada for uma celebridade, em geral requisitada para ceder a voz para fins comerciais, a prova de danos materiais será geralmente mais fácil. Também não será difícil essa prova se a pessoa fizer, de qualquer modo, uso profissional de sua voz, podendo apresentar documentos que comprovem a forma e o valor da remuneração usual no respectivo mercado. Mesmo que a pessoa cuja voz foi violada nunca tenha obtido proveito econômico por meio da cessão de sua voz antes, a caracterização do dano material poderá ser feita mediante comparação do uso que tenha sido feito de sua voz com usos similares (realizados de maneira consentida e remunerada) com outras pessoas.

---

6 Cf. CC: "Art. 944. A indenização mede-se pela extensão do dano. Parágrafo único. Se houver excessiva desproporção entre a gravidade da culpa e o dano, poderá o juiz reduzir, equitativamente, a indenização".

7 Cf. CC: "Art. 945. Se a vítima tiver concorrido culposamente para o evento danoso, a sua indenização será fixada tendo-se em conta a gravidade de sua culpa em confronto com a do autor do dano. Art. 946. Se a obrigação for indeterminada, e não houver na lei ou no contrato disposição fixando a indenização devida pelo inadimplente, apurar-se-á o valor das perdas e danos na forma que a lei processual determinar".

8 Cf. CC: "Art. 953. A indenização por injúria, difamação ou calúnia consistirá na reparação do dano que delas resulte ao ofendido. Parágrafo único. Se o ofendido não puder provar prejuízo material, caberá ao juiz fixar, equitativamente, o valor da indenização, na conformidade das circunstâncias do caso".

9 Cf. TJRJ, Ap. cível n. 2000.001.06754, j. 01.09.2000.

Sendo a voz inserida sem autorização em produtos comercializados pelo agente, um possível critério para apuração do montante da indenização seria um percentual sobre o faturamento dos produtos vendidos. O TJSP,[10] todavia, rejeitou pedido de majoração de indenização fundado em tal critério, pois, no caso concreto, nada indicava que a demandante, com sua voz, tivesse incentivado a procura pelos produtos da empresa e contribuído para o aumento do faturamento.[11]

Há casos, contudo, em que os danos materiais não existirão, resumindo-se os danos decorrentes da violação ao aspecto moral, como sinalizam os autores citados a seguir. Carlos Alberto Bittar ensina que são morais os danos que "atingem os aspectos mais íntimos da personalidade humana (o da intimidade e da consideração pessoal), ou o da própria valoração da pessoa no meio em que vive e atua (o da reputação ou da consideração social)".[12] Para Sergio Cavalieri Filho, o dano moral é aquele que lesa atributo da personalidade "tal como a honra, a liberdade, a saúde, a integridade psicológica, causando dor, sofrimento, tristeza, vexame e humilhação à vítima".[13]

Claro está que toda violação a direito da personalidade, ou, mais genericamente, à pessoa humana, gera um dano moral. Desse modo, sendo a voz um atributo da personalidade e o direito à voz um direito da personalidade, qualquer violação a tal atributo, *prima facie*, acarreta um dano moral indenizável. Ressalte-se, ainda, que o dano decorre da própria utilização indevida da voz, sendo desnecessária sua prova.

Com base nessas considerações, discordamos das decisões do TJRJ e do TJSP,[14] que reconheceram o uso indevido da voz, porém acolheram apenas o pedido de indenização por danos materiais pelo fato de a gravação, em ambos os casos, ter sido consentida. O uso da voz de uma pessoa feito de maneira diversa da combinada entre as partes também configura uso indevido e, portanto, gera dano moral.

---

10 Cf. TJSP, Ap. n. 274.831.4/1-00, 5ª Câm. A de Dir. Privado, rel. Ana Luiza Liarte, j. 29.08.2007.

11 Em hipóteses que tal critério seja aceito, há necessidade de realização de exame contábil, pois, sem uma prova dessa natureza, dificilmente se conseguiria conhecer a extensão das vantagens da empresa com a utilização da voz da autora. Cf. TJSP, AI n. 103.776-4/6, 3ª Câm. de Dir. Privado, rel. Ênio Santarelli Zuliani, j. 02.02.1999. Sobre critério de indenização em caso que imagem de locutor de surfe foi usada em trecho de filme com voz dublada por outra pessoa, cf. TJRJ, Ap. n. 6083/93, j. 01.03.1994.

12 Cf. BITTAR, 1999c, p.45.

13 Cf. CAVALIERI FILHO, 2004, p.74.

14 Cf. TJRJ, Ap. cível n. 2007.001.69106; e TJSP, Ap. cível n. 274.321-4/1-00, 5ª Câm. A de Dir. Privado, rel. Ana Luiza Liarte, j. 29.08.2007.

Quanto aos danos morais, dada a impossibilidade de mensurar o valor devido, comprovada a violação do direito e o nexo causal entre a ação do causador do dano e a violação, o montante da indenização deverá ser definido, por arbitramento, pelo juiz. Há na doutrina e na jurisprudência brasileiras quem defenda a ideia de que o montante da indenização por danos morais tem dois principais objetivos: a compensação pelos danos sofridos pela vítima e o desestímulo da repetição do ato danoso pelo agente, o que dá à indenização um caráter punitivo.

Todavia, a imputação de indenização punitiva, seja como punição, seja como desestímulo, não é expressamente aceita pelo ordenamento jurídico brasileiro. Segundo Antonio Junqueira de Azevedo, o art. 944 do CC/2002, sem correspondência no CC/16, impede, em princípio, a indenização punitiva.[15]

A despeito da divergência doutrinária sobre a indenização punitiva, existem decisões que se baseiam em fatores punitivos no momento da apuração do valor da indenização, ainda que a maioria delas o faça de maneira velada. Em geral, os julgadores adotam os seguintes critérios para chegar ao valor da indenização: o grau de culpa e a intensidade do dolo do ofensor (a dimensão da culpa); a situação econômica do ofensor; a natureza, a gravidade e a repercussão da ofensa (a amplitude do dano); as condições pessoais da vítima (posição social, política, econômica); a intensidade de seu sofrimento.

Para Carlos Alberto Bittar, o valor da indenização deve ser

> [...] bem superior ao valor de mercado, para contratação regular, em função do caráter sancionatório de que se reveste a teoria da responsabilidade civil, sob pena de consagrar-se, judicialmente, a prática lesiva, estimulando os usuários a dispensar o prévio contato com o titular para obtenção de sua anuência e a discussão do *quantum* a pagar.[16]

Eduardo Ulian defende que as sanções punitivas devem ser aplicadas quando as demais sanções reconhecidas pelo sistema jurídico forem ineficazes. Para esse autor, a indenização punitiva só deveria ser imposta nos casos: em que os danos não sejam facilmente monetizados (sejam danos morais, sejam danos de difícil conceituação); em que o agente obtenha lu-

15 Cf. AZEVEDO, 2004, p.341.
16 Cf. BITTAR, 1999b, p.203.

cro com a conduta ilícita, mesmo se condenado a reparar os danos causados; em que seja baixa a probabilidade de o agente ser responsabilizado pelos danos que tenha causado. O autor destaca, ainda, que a indenização punitiva só seria cabível se a conduta danosa fosse cometida com uma culpa qualificada (seja culpa consciente, seja culpa lucrativa ou ainda culpa grave dado o descaso com a segurança alheia).[17]

André Gustavo Correa de Andrade, por sua vez, entende que o princípio da dignidade humana justifica o emprego de todos os meios possíveis para a proteção dele, sendo a indenização punitiva o instrumento jurídico adequado para proteger a dignidade em suas variadas representações. Para ele, "independentemente de qualquer previsão legal, a indenização punitiva do dano moral é aplicável em nosso ordenamento jurídico, porque retira seu fundamento diretamente de princípio constitucional".[18]

Assim, concordamos que a indenização pela violação do direito à voz – direito da personalidade autônomo – deve ser pautada, também, pelo critério da punição ao agente, pois, se a indenização tiver o mesmo valor que teria sido pago pela utilização autorizada, a ilicitude passará a ser um verdadeiro estímulo.

Considerando tais premissas, entendemos correta a decisão do TJMG,[19] que negou provimento a uma apelação interposta com intuito de limitar o montante da indenização por utilização indevida da voz a valores estipulados em tabela de preços de prestação de serviços de locução, mantendo o valor fixado por arbitramento pelo juiz de primeira instância.

Ressaltamos que o valor da indenização por violação ao direito à voz poderá variar dependendo das situações fáticas do caso concreto.[20] Todavia, discordamos, ao menos do ponto de vista de danos morais, de que a voz de uma pessoa possa ser considerada, *prima facie*, mais valiosa que a de outra.

---

17 Cf. ULIAN, 2003, p.5.
18 Cf. ANDRADE, 2006, p.251-2.
19 Cf. TJMG, Ap. n. 1.0024.03.940956-0/001(1), j. 27.09.2005.
20 Nossa pesquisa localizou decisões cujo montante da indenização pelo uso indevido da voz foi definido em menos de mil reais, assim como decisões cujo montante da indenização passou dos cinquenta mil reais.

Parte V

Propostas para ampliar a proteção jurídica da voz no Brasil

Tendo em vista que a voz é um instrumento pelo qual a pessoa expressa sua personalidade e dada a relevância da voz no meio social, entendemos necessário apresentar algumas propostas que, se adotadas, podem ampliar a efetividade da proteção jurídica da voz no Brasil.

Primeiro, acreditamos ser ônus de cada pessoa facilitar a preservação de seu direito à voz e adotar algumas cautelas sempre que se vislumbre a possibilidade de amplificação e gravação da voz.

Mara Behlau, ao tratar dos principais cuidados com o uso do microfone, menciona os debates entre vários falantes portando microfones individuais e recomenda nunca fazer comentários com a pessoa ao lado, "pois podem ser amplificados, gerando uma situação constrangedora".[1] É certo que esse tipo de recomendação visa a proteger tanto o direito à voz quanto outros direitos da personalidade que podem ser violados por meio do uso indevido da voz, como o direito à honra e à privacidade. Exemplos em que a cautela recomendada por Mara Behlau poderia ter evitado constrangimentos são os episódios ocorridos com Rubens Ricupero, e, mais recentemente, com Boris Casoy, nos quais conversas supostamente não direcionadas ao público foram captadas e divulgadas.[2] A cautela deve ser estendida aos próprios hábitos de uso da Internet, evitando-se o *upload* de gravações de dis-

1 Cf. BEHLAU, 2005, p.303.
2 Cf. SILVA, 2010.

cursos ou de interpretações vocais, bem como conversas *on-line* em fóruns, em que participem pessoas desconhecidas que possam gravar tais conversas e disponibilizar a gravação a inúmeras outras pessoas sem que o emissor possa exercer qualquer controle sobre o emprego dado ao som de sua voz.[3]

Isso não significa que as pessoas não possam usar a Internet como meio de comunicação e divulgação de seus trabalhos relacionados à voz. De fato, há diversos *sites* pelos quais pessoas apresentam trechos de seus trabalhos como locutores, dubladores ou imitadores, tais como o *Clube da Voz* (*site* da Associação dos Profissionais de Voz em Publicidade de São Paulo)[4] e o *Vozes Brasileiras* (*site* independente de estúdios e produtoras que contém vasto banco de vozes brasileiras).[5] A finalidade de referidos *sites* é permitir que potenciais clientes conheçam os trabalhos anteriores dos referidos profissionais e os procurem para a realização de novos trabalhos.

Todavia, uma vez que a pessoa disponibilize uma gravação de sua voz na Internet, tecnologicamente é possível que a referida gravação seja reutilizada e remixada sem que a pessoa sequer tome conhecimento. Desse modo, é recomendável que sejam divulgados apenas pequenos trechos e que seja indicado que qualquer uso não autorizado é ilícito. O ideal seria que referidos *sites* funcionassem com acesso restrito a clientes previamente cadastrados e que o material ali armazenado fosse protegido por meio de senha. É recomendável, ainda, o uso de mecanismos de criptografia assimétrica para proteger o conteúdo de comunicações e arquivos.[6]

Por mais cuidado que se tome, muitas vezes é impossível ter conhecimento e evitar a gravação e o uso indevido da voz.[7] Assim, da mesma ma-

---

3 Em 2007, ficou conhecida a história de um jogador do videogame *World of Warcraft*, que, durante uma batalha do jogo, descontrolou-se e passou a gritar e soltar comandos e palavrões aos colegas de jogo. Suas frases de conteúdo exagerado e sua voz exasperada foram gravadas e publicadas no YouTube em diversos vídeos diferentes – alguns, inclusive, remixados com músicas, animações e outros efeitos sonoros –, e ouvidas milhões de vezes, fazendo com que a voz do jogador fosse reconhecida de imediato por milhares de jogadores desse videogame. Cf. *Onyxia Wipe Animation*. Disponível em: www.youtube.com/watch?v=HtvIYRrgZ04 (vídeo com animação de terceiro e voz do jogador); e *WoW Profile: This Year's Leeroy Jenkins*. Disponível em: http://kotaku.com/174801/wow-profile-this-years-leeroy-jenkins (entrevista com o jogador). Acessado em 29.03.2010.

4 Disponível em: www.clubedavoz.com.br/br/abertura/index.php. Acessado em 07.03.2010.

5 Disponível em: www.vozesbrasileiras.com.br/. Acessado em 07.03.2010.

6 Sobre tutela de direitos na Internet, cf. PASCALE LEONARDI, 2012.

7 O locutor Silvio Luiz informou, em seu blog, que a narração da versão brasileira do videogame PSP não foi autorizada por ele. A voz é dele, porém a narração foi montada a partir de gravações anteriores, sem sua anuência. Disponível em: www.silvioluiz.com.br/. Acessado em 29.04.2010.

neira que alguns autores defendem a possibilidade de uma pessoa, fotografada sem autorização, destruir os equipamentos e os suportes físicos em que a imagem tenha sido armazenada,[8] acreditamos que uma pessoa, ao perceber que sua voz está sendo gravada sem seu consentimento, possa destruir o material gravado.

Vale ressaltar, todavia, o alerta de Antonio Chaves: a legítima defesa não deve ser excessiva, sob pena de justificar a responsabilização por eventuais danos materiais ocasionados aos equipamentos.[9] Assim, somos da opinião de que a destruição do equipamento não pode ser considerada proporcional, porém a retenção e destruição dos suportes físicos que armazenam o conteúdo indevidamente gravado devem ser consideradas medidas razoáveis.[10]

A tutela da voz no Brasil será mais efetiva se as próprias pessoas passarem a zelar mais por suas vozes e se houver maior conscientização de que a voz é um bem jurídico a ser protegido. Além disso, é importante que empresas de criação e de comunicação sejam as primeiras a reconhecer o valor jurídico e econômico do som da voz e a respeitá-lo.[11]

A voz destaca-se dos outros atributos da personalidade por suas características especiais, bem como por seu uso isolado, tradicionalmente vinculado ao rádio, mas, hoje, presente em diversos outros meios de comunicação.

Vale ressaltar, por exemplo, que, para cada filme produzido em Hollywood, incontáveis contratos de dublagem são celebrados ao redor do mundo, pois, apesar de a parte visual ser a mesma, a parte sonora dos fil-

---

8 Walter Moraes entende ser legítima a defesa privada que consista em inutilização imediata de "meios mecânicos da fotografia, da cinematografia, da fonografia e dos demais processos de gravação magnética audiovisual" nos casos em que tais meios tenham captado, sem autorização, a imagem da pessoa. Cf. MORAES, 1972, p.24-5.

9 Cf. CHAVES, 1972, p.66-7.

10 Esse entendimento está embasado nas hipóteses de legítima defesa, exercício regular de direito e estado de necessidade, previstas no art. 188 do CC/2002, em quase nada alterando o dispositivo equivalente do art. 160 do CC/1916. Cf. CC/2002: "Art. 188. Não constituem atos ilícitos: I – os praticados em legítima defesa ou no exercício regular de um direito reconhecido; II – a deterioração ou destruição da coisa alheia, ou a lesão a pessoa, a fim de remover perigo iminente. Parágrafo único. No caso do inciso II, o ato será legítimo somente quando as circunstâncias o tornarem absolutamente necessário, não excedendo os limites do indispensável para a remoção do perigo".

11 Assim, não concordamos com o conceito de algumas campanhas publicitárias que buscam usar vozes semelhantes às vozes usadas anteriormente em propagandas do mesmo produto, como foi feito, por exemplo, em propaganda da empresa DD Drim, que procurou uma cantora que reproduzisse a voz original da propaganda antiga. Cf. *Jingles fazem história de marcas*. Disponível em: http://jornal.valeparaibano.com.br/2003/10/26/dom/jingles.html. Acessado em 18.04.2010.

mes é adaptada para a língua de cada país em que a obra é lançada. A mesma situação ocorre com os jogos eletrônicos (mercado em acelerado desenvolvimento), em que dubladores, também conhecidos como *voice actors*, são contratados para cada idioma diferente, ainda que o *software* básico seja o mesmo em todos os países em que o jogo é divulgado. No caso de desenhos animados ou de qualquer outro tipo de obra em que os personagens não sejam visualmente representados por pessoas, também há a necessidade de contratação de dubladores.[12]

Merecem destaque, ainda, os *music videogames* (jogos eletrônicos em que os usuários são desafiados a repetir a performance musical de sua banda favorita, usando como controle remoto instrumentos musicais estilizados). Tais videogames são, para artistas e intérpretes, uma nova mídia para licenciamento de suas interpretações. Para as pessoas comuns, são mais uma forma de ter a voz captada e divulgada pela Internet, especialmente quando jogam como vocalistas da banda.

Vale destacar, também, a existência dos audiolivros, ainda incipientes no mercado literário brasileiro, mas que, sem dúvida, ganharão espaço em futuro próximo, em especial para as obras biográficas em que a própria pessoa narrará passagens de sua vida, agregando valor à obra.

Constatado que não há legislação sistematizada sobre a proteção jurídica da voz no Direito brasileiro e que ainda há desconfiança quanto à existência, autonomia e extensão do chamado direito à voz, bem como diante de nossa convicção de que a tutela à voz poderia ser mais efetiva no Brasil se existissem regras positivas claras a respeito, temos algumas propostas expostas na sequência.

a) Proposta de alteração da Constituição da República Federativa do Brasil de 1988

Como já mencionado, acreditamos que a regra constitucional a respeito da proteção à reprodução da imagem e da voz humanas (art. 5º,

12 No caso, por exemplo, do computador falante chamado Frank, personagem da novela *Tempos modernos*, exibida pela Rede Globo, a dublagem é feita por Marcio Seixas, locutor e dublador desde a década de 1970, também responsável pelas chamadas do Canal Brasil. Cf. *Ele é o dono da voz do computador Frank de* Tempos modernos. Notícia divulgada pelo portal Globo.com em 12 jan. 2010. Disponível em: http://extra.globo.com/blogs/telinha/posts/2010/01/12/ele-o-dono-da-voz-do-computador-frank-de-tempos-modernos-256708.asp. Acessado em 29.03.2010.

XXVIII, *a*) é insuficiente para tornar evidente que todas as pessoas merecem ter a voz protegida contra usos indevidos.

Apesar de termos convicção de que a proteção à voz de todas as pessoas está contemplada no conceito de dignidade humana (indicado no art. 1º, III, da CF/88, como um fundamento da República Federativa do Brasil), bem como de que não há, no ordenamento jurídico, a exigência de previsão expressa de todos os direitos da personalidade, acreditamos que seria bastante benéfico aos aplicadores do Direito se o art. 5º, X, da CF/88 passasse a ter a seguinte redação:

> Art. 5º [...]
> X – são invioláveis a intimidade, a vida privada, a honra, a imagem e a *voz* das pessoas, assegurado o direito a indenização pelo dano material ou moral decorrente de sua violação; [...].

Com essa modificação, ficaria claro que imagem e voz são atributos diferentes da personalidade humana, ambos merecedores de proteção.

b) Propostas de alterações do Código Civil

Conforme ressaltado antes, o Código Civil (CC) não faz menção expressa à voz nos dispositivos em que trata dos direitos da personalidade. De qualquer modo, concluímos, após certo esforço interpretativo, que a proteção à voz está contida no art. 20 do referido Código.

Novamente em prol da clareza e da objetividade das normas jurídicas, somos da opinião de que o CC deveria ter dedicado um artigo específico ao direito à imagem e outro ao direito à voz, como modo de eliminar quaisquer dúvidas a respeito da autonomia desses direitos entre si e em relação a quaisquer outros direitos da personalidade.

Apesar de ser posterior à CF, o CC não reflete uma opção consciente do legislador para dificultar a tutela à voz. Sabe-se que o projeto do referido Código era muito antigo e que, por motivos de regimento legislativo, não pôde ser totalmente atualizado quando finalmente foi aprovado. Assim, pouco tempo depois de sua promulgação, foram apresentadas diversas propostas de alteração por meio do Projeto de Lei n. 699/2011.

De fato, o art. 20 do CC trata, conjuntamente, da *divulgação de escritos*, da *transmissão da palavra* e da *divulgação da imagem*, expressões essas que, em nosso entendimento, abrangem, além do direito à imagem, os direitos morais de autor, os direitos morais de artistas intérpretes e o direito à voz como direito da personalidade autônomo. Todavia, a associação de diversos direitos em um único dispositivo gera dúvidas: não se sabe quais seriam protegidos nem se sabe se são autônomos entre si. Além disso, o referido artigo condiciona os direitos por ele abordados, prevendo a tutela inibitória destes apenas quando ocorrer ofensa à honra ou quando houver fins comerciais.

Antes de sugerirmos nossa alteração para o art. 20 do CC, analisaremos outras propostas de modificação já aventadas, a fim de verificar se alguma delas seria suficiente para atingir o objetivo pretendido de ampliação da tutela à voz.

A primeira proposta constava do Projeto de Lei n. 7.312/2002, o qual tramitou apensado ao Projeto de Lei n. 6.960/2002, ambos propostos por Ricardo Fiuza e arquivados nos termos do art. 105 do Regimento da Câmara dos Deputados, em decorrência do final da legislatura. O foco da alteração proposta no referido projeto de lei era a ampliação da legitimação para requerer proteção do direito à imagem de morto ou ausente. Uma das sugestões era a inclusão dos colaterais, de modo a harmonizar o parágrafo único do art. 20 com o parágrafo único do art. 12 do CC, que já incluía os colaterais. A outra sugestão era a inclusão dos companheiros, cuja legitimação, apesar de poder ser admitida a partir de uma interpretação sistemática do CC, é objeto de discussões desnecessárias.[13]

Outra proposta de alteração do art. 20 do CC foi incorporada ao Projeto de Lei n. 3.378/2008, apresentado por Antonio Palocci. Referido projeto de lei prevê a alteração do parágrafo único do artigo em questão, com a finalidade de substituir totalmente o texto que se refere, como já mencionado, à proteção do direito à imagem do morto ou ausente por texto que permitiria a divulgação da imagem e de informações biográficas sobre pessoas em determinadas situações.[14] Segundo a justificativa do mencionado

---

13 Vale, portanto, comparar o texto original e o texto sugerido no Projeto de Lei n. 7.312/2002. CC: "Art. 20. [...] Parágrafo único. Em se tratando de morto ou de ausente, são partes legítimas para requerer essa proteção o cônjuge, os ascendentes ou os descendentes". Projeto de Lei n. 7.312/2002: "Art. 20. [...] Parágrafo único. Em se tratando de morto ou de ausente, são partes legítimas para requerer essa proteção o cônjuge ou companheiro sobrevivente, ou qualquer parente em linha reta, ou colateral até o quarto grau".

14 O art. 20, parágrafo único, do CC ficaria com a seguinte redação: "É livre a divulgação da imagem e de informações biográficas sobre pessoas de notoriedade pública ou cuja trajetória pessoal ou profissional tenha dimensão pública ou esteja inserida em acontecimentos de interesse da coletividade".

projeto de lei, a alteração proposta seria necessária para "contemplar a exceção constituída pelo direito à informação, em se tratando de personagem histórico ou público, garantindo-se também o direito coletivo de acesso às fontes culturais". Tal exceção mereceria vigorar mesmo quando da utilização da imagem para fins comerciais, pois apenas assim estaria assegurado "de um lado, o direito de privacidade, intimidade, honra e imagem individual" e, de outro, o direito dos brasileiros ao "acesso às informações sobre personagens de sua história e de sua cultura, no espírito do art. 215 da CF".[15]

Vale ressaltar que essa proposta foi feita visando evitar casos como o ocorrido entre o historiador Paulo Cesar de Araújo e o cantor Roberto Carlos.[16]

Não concordamos totalmente com essa proposta de alteração. Se, por um lado, o art. 20 do CC não é adequado diante da evolução da sociedade, da doutrina e da jurisprudência, por outro, a alteração proposta é pontual e ataca apenas de maneira parcial os problemas do referido artigo.

Um dos principais problemas do atual texto do art. 20 do CC é justamente não tratar os direitos à imagem e à voz como direitos autônomos e incondicionados. Portanto, não podemos concordar com a justificativa do referido projeto, na qual se defende que o direito à imagem refere-se "ao retrato (aspectos físicos), à personalidade (aspectos de comportamento) e à biografia (história pessoal), ou seja, todos os aspectos que permitam ao público em geral identificar determinado indivíduo".[17] Esse entendimento não pode prevalecer, já que os aspectos de comportamento e a história pessoal estão, na verdade, muito mais ligados ao direito à honra e à vida privada do que ao direito à imagem. Alguns textos doutrinários afirmam que o direito à imagem abrangeria dois subdireitos, quais sejam, a *imagem-retrato* (o aspecto físico

---

15 A íntegra do Projeto de Lei n. 3.378/2008 pode ser localizada no *site* da Câmara dos Deputados. Disponível em: www.camara.gov.br/sileg/integras/563412.pdf. Acessado em 24.04.2010.

16 Em 2007, o livro *Roberto Carlos em detalhes*, de Paulo Cesar de Araújo, foi recolhido das livrarias por força de um acordo firmado na justiça criminal de São Paulo, celebrado entre a editora da obra e o cantor. Apesar de não ter conseguido autorização para colocar o livro à disposição do público, Paulo Cesar de Araújo conseguiu que a juíza Márcia Cristina Cardoso de Barros atestasse a improcedência das queixas de Roberto Carlos e observasse que a "obsessão compulsiva de tudo controlar sobre si mesmo" não pode tolher o "direito democrático constitucional" à informação. Vale ressaltar que a obra pode ser facilmente encontrada por meio da Internet. Disponível em: www.estadao.com.br/noticias/arteelazer,na-flip-biografo-de-roberto-carlos-anuncia-contra-ataque,16212,0.htm. Acessado em 11.12.2009.

17 A íntegra do Projeto de Lei n. 3.378/2008 pode ser localizada no *site* da Câmara dos Deputados. Disponível em: www.camara.gov.br/sileg/integras/563412.pdf. Acessado em 24.04.2010.

da imagem, a fisionomia de alguém) e a *imagem-atributo* (repercussão social da imagem).[18] Entretanto, em nossa opinião, o conteúdo do suposto direito à *imagem-atributo* já está contemplado no direito à honra.

Assim, para viabilizar o acesso a informações sobre pessoas notórias por meio da publicação de biografias, não basta a limitação ao direito à imagem, sendo também necessária a limitação aos direitos à honra e à intimidade. Ocorre que tais direitos, ao contrário do que possa parecer em uma primeira leitura, não são objeto específico do art. 20 do CC, sendo que o direito à intimidade é tratado no art. 21 do referido Código e o direito à honra não é tratado especificamente por nenhum dos dispositivos do capítulo dos direitos da personalidade, estando, de maneira genérica, protegido pelo art. 12 do CC.

Parece-nos que o tema das biografias está mais ligado à ponderação entre os direitos da personalidade e o direito de livre manifestação do pensamento, sendo inconveniente a sua inclusão como exceção aos direitos previstos no art. 20 do CC. De qualquer modo, deve ser reconhecido o acerto do projeto de lei em tela quanto à total supressão do parágrafo único original do art. 20 do CC, dada a existência do parágrafo único do art. 12 do mesmo Código, que é aplicável às situações do art. 20.[19]

Vale analisar, ainda, uma terceira proposta de alteração do art. 20 do CC, feita por Silmara Juny Chinellato em seus comentários aos artigos sobre direitos da personalidade do CC.[20] A sugestão da autora concentra-se na supressão da parte final do *caput* do art. 20 do CC, com o objetivo de harmonizar o artigo com o texto constitucional, excluindo-se inteiramente o trecho "se lhe atingirem a honra, a boa fama ou a respeitabilidade, ou se destinarem a fins comerciais".[21]

18 Cf. ARAÚJO, 2003, p.119-26.

19 Nesse sentido, a conclusão da I Jornada de Direito Civil do Conselho da Justiça Federal, ao aprovar o Enunciado n. 5: "Arts. 12 e 20: 1) as disposições do art. 12 têm caráter geral e aplicam-se inclusive às situações previstas no art. 20, excepcionados os casos expressos de legitimidade para requerer as medidas nele estabelecidas; 2) as disposições do art. 20 do novo Código Civil têm a finalidade específica de regrar a projeção dos bens personalíssimos nas situações nele enumeradas. Com exceção dos casos expressos de legitimação que se conformem com a tipificação preconizada nessa norma, a ela podem ser aplicadas subsidiariamente as regras instituídas no art. 12". Cf. *Jornadas de Direito Civil I, III e IV, Enunciados Aprovados*, 2007.

20 Cf. CHINELLATO, 2008, p.23.

21 O artigo ficaria com a seguinte redação: "Art. 20. Salvo se autorizadas, ou se necessárias à administração da justiça ou à manutenção da ordem pública, a divulgação de escritos, a transmissão da palavra, ou a publicação, a exposição ou a utilização da imagem de uma pessoa poderão ser proibidas, a seu requerimento e sem prejuízo da indenização que couber".

Concordamos totalmente com a supressão proposta, pois, como mencionamos, um dos principais problemas do artigo em questão é a subordinação da proteção ali referida ao direito à honra ou à finalidade comercial. Entretanto, a alteração da redação do art. 20 do CC necessita ser ainda mais profunda.

Defendemos que o art. 20 do CC poderia ser dividido em dois, cada um deles tratando, respectivamente, do direito à imagem e do direito à voz. Quanto aos direitos morais de autor e de artistas intérpretes, acreditamos que já estejam bem disciplinados na lei de direitos autorais, sendo desnecessária a abordagem no CC.

Assim, pensamos que o artigo referente ao direito à voz deveria estipular que a *voz das pessoas não poderá ser captada, armazenada, transmitida, publicada ou de qualquer modo utilizada sem autorização de seu emissor*, e que a *imitação da voz poderá ser equiparada à voz original.*

Desse modo, ficaria claro que o direito à voz garante ao emissor as faculdades de autorizar ou de proibir o uso de sua voz, em determinadas circunstâncias e para finalidades específicas, não se podendo presumir a existência de consentimento tácito. Ficaria evidente, também, que o direito à voz pressupõe, *prima facie*, o direito do emissor de impedir que imitem sua voz.

Ressaltamos ser desnecessária a previsão da possibilidade de se obter indenização em caso de violação da voz, já que esse ponto está previsto no art. 12 do CC, mais abrangente e aplicável a todos os direitos da personalidade. Do mesmo modo, acreditamos que a questão da legitimação para requerer a proteção do direito do morto também não precisaria ser incluída, tendo em vista a previsão do parágrafo único do já mencionado art. 12 do CC.

Entendemos, também, que a redação proposta para esse artigo deve ter estrutura de princípio, e não de regra, nos termos da citada teoria de Robert Alexy, o que permitiria que o direito à voz fosse ponderado com outros direitos igualmente tutelados.

c) Outras propostas de alterações

Mantendo a intenção de trazer maior clareza e objetividade para a proteção civil da voz, e por ser mais viável, do ponto de vista do processo legislativo, a aprovação de alterações na legislação esparsa, entendemos que poderiam ser convenientes modificações em normas que guardam alguma relação com a tutela da voz.

Sugerimos a inclusão dos dubladores na definição de artistas e intérpretes prevista no art. 5º, XIII, da Lei n. 9.610/98, lei que regulamenta os direitos autorais.[22]

Além disso, entendemos recomendável uma revisão da regulamentação dos direitos dos radialistas, a fim de se inserir uma regra específica sobre a proteção da voz de locutores, narradores e apresentadores de programas de rádio, que nem sempre conseguem caracterizar seu trabalho como interpretação artística, podendo ter dificuldade de obter a merecida proteção de sua voz.

Acreditamos, ainda, que a proteção civil da voz poderia ser ampliada se as normas de propriedade intelectual possibilitassem expressamente o registro de marcas sonoras, bem como indicassem, entre os itens não passíveis de registro de marca, o som da voz de uma pessoa sem seu devido consentimento.[23]

Nos países em que o registro de marcas sonoras é expressamente previsto, já há exemplos de vozes protegidas por meio desse tipo de registro. Uma delas é o inconfundível grito do personagem Tarzã, registrado tanto nos Estados Unidos como em alguns países da União Europeia.[24] Nos Estados Unidos, há, também, uma marca sonora registrada cuja descrição é "som de uma voz humana cantando 'Yahoo' no estilo 'yodel' (variações de tom na voz)".[25]

---

22 Relevante destacar que a primeira versão do anteprojeto de reforma da Lei n. 9.610/98, do Ministério da Cultura, disponibilizada para consulta pública em junho de 2010, propôs a inclusão dos dubladores na definição de artistas intérpretes ou executantes, tal como sugerido neste livro, conforme art. 5º, XIV: "artistas intérpretes ou executantes – todos os atores, cantores, músicos, bailarinos, dubladores ou outras pessoas que representem um papel, cantem, recitem, declamem, interpretem ou executem, em qualquer forma, obras literárias ou artísticas, ou expressões culturais tradicionais". Contudo, a segunda versão do anteprojeto de reforma da Lei n. 9.610/98, do Ministério da Cultura, disponibilizada para consulta pública em março de 2011, não manteve essa inclusão.

23 A respeito da possibilidade de registro de marcas sonoras no Brasil, cf. MARQUES, 2010.

24 Ibidem, p.89-90 e 101-2.

25 Ibidem, p.90.

Considerações finais

Ao iniciarmos as pesquisas que culminaram na presente obra, não vislumbrávamos a verdadeira relevância da voz para as pessoas. Pretendíamos, apenas, demonstrar a *possibilidade* e a *necessidade* de proteção jurídica da voz. Deparamo-nos, de maneira surpreendente, com estudos a seu respeito realizados por doutrinadores de diferentes disciplinas, tais como médicos, psicólogos, fonoaudiólogos, historiadores, jornalistas e linguistas. Tivemos, ainda, a oportunidade de descobrir que existe uma proposta para a criação da *ciência global da voz*,[1] dada a necessidade de uma análise multidisciplinar para a real compreensão de sua importância.

Fundada nesse necessário enfoque interdisciplinar, a primeira parte deste livro buscou explicar o que é a voz e como se dá a relação dela com seu emissor, em particular sob a perspectiva da *fonoaudiologia*. Pudemos demonstrar que a voz não é um som como outro qualquer, mas um *som vivo* substancialmente influenciado pelo corpo e pelos estados emocionais e psicológicos do emissor. Por ser o resultado da combinação de vários recursos físicos próprios de cada pessoa (respiração, ressonância, articulação, projeção, entonação) e estar sujeita às influências emocionais e psicológicas de seu emissor, *a voz de uma pessoa é única* e diferente da voz de outras pes-

1 Cf. ZUMTHOR, 2007, p.9-10.

soas. Vimos, ainda, que, apesar de a voz estar sujeita a variações circunstanciais (momentâneas ou evolutivas, naturais ou propositais), as pessoas apresentam uma *qualidade vocal nuclear*, sendo, portanto, possível afirmar que cada emissor possui apenas uma voz e que ela é, sem dúvida, um *elemento caracterizador* da pessoa. Essas afirmações são relevantes para se defender a *possibilidade* e a *necessidade* da tutela jurídica da voz, ambas diretamente ligadas à possibilidade de se *diferenciar uma pessoa de outra* com base em sua voz e de se *identificar um emissor* exclusivamente por sua voz.

Para justificar a *necessidade* da proteção jurídica da voz, é relevante, também, a percepção, trazida no início da quarta parte deste livro, de que a voz é *essencial* para as pessoas e que elas podem empregá-la em diferentes papéis sociais, como: simples *meio de expressão de ideias*, *instrumento para interpretação artística* e *instrumento de trabalho*. Em todos esses papéis sociais, o liame entre a pessoa e sua voz é evidenciado, não havendo como negar que esta é uma extensão da personalidade da pessoa. A relevância da voz para as pessoas aparece, ainda, nas relações contratuais cujo objeto é a voz, bem como nos conflitos levados ao Judiciário, como os discutidos ao longo da quarta parte do livro.

No tocante à perspectiva da *tecnologia*, demonstramos ao longo das duas primeiras partes desta obra que, se por um lado a gravação e a transmissão de sons a distância contribuíram para o surgimento dos primeiros conflitos jurídicos relacionados à voz, pois foram responsáveis pela superação de limitações naturais da voz (por exemplo, a efemeridade) e pela valorização dela no meio social, por outro, o desenvolvimento tecnológico foi imprescindível para viabilizar a proteção jurídica da voz, já que permitiu transformá-la em algo fielmente armazenável, bem como possibilitou o reconhecimento de características marcantes nela, recursos frequentemente utilizados em perícias de *fonoaudiologia forense*.

Nossa análise jurídica partiu de panoramas histórico e de direito estrangeiro apresentados nas segunda e terceira partes da obra; enfocou, na quarta parte, a proteção civil da voz no Direito brasileiro por meio, principalmente, dos direitos da personalidade, dos direitos de autor e dos direitos que lhes são conexos; bem como apresentou, na quinta parte, algumas propostas para ampliar a efetividade da proteção jurídica da voz. Finalizada a análise, apresentamos as conclusões de todos esses levantamentos sob a forma de respostas às três perguntas formuladas inicialmente.

A primeira pergunta que nos propusemos responder é se a voz é um bem jurídico a ser protegido. Como vimos, existem diversas justificativas para que a voz seja compreendida como um bem jurídico passível de proteção.

Em termos históricos, a proteção jurídica da voz de artistas e intérpretes com relação às suas atuações e interpretações de obras intelectuais é reconhecida há muito tempo no âmbito dos direitos conexos aos direitos de autor em diversos países. Ademais, a relevância da voz para as pessoas levou o ordenamento jurídico brasileiro a reconhecê-la como um bem jurídico a ser protegido sob outros enfoques, além do relacionado ao seu uso como instrumento para interpretação artística, sendo possível a proteção da voz também no âmbito da proteção à integridade física e do direito do trabalho. Há, ainda, várias disposições legais esparsas que permitem concluir que o ordenamento jurídico brasileiro reconhece uma relação intrínseca entre a voz e a personalidade de seu emissor. Assim, muitos autores brasileiros reconhecem, na voz, um atributo da personalidade, merecedor de tutela jurídica.

Portanto, discordamos daqueles que entendam ser impossível a tutela da voz, seja em função da fugacidade do objeto, seja em função da alegada fragilidade dos métodos de identificação de uma pessoa exclusivamente por sua voz. Em nossa opinião, eventuais dificuldades que pudessem existir já foram sanadas pelo desenvolvimento tecnológico.

A segunda pergunta que lançamos é se existe um direito à voz, autônomo em relação a outros direitos da personalidade. De acordo com o que apresentamos ao longo da obra, concluímos que existem diferenças mais que suficientes entre a voz e outros atributos da personalidade para justificar a existência e a autonomia do direito à voz. Especialmente em relação à imagem, destacamos que a voz é uma manifestação sonora captada pela audição e que não pode ser vista; pode ser adaptada com facilidade pelo emissor; pode revelar muito mais sobre a esfera moral da pessoa do que a imagem; pode soar agradável, mesmo que a fisionomia da pessoa não alcance os padrões estéticos esperados. Além do mais, lembramos que a voz é usada isoladamente da imagem em muitos meios de comunicação, como rádio, telefone e Internet, sendo frequente a violação em contextos totalmente dissociados de violação à imagem.

Entendemos, portanto, que a voz possui peculiaridades que justificam seu estudo como atributo da personalidade autônomo e independente de qualquer outro, já que é um bem essencialmente integrante da personalidade de cada pessoa, não sendo necessário recorrer a qualquer outro bem de apoio, seja a intimidade, seja a honra, pois quem usa a voz de uma pessoa utiliza, na verdade, a própria pessoa.

Definimos, ainda, que o direito à voz tem natureza jurídica de direito da personalidade, podendo ser classificado como de ordem física, moral e intelectual, tendo em vista a complexidade da relação entre a voz e seu emissor. Esse direito pressupõe que o emissor pode autorizar o uso de sua voz em determinadas circunstâncias e para finalidades específicas, não se podendo presumir o consentimento. Além disso, o direito à voz permite ao emissor arrepender-se de eventual autorização concedida, devendo, nesse caso, responsabilizar-se pelos prejuízos causados a terceiros. O direito à voz pressupõe, ainda, *prima facie*, o direito do emissor de impedir que imitem sua voz. Quanto à sua extensão, entendemos que o direito à voz deve ser considerado uma garantia a todas as pessoas, não importando se são famosas ou não, quer usem a voz profissionalmente ou não. Reconhecemos que o direito à voz pode não prevalecer quando sopesado com outros direitos fundamentais, como o direito de liberdade de expressão e o direito à informação, conforme as circunstâncias do caso concreto.

A terceira pergunta a ser respondida é se a tutela civil à voz no Brasil é eficaz. Diante dos casos concretos analisados ao longo da obra, concluímos que existe uma tendência dos tribunais de passarem a tutelar a voz de forma mais consistente. De qualquer modo, há discrepância entre as decisões analisadas no que se refere ao tipo de dano reconhecido (material ou moral) e ao valor das indenizações, fazendo parecer que a voz de determinada pessoa pode ser considerada mais importante ou mais valiosa do que a voz de outra, o que contraria nosso entendimento de que a proteção civil da voz deve ser garantida a todas as pessoas sem distinção. Do ponto de vista da sistemática da responsabilidade civil, vimos que aquele que sofre lesão ou ameaça de lesão ao seu direito à voz pode buscar a cessação das práticas lesivas, a apreensão ou suspensão da veiculação de materiais caracterizadores da violação e a reparação de danos materiais e morais.

Apesar de reconhecermos a existência do direito à voz e uma tendência de eficácia, apresentamos algumas propostas *de lege ferenda* para tornar a tutela do direito à voz mais efetiva no Brasil, destacando que o próprio indivíduo deve colaborar para a efetiva proteção de sua voz. Tais propostas são: a alteração da CF, para inserir a palavra *voz* ao lado da palavra *imagem* no art. 5º, X; a criação de um artigo específico sobre a proteção da voz no CC; alterações da lei de direitos autorais (Lei n. 9.610/98), para inserir os dubladores na definição de artistas e intérpretes; e da lei de propriedade industrial (Lei n. 9.279/96), para inserir a possibilidade de registro de marcas sonoras e a proibição de registro da voz de uma pessoa como marca sem seu consentimento.

Concluímos a obra tendo a ampla consciência de que a voz, enquanto instrumento de comunicação oral entre as pessoas, pode agregar significados à linguagem e exercer papéis de destaque no meio social.[2] Temos, ainda, a certeza de que a reunião do vasto material doutrinário e jurisprudencial a respeito do tema e nossas ponderações a respeito do assunto contribuirão para a sistematização e a ampliação da proteção civil da voz no Brasil, o que é bastante relevante, pois "a arte da eloquência, que foi grande no passado, será ainda maior no futuro"[3] e demandará respostas ágeis e eficazes do sistema jurídico brasileiro.

---

2 De fato, diante dos jogos eletrônicos e das redes sociais via Internet, cada vez mais é necessário o preparo das pessoas para lidar com as novidades tecnológicas. Destacamos, em particular, a novidade denominada Bubbly, que deve ser lançada em breve no Brasil. O Bubbly é uma rede social desenvolvida especificamente para dispositivos portáteis e permitirá o envio de mensagens de voz interpessoais. Qualquer pessoa poderá se cadastrar para acompanhar outro usuário. Os usuários poderão enviar mensagens gratuitamente; todavia, para ouvir será necessário um código, que será fornecido apenas mediante pagamento. Cf. PAREKH, 2010.

3 Cf. SODRÉ, 1967, p.842.

Referências bibliográficas

Bibliografia jurídica citada

ALEXY, Robert. *Teoria dos direitos fundamentais*. Trad. Virgilio Afonso da Silva. São Paulo, Malheiros, 2008.

AMAT LLARI, Maria Eulália. "El derecho a la propia imagen como derecho de la personalidad y como derecho patrimonial". *Revista Jurídica de Catalunya*. Barcelona. v.102, n.2, 2003, p.459-75.

ANDRADE, André Gustavo Correa de. *Dano moral e indenização punitiva: os* punitive damages *na experiência do* common law *e a perspectiva do direito brasileiro*. Rio de Janeiro, Forense, 2006.

ARAÚJO, Luiz Alberto David. "O conteúdo do direito à própria imagem: um exercício de aplicação de critérios de efetivação constitucional". In: *Revista do Advogado*, São Paulo, v.23, n.73, nov/2003, p.119-26.

ASCENSÃO, José de Oliveira. *Direito autoral*. 2.ed. Rio de Janeiro, Renovar, 2007.

ÁVILA, Humberto. *Teoria dos princípios: da definição à aplicação dos princípios jurídicos*. 4.ed. rev. São Paulo, Malheiros, 2005.

AZEVEDO, Antonio Junqueira de. "Por uma nova categoria de dano na responsabilidade civil: o dano social". In: *O código civil e sua interdisciplinariedade*. Belo Horizonte, Del Rey, 2004.

AZURMENDI ADARRAGA, Ana. *El derecho a la propia imagen: su identidad y aproximación al derecho a la información*. Madrid, Civitas, 1997.

BARBOSA, Alvaro Antônio do Cabo Notaroberto. *Direito à própria imagem. Aspectos fundamentais*. São Paulo, Saraiva, 1989.

BARROSO, Luís Roberto. "Colisão entre liberdade de expressão e direitos da personalidade. Critérios de ponderação. Interpretação constitucionalmente adequada do Código Civil e da lei de imprensa". In: *Revista de Direito Privado 18*, ano 5, abr-jun/2004.

BASTOS, Celso Ribeiro. *Comentários à Constituição do Brasil: promulgada em 5 de outubro de 1988*. São Paulo, Saraiva. v.2.

BEARD, Joseph J. "Clones, Bones and Twilight Zones: Protecting the Digital Persona of the Quick, the Dead and the Imaginary". In: *Journal of the Copyright Society of the* USA, Nova York, v.49, n.2, 2001, p.441-548.

BECOURT, Daniel. *Le droit de la personne sur son image*. Paris, Brient, 1969.

BITTAR, Carlos Alberto. *Direito de autor*. 3.ed. Rio de Janeiro, Forense, 2000.

______. *Os direitos da personalidade*. 3.ed. Rio de Janeiro, Forense, 1999a.

______. *Contornos atuais do direito do autor*. São Paulo, RT, 1999b.

______. *Reparação civil por danos morais*. 3.ed. São Paulo, RT, 1999c.

BORGES, Roxana Cardoso Brasileiro. *Direitos de personalidade e autonomia privada*. 2.ed. São Paulo, Saraiva, 2007.

BUCKLEY, Patrick. "The Implications of Waits vs. Frito-Lay for Advertisers who Use Celebrity Sound-Alikes". In: *68 St. John's Law Review 241*, 1994, p.246-55.

CABRAL, Plínio. *Direito autoral: dúvidas e controvérsias*. São Paulo, Habra, 2000.

CALDAS, Pedro Frederico. *Vida privada, liberdade de imprensa e dano moral*. São Paulo, Saraiva, 1997.

CAMPOS, Diogo Leite de. "Os direitos da personalidade: gênese e sentido". In: *Revista Doutrinária do Instituto Ítalo-Brasileiro de Direito Privado e Agrário Comparado*, Rio de Janeiro, 2001.

______. "O estatuto jurídico da pessoa depois da morte". In: CAMPOS, Diogo Leite de & CHINELLATO, Silmara Juny de Abreu (coords.). *Pessoa humana e direito*. Coimbra, Almedina, 2009.

CARBONI, Guilherme. *O direito de autor na multimídia*. São Paulo, Quartier Latin, 2003.

CAVALIERI FILHO, Sergio. *Programa de responsabilidade civil*. 5.ed. São Paulo, Malheiros, 2004.

CHAMARRO, Assunción de La Iglesia. "El derecho a la propia imagen de los personajes públicos". In: *Revista Española de Derecho Constitucional*, ano 23, n.67, jan-abr/2003, p.285-315.

CHAVES, Antonio. "Direito à imagem e direito à fisionomia". In: *Revista dos Tribunais*, São Paulo, v.76, n.620, jun/1987, p.7-14.

______. "Direito à própria imagem". In: *Separata da Revista da Faculdade de Direito da Universidade de São Paulo*, ano LXVII, 1972, p.45-75.

______. "Direito de arena". In: *Revista Trimestral de Jurisprudência dos Estados*, São Paulo, v.14, n.82, nov/1990, p.63-79.

______. *Direitos conexos: atualizado de acordo com a nova lei de direitos autorais, n. 9.610, de 19 de fevereiro de 1998*. São Paulo, LTr, 1999.

______. *Proteção internacional do direito autoral de radiodifusão*. São Paulo, RT, 1952.

______. "Caricatura: protegibilidade". In: *O Estado de S. Paulo*, 2 ago. 1989.

CHINELLATO, Silmara Juny de Abreu. Direito de autor e direitos da personalidade: reflexões à luz do Código Civil. São Paulo, 2008. Tese (Concurso de professor titular de direito civil). Faculdade de Direito, Universidade de São Paulo.

______. "Futebol, arte e direito de arena". In: PIMENTA, Eduardo Salles (org.). *Direitos autorais: estudos em homenagem a Otávio Afonso dos Santos*. São Paulo, RT, 2007, p.335-40.

______. "Estatuto jurídico do nascituro: a evolução do direito brasileiro". In: CAMPOS & CHINELLATO (coords.). *Pessoa humana e direito*. Coimbra, Almedina, 2009.

CHINELLATO, Silmara Juny de Abreu & COSTA, Machado (orgs.). *Código Civil interpretado. Artigo por artigo, parágrafo por parágrafo*. Arts. 1º a 21. Barueri, Manole, 2008.

CIFUENTES, Santos. *Derechos personalísimos*. 2.ed. Buenos Aires, Astrea, 1995.

COSTA JR., Paulo José da. *O direito de estar só. Tutela penal da intimidade*. 2.ed. São Paulo, RT, 1995.

COSTA NETTO, José Carlos. *Direito Autoral no Brasil*. 2.ed. rev., ampl. e atual. São Paulo, FTD, 2008.

DANTAS, San Tiago. *Programa de direito civil: teoria geral*. 3.ed. Rio de Janeiro, Forense, 2001.

DE CUPIS, Adriano. *I diritti della personalitá*. t.I. Milano, Giuffré, 1959.

______. *I diritti della personalitá*. t.II. Milano, Giuffré, 1961.

D'ELBOUX, Sonia Maria. A liberdade de imprensa e os direitos da personalidade: tensões e limites. São Paulo, 2005. Tese (Doutorado em Comunicação e Semiótica). Pontifícia Universidade Católica de São Paulo.

DE MATTIA, Fábio Maria. "Direitos da personalidade: aspectos gerais". In: *Revista da Informação Legislativa*, Brasília, ano 14, n.56, out-dez/1977, p.247-66.

DINIZ, Maria Helena. *Curso de direito civil brasileiro, v. 1: teoria geral do direito civil*. 21.ed. ver., aum. e atual. de acordo com o novo Código Civil. São Paulo, Saraiva, 2004.

DIREITO, Carlos Alberto Menezes. "Os direitos da personalidade e a liberdade de informação". In: *Revista Forense*, set-out/2002, p.31-7.

DORETTO, Fernanda Orsi Baltrunas. *Direito à imagem*. São Paulo, 2003. Dissertação (Mestrado em Direito Civil). Faculdade de Direito, Universidade de São Paulo.

DOS ANJOS, Marco Antonio. O humor: estudo à luz do direito de autor e da personalidade. São Paulo, 2009. Tese (Doutorado em direito civil). Faculdade de Direito, Universidade de São Paulo.

DUVAL, Hermano. *Direitos autorais nas invenções modernas*. Rio de Janeiro, Andes, 1956.

_____. *Direito à imagem*. São Paulo, Saraiva, 1988.

DWORKING, Ronald. *Taking Rights Seriously*. Cambridge (Massachusetts, EUA), Harvard University, 1977.

EZABELLA, Felipe Legrazie. *O direito desportivo e a imagem do atleta*. São Paulo, IOB Thomson, 2006.

FERNANDES, Milton. *Proteção civil à intimidade*. São Paulo, Saraiva, 1977.

FERNANDEZ SESSAREGO, Carlos. *Derecho a la identidad personal*. Buenos Aires, Astrea, 1992.

FRAGOLA, Augusto. *La radiotelevisione nella giurisprudenza*. Padova, Cedam-Padova, 1971.

FRANÇA, Rubens Limongi. "Direitos privados da personalidade: coordenadas fundamentais". In: *Revista dos Tribunais*, São Paulo, n.567, 1983, p.9-16.

_____. "Direitos privados da personalidade. Subsídios para a sua especificação e sistematização". In: *Revista dos Tribunais*, São Paulo, n.370, 1966.

_____. *Hermenêutica jurídica*. 8.ed. rev. e atual. São Paulo, RT, 2008.

_____. *Manual de direito civil*. 3.ed. São Paulo, RT, 1975.

GODOY, Cláudio Luiz Bueno de. *A liberdade de imprensa e os direitos da personalidade*. São Paulo, Atlas, 2001.

GOGLIANO, Daisy. Direitos privados da personalidade. São Paulo, 1982. Dissertação (Mestrado em Direito Civil). Faculdade de Direito, Universidade de São Paulo.

GOMES CANOTILHO, José Joaquim. *Direito constitucional e Teoria da Constituição*. 7.ed. Coimbra, Almedina, 2003.

GOMES CANOTILHO, J. J. & MOREIRA, F. M. Vital. *Constituição da República portuguesa anotada*. 4.ed. rev. v.I. Coimbra, Coimbra, 2007.

HUET-WEILLER, Danièle. "La protection juridique de la voix humaine". In: *Revista Trimestral de Direito Civil*, 1982, p. 497-513.

ITURRASPE, Jorge Mosset. *Responsabilidad por daños*. Buenos Aires, Ediar, 1982.

JABUR, Gilberto Haddad. *Liberdade de pensamento e direito à vida privada. Conflitos entre direitos da personalidade*. São Paulo, RT, 2000.

LEONARDI, Marcel. *Tutela e privacidade na Internet*. São Paulo, Saraiva, 2012.

LINDON, Raymond. *Une creation prétorienne: les droits de la personnalité*. Paris, Dalloz, 1974.

LOPES, Saint-Clair. *Fundamentos jurídico-sociais da radiodifusão*. Rio de Janeiro, Nacional de Direito, 1957.

MARQUES, Ricardo Luiz Pereira. *Marcas sonoras no direito brasileiro*. Curitiba, Juruá, 2010.

MARTÍNEZ, Miguel Ángel Alegre. *El derecho a la propia imagen*. Madri, Tecnos, 1997.

MAXIMILIANO, Carlos. *Hermenêutica e aplicação do direito*. Rio de Janeiro, Forense, 2000.

MCCARTHY, Thomas. *The Rights of Publicity and Privacy*. 2.ed. St Paul (Minnesota), West Group, 2000.

MENDES, Gilmar Ferreira. "Colisão de direitos fundamentais: liberdade de expressão e de comunicação e direito à honra e à imagem". In: *Revista de Informação Legislativa*, Brasília, v.31, n.122, abr-jun/1994, p.297-301.

MIGLIORE, Alfredo Domingues Barbosa. *Direito além da vida – um ensaio sobre os direitos da personalidade* post-mortem. São Paulo, LTr, 2009.

MORAES, Rodrigo. *Os direitos morais do autor: repersonalizando o direito autoral*. Rio de Janeiro, Lumen Juris, 2008.

MORAES, Walter. *Artistas, intérpretes e executantes*. São Paulo, RT, 1976.

______. "Direito à própria imagem I e II". In: *Revista dos Tribunais*, v.443, p.65-83; e *Revista dos Tribunais*, v.444, 1972, p.11-28.

______. "Direito à própria imagem". In: *Revista da* ABPI, Rio de Janeiro, n.9, 1993, p.24-6.

MORATO, Antonio Carlos. "Direito à voz: reflexões sobre sua proteção no âmbito da sociedade da informação". In: *O direito da sociedade da informação*. São Paulo, Atlas, 2007.

PARDO FALCON, Javier. Los derechos del artículo 18 de la constitución española en la jurisprudencia del tribunal constitucional. *Revista Española de Derecho Constitucional*. Año n. 12, n. 34, 1992, p.141-80.

PEREIRA, Caio Mário da Silva. *Direito civil – alguns aspectos de sua evolução*. Rio de Janeiro, Forense, 2001.

______. *Instituições de direito civil*. 19.ed. Rio de Janeiro, Forense, 2000. v.1.

PIERLINGIERI, Pietro. *Perfis do direito civil: introdução ao direito civil constitucional*. Trad. Maria Cristina De Cicco. 3.ed. rev. e ampl. Rio de Janeiro, Renovar, 2002.

PIERRAT, Emmanuel. *Reproduction interdite? Le droit à l'image explique aux professionnels et à ceux qui souhaitent se proteger*. Paris, Maxima, 2002.

PONTES DE MIRANDA, Francisco Cavalcanti. *Tratado de direito privado*, Parte Especial, Tomo VII, 738, Rio de Janeiro, Borsoi, 1955.

PROSSER, William L. "Privacy, 48". In: *Cal. Law Review*, n.383, 1960.

REALE, Miguel. *Lições preliminares de direito*. 27.ed. São Paulo, Saraiva, 2005.

RESTA, Giorgio. *Autonomia privata e diritti della personalità*. Napoli, Jovene, 2005.

SAHM, Regina. *Direito à imagem no direito civil contemporâneo: de acordo com o novo Código Civil, Lei n. 10.406, de 10-1-2002*. São Paulo, Atlas, 2002.

SANTINI, Gerardo. "Il c. d. diritto alla voce". In: *Problemi Attuali del Diritto Industriale*, 1977, p.1027-35.

SARMENTO, Daniel. *Livres e iguais: estudos de direito constitucional*. Rio de Janeiro, Lumen Juris, 2006.

SCALISI, Antonino. *Il valore della persona nel sistema e i nuovi diritti della personalità*. Milano: Giuffrè, 1990.

SERPA DE SANTA MARIA, José. *Direitos da personalidade e a sistemática civil geral*. São Paulo: Julex, 1987.

SERPA LOPES, Miguel Maria de. *Curso de direito civil*. v.1, 9.ed. rev. e atual. por José Serpa Santa Maria. Rio de Janeiro, Freitas Bastos, 2000.

SILVA, José Afonso da. *Curso de direito constitucional positivo*. 29.ed. rev. e atual. até a Emenda Constitucional n. 53, de 19.12.2006. São Paulo, Malheiros, 2007.

SILVA, Virgilio Afonso da. "Princípios e regras: mitos e equívocos acerca de uma distinção". In: *Revista Latino-Americana de Estudos Constitucionais 1*, 2003, p.613.

______. *A constitucionalização do Direito: os direitos fundamentais nas relações entre os particulares*. São Paulo, Malheiros, 2005.

SILVEIRA, Newton. *Licença de uso de marca e outros sinais distintivos*. São Paulo, Saraiva, 1984.

SILVEIRA, Vivian de Melo. "O direito à própria imagem, suas violações e respectivas reparações". In: *Revista Forense*, Rio de Janeiro, v.351, 2000, p.227-52.

STAMETS, Russell A. "Ain't nothing like the real thing, baby: the right of publicity and the singing voice". In: *Federal Communications Law Journal*, n.347, mar/1994.

SZANIAWSKI, Elimar. *Direitos da personalidade e sua tutela*. São Paulo, RT, 2005.

TELLES JR., Goffredo da Silva. "Direito subjetivo – I". In: *Enciclopédia Saraiva do Direito*, v.28, 1979, p.316.

TEPEDINO, Gustavo. "Cidadania e direitos da personalidade". In: *Revista Jurídica*, ano 51, n.309, jul/2003.

TOBEÑAS, José Castan. *Los derechos de la personalidade*. Madri, Reus, 1952.

TUCCI, José Rogério Cruz e. "Tutela jurisdicional da personalidade *post-mortem*". In: *Revista do Advogado*, São Paulo, n.84, 2005, p.119-29.

ULIAN, Eduardo. Responsabilidade civil punitiva. São Paulo, 2003. Tese (Doutorado em Direito Civil). Faculdade de Direito, Universidade de São Paulo.

VERCELLONE, Paolo. *Il diritto sul propio ritratto*. Torino, Unione Tipografico Editrice Torinese, 1959.

WARREN, Samuel D. & BRANDEIS, Louis D. "The Right to Privacy". In: *4 Harvard Law Review*, n.193, 1890.

WHITMAN, James Q. "The Two Western Cultures of Privacy: Dignity *versus* Liberty". In: *113 Yale Law Journal*, 2004, p.1.151.

WINDHOLZ, Elaine. "Whose Voice is it Anyway? Midler v. Ford Motor Co.". In: *HeinOnline 8 Cardozo Arts & Ent. L.J.*, n.201, p.216-23.

WOHL, Leonard A. "The Right of Publicity and Vocal Larceny: Sounding off on Sound-Alikes". In: *57 Fordham Law Review*, n.445, Dec/1988.

Bibliografia multidisciplinar

AGUIAR, Ronaldo Conde. *Almanaque da rádio Nacional*. Rio de Janeiro, Casa da Palavra, 2007, p.162.

ALBURGER, James R. *The Art of Voice Acting: the Craft and Business of Performing for Voice-Over.* 3.ed. Nova York, Elsevier/Focal Press, 2007.

ALEIXO, Fernando. *Corporeidade da voz: voz do ator*. Campinas, Komedi, 2007.

ARISTÓTELES. Arte retórica e arte poética. Rio de Janeiro, Ediouro, 2000.

BARBIER, Patrick. *The World of the Castrati: The History of an Extraordinary Operatic Phenomenon*. Nova York, Souvenir, 1998.

BEHLAU, Mara. *Voz: o livro do especialista*. São Paulo, Revinter, 2001. v.I.

______. *Voz: o livro do especialista*. São Paulo, Revinter, 2005. v.II.

BEHLAU, Mara Suzana & ZIEMER, Roberto. "Psicodinâmica vocal". In: FERREIRA, Léslie Piccolotto (org.). *Trabalhando a voz. Vários enfoques em fonoaudiologia*. São Paulo, Summus, 1988.

BEUTTENMÜLLER, Glorinha. *O que é ser fonoaudióloga. Memórias profissionais de Glorinha Beuttenmüller em depoimento a Alexandre Raposo*. Rio de Janeiro, Record, 2003.

BLANC, Mel & BASHE, Philip. *That's Not All Folks!* Nova York, Warner Books, 1989.

BLOCH, Pedro. *A conquista da fala*. Rio de Janeiro, Bloch, 1982.

BOONE, Daniel. *Sua voz está traindo você? Como encontrar sua voz natural*. Porto Alegre, Artmed, 1993.

BRANDI, Edmée. *Educação da voz falada: a terapêutica da conduta vocal*. 4.ed. Rio de Janeiro, Atheneu, 2002.

CADWELL, Taylor. *Um pilar de ferro*. 6.ed. Rio de Janeiro, Record, 2007.

CARIOLA, Silvia Guarinello. Sobre o impacto de uma eventual perda da voz na vida diária de indivíduos normais. São Paulo, 1999. Monografia (Curso de Especialização em Voz do Centro de Estudos de Voz – CEV).

CARMO JR., José Roberto do. *Da voz aos instrumentos musicais, um estudo semiótico*. São Paulo, AnnaBlume, Fapesp, 2005.

CARPEAUX, Otto Maria. *O livro de ouro da história da música*. Rio de Janeiro, Ediouro, 2001.

CARVALHO, Tuta. *Ninguém faz sucesso sozinho*. São Paulo, Escrituras, 2009.

CÉSAR, Cyro. *Rádio a mídia da emoção*. São Paulo, Summus, 2005.

COLNAGO, Claudia Aparecida. Psicodinâmica vocal das vozes utilizadas na dublagem de clássicos Disney nas versões original e dublada. São Paulo, 2002. Monografia (Curso de Especialização em Voz do Centro de Estudos da Voz – CEV).

CORAUCCI, Carlos. *Um show de rádio: a vida de Estevam Sangirardi*. São Paulo, A Girafa, 2006.

DIAS, Marcia Tosta. *Os donos da voz: indústria fonográfica brasileira e mundialização da cultura*. 2.ed. São Paulo, Boitempo, 2008.

FERNANDES, Paulo. *Nhô Totico: o homem das mil vozes*. Campinas, Reverbo Comunicação Coorporativa, 2002.

FERREIRA, Jerusa Pires. "O universo conceitual de Paul Zumthor no Brasil". In: *Revista do* IEB, n.45, set/2007, p.141-52.

FIGUEIREDO, Luciane Carrillo. Alterações da voz em relação ao ciclo menstrual. São Paulo, 2002. Monografia (Iniciação Científica em Fonoaudiologia). Universidade Federal de São Paulo, Conselho Nacional de Desenvolvimento Científico e Tecnológico.

GASPARINI, Gisele Gotardi de Oliveira. Descrição da qualidade vocal de personagens idosos dos filmes de Hollywood. São Paulo, 2002. Monografia (Curso de Especialização em Voz do Centro de Estudos da Voz – CEV).

GAYOTTO, Lucia Helena. *Voz: partitura da ação*. 2.ed. São Paulo, Plexus, 2002.

GONÇALVES, Maria Inês Rebelo. "Por que a voz sai rouca pela manhã". In: *Saúde é Vital*. São Paulo, Abril, 1° nov/2001, p.69.

GOULART, Paulo et al. "O estudo sincrônico da fonoaudiologia no Brasil". In: *Jornal Brasileiro de Reabilitação*, n.4, v.IV, edições 15 e 16, jun-set/1984.

GUBERFAIN, Jane Celeste. *Voz em cena*. São Paulo, Revinter, 2005.

HOGAN, Harlan. VO*: Tales and Techniques of a Voice-Over Actor*. Nova York, Allworth, 2002.

HOLLIEN, Harry. *Forensic Voice Identification*. San Diego, Academic Press, 2002.

HOMEM, Wagner. *Histórias de canções – Chico Buarque*. São Paulo, Leya, 2009.

JOURDAIN, Robert. *Música, cérebro e êxtase. Como a música captura nossa imaginação*. Rio de Janeiro, Objetiva, 1998.

JUNG, Milton. *Jornalismo de rádio*. 3.ed. São Paulo, Contexto, 2007.

KYRILLOS, Leny; COTES, Claudia; FEIJÓ, Deborah. *Voz e corpo na* TV. São Paulo, Globo, 2003.

LEVY, Pierre. *As tecnologias da inteligência: o futuro do pensamento na era da informática*. Trad. Carlos Irineu da Costa. Rio de Janeiro, Editora 34, 1993.

MASSON, Maria Lúcia Vaz. Análise perceptivo-auditiva e acústica da voz de transexual homem-para-mulher no decorrer da terapia fonoaudiológica. São Paulo, 2001. Monografia (Curso de Especialização em Voz do Centro de Estudos da Voz – CEV).

MATHIESON, Leslie. *Greene and Mathieson's The Voice and its Disorders*. 6.ed. Nova York, Wiley, 2001.

MEYER, Michel. *Aristóteles ou a retórica das paixões*. Prefácio à tradução dos onze primeiros capítulos do livro II. In: ARISTÓTELES. *Retórica das paixões*. Trad. Isis Borges B. da Fonseca. São Paulo, Martins Fontes, 2000.

NEMR, Nair Katia; CARVALHO, M. & KOHLE, J. *Manual de orientação vocal*. Gráfica Heliópolis, 2002.

OLIVEIRA, Iara Bittante de. "A educação vocal na radiodifusão". In: FERREIRA, Léslie Piccolotto (org.). *Trabalhando a voz. Vários enfoques em fonoaudiologia.* São Paulo, Summus, 1988.

PERDIGÃO, Paulo. *No ar: PRK-30! O mais famoso programa de humor da era do rádio.* Rio de Janeiro, Casa da Palavra, 2003.

PINTO, Ana Maria Marcondes & FURCK, Maria Áurea Erhardt. "Projeto saúde vocal do professor". In: FERREIRA, Léslie Piccolotto (org.). *Trabalhando a voz. Vários enfoques em fonoaudiologia.* São Paulo, Summus, 1988.

POLITO, Reinaldo. *A influência da emoção do orador no processo de conquista dos ouvintes.* 4.ed. São Paulo, Saraiva, 2005.

QUINTEIRO, Eudosia Acuña. *Estética da voz: uma voz para o ator.* 5.ed. rev. São Paulo, Plexus, 2007.

______. *O poder da voz e da fala no telemarketing: treinamento vocal para teleoperadores.* 5.ed. São Paulo, Plexus, 2009.

RAMOS, Roberto. *A ideologia da* Escolinha do Professor Raimundo. Porto Alegre, EDIPUCRS, 2002.

RODRÍGUEZ, Teófilo. *Vox populi: apuntes sobre la voz humana.* Sevilha, Secretariado de Publicaciones de la Universidad de Sevilla, 2006.

ROSEN, Jody. "Researchers Play Tune Recorded Before Edison". In: *The New York Times*, Caderno Arts, 27 mar/2008.

ROSSIT, Lucila Rodrigues. Opinião leiga quanto à agradabilidade de diferentes vozes. São Paulo, 2002. Monografia (Curso de Especialização em Voz do Centro de Estudos da Voz – CEV).

SABADIN, Celso. *Vocês ainda não ouviram nada: a barulhenta história do cinema mudo.* 3.ed. São Paulo, Summus, 2009.

SEVERIANO, Jairo. *Uma história da música popular brasileira: das origens à modernidade.* 2.ed. São Paulo, Editora 34, 2009.

SODRÉ, Hélio. *História universal da eloquência.* 3.ed. Rio de Janeiro, Forense, 1967. v.I e II.

TABORDA, Wladimir & DEUTSCH, Alice D'Agostini. *A bíblia da gravidez.* São Paulo, CMS, 2004.

TANNER, Dennis C. *Medical-Legal and forensic aspects of communication disorders, voice prints and speaker profiling.* Tucson, Lawyers & Judges Publishing Company, Inc., 2007.

TOSI, Oscar. *Voice identification theory and legal applications.* Baltimore, University Park, 1979.

VALENTE, Heloísa de Araújo Duarte. *Os cantos da voz: entre o ruído e o silêncio.* São Paulo, AnnaBlume, 1999.

WALL, Mick & INGHAM, Chris. *Run to the hills: Iron Maiden, the authorized biography.* 3.ed. Londres, Sanctuary, 2004.

WRIGHT, Jean Ann & LALLO, M. J. *Voice-Over for animation*. Nova York: Elsevier – Focal, 2009.

ZUMTHOR, Paul. *Performance, recepção, leitura*. 2.ed. São Paulo, Cosac Naify, 2007.

Artigos, notícias, documentos e dados consultados eletronicamente

ACADEMIA *Brasileira de Fonoaudiologia Forense*. Disponível em: www.acadeffor.com.br/historico.asp. Acessado em 10.01.2010.

ACADEMIA *Brasileira de Laringologia e Voz*. Disponível em: www.ablv.com.br/campanha_detalhes.asp?id=2. Acessado em 09.01.2010.

AGÊNCIA ESTADO. *Globo desiste de lançar trilha sonora de minissérie*. Disponível em: www.estadao.com.br/noticias/arteelazer,globo-desiste-de-lancar-trilha-sonora-de-minisserie,491940,0.htm. Acessado em 09.03.2010.

ALECRIM, Emerson. *Introdução à biometria*. Disponível em: www.infowester.com/biometria.php. Acessado em 28.11.2009.

ANAIS *da Assembleia Nacional Constituinte 1987-1988*. Publicação que contém os Diários da Assembleia Nacional Constituinte, com a íntegra dos debates em Plenário, nas Comissões e Subcomissões Temáticas. Disponível em: www.senado.gov.br/sf/publicacoes/anais/asp/CT_Abertura.asp. Acessado em 20.02.2010.

ANTARES. Disponível em: www.antarestech.com/about/history.shtml. Acessado em 06.02.2010.

ARQUIVOS *dos Estúdios Walt Disney*. Disponível em: http://disney.go.com/vault/archives/movies/mermaid/mermaid.html. Acessado em 21.11.2009.

A VOZ DO *aeroporto*. Matéria divulgada no portal da Infraero, 2 out/2007. Disponível em: www.infraero.gov.br/impr_noti_prev.php?ni=5071&menuid=impr. Acessado em 20.04.2010.

BEHLAU, Mara & ALGODOAL, Juliana (orgs.). *Mestrados e doutorados na área de voz. Resumos de dissertações e teses apresentadas por fonoaudiólogos. 1984-2009*. Disponível em: www.sbfa.org.br/portal/pdf/Mestrados%20e%20Doutorados%20na%20Area%20de%20Voz%20-%201984%20a%202009.pdf. Acessado em 20.12.2009.

BRASIL. *Novo Código Civil: exposição de motivos e texto sancionado*. Brasília: Senado Federal, Subsecretaria de Edições Técnicas, 2005. Disponível em: www2.senado.gov.br/bdsf/bitstream/id/70319/2/743415.pdf. Acessado em 20.11.2009.

BRASIL. *Projeto de Constituição. Emendas oferecidas em plenário ao substituto do relator. v.III*. Disponível em: www.camara.gov.br/internet/constituicao20anos/DocumentosAvulsos/vol-238.pdf. Acessado em 20.02.2010.

BRENNER, Paul. *Tesla against Marconi: The dispute for the radio patent paternity.* 2005. Disponível em: www.teslasociety.com/pdf/tesla_against_marconi.pdf. Acessado em 10.03.2010.

BRIDGETT, Rob. *Audio postmortem: Scarface: the world is yours*, 22 mar/2007. Disponível em: www.gamasutra.com/features/20070322/bridgett_pfv.htm. Acessado em 26.04.2009.

CAMACHO, Marcelo. "O mestre domador de gogós". In: *Veja*, 8 out/1997. Disponível em: http://veja.abril.com.br/081097/p_066.html. Acessado em 21.11.2009.

DACHIN, Nicholas. "Na história das telecomunicações um lugar de honra pertence a um brasileiro: Padre Roberto Landell de Moura". In: Revista Antenna, n.39, jan-fev/1969. Disponível em: http://rlandell.tripod.com/antena.htm. Acessado em 29.11.2009.

DANTAS, Pedro. *Cineasta Fábio Barreto abre os olhos pela primeira vez*. Estadão.com.br, 13 jan/2010. Disponível em: www.estadao.com.br/noticias/geral,cineasta-fabio-barreto-abre-os-olhos-pela-primeira-vez,495172,0.htm. Acessado em 20.02.2010.

DÍAZ, Federico Andrés Villalba. "Algunos aspectos acerca del derecho patrimonial y extrapatrimonial sobre la propia imagen". In: *Revista Persona,* Buenos Aires, 2002. Disponível em: www.revistapersona.com.ar/Persona10/10Villalba.htm. Acessado em 06.03.2010.

FELITTI, Guilherme. *Biometria: conheça os principais métodos de identificação.* Disponível em: http://idgnow.uol.com.br/seguranca/2006/08/30/idgnoticia.2006-08-29.2354917101/. Acessado em 28.11.2009.

FERNANDES, Kamila. *Justiça proíbe imitação da voz de Lula em programa de rádio do Ceará*. Folha Online, 28 ago/2008. Disponível em: www1.folha.uol.com.br/folha/brasil/ult96u439040.shtml. Acessado em 30.01.2009.

FOGERTY, John. Disponível em: www.johnfogerty.com/. Acessado em 29.04.2010.

FRANÇA. Tribunal de Grande Instância de Nanterre, j. 23.03.2007. Disponível em: www.legalis.net/breves-article.php3?id_article=1882. Acessado em 16.02.2010.

FRIEDELL, Nick. *The Chinese Pulled a Milli-Vanilli during the Opening Ceremony.* Yahoo! Sports, 12 ago/2008. Disponível em: http://sports.yahoo.com/olympics/beijing/blog/fourth_place_medal/post/The-Chinese-pulled-a-Milli-Vanilli-during-the-Op?urn=oly,100162. Acessado em 15.06.2009.

GABANINI, Adriana Pizzo Nascimento. *A voz humana.* Disponível em: www.profala.com/arttf57.htm. Acessado em 15.01.2009.

GARGAGLIONE, Maria do Carmo & LEAL, Valéria. *Identificação de voz em perícia criminal.* Disponível em: www.acadeffor.com.br/artigos.asp. Acessado em 10.01.2010.

HOAXER *Impersonates Brazil Leader*. 2010. Disponível em: http://news.bbc.co.uk/2/hi/8348882.stm. Acessado em 20.12.2010.

HORA, Beto. *Entrevista concedida a Jô Soares*. Programa do Jô de 4 de junho de 2007, Rede Globo de Televisão. Disponível em www.betohora.com.br/videos/beto.wmv. Acessado em 26.04.2009.

__________. Lista de personagens. Disponível em: www.betohora.terra.com.br/personagens.htm. Acessado em 25.01.2010.

JORNADAS *de Direito Civil I, III e IV, Enunciados Aprovados*. Jornada de Direito Civil. Org. ministro Ruy Rosado de Aguiar Jr. Brasília, CJF, 2007. Disponível em: http://columbo2.cjf.jus.br/portal/publicacao/download.wsp?tmp.arquivo=1296. Acessado em 29.04.2010.

LETTIERI, Iris. Disponível em: www.irislettieri.com.br/. Acessado em 20.04.2010.

MAINARDI, Diogo. "Herbert Richers vive". In: Veja, 13 jan/2010. Disponível em: http://veja.abril.com.br/130110/hebert-richers-vive-p-119.shtml. Acessado em 23.01.2010.

MAMPE, Birgit et al. "Newborns' Cry Melody Is Shaped by their Native Language". In: *Current Biology*, 2009. Disponível em: www.cell.com/current-biology/abstract/S0960-9822%2809%2901824-7. Acessado em 10.01.2010.

MARINI, Eduardo. "A voz que você não vê. Os locutores por trás dos serviços que orientam e divertem no dia a dia". In: *IstoÉ*, 28 maio/1997. Disponível em: www.terra.com.br/istoe/comport/144308.htm. Acessado em 21.11.2009.

MARTIN, Isabela. "Candidato usa imitação da voz de Fagner em campanha no CE". In: *O Globo*, 1º set/2008. Disponível em: http://oglobo.globo.com/pais/eleicoes2008/mat/2008/09/01/candidato_usa_imitacao_da_voz_de_fagner_em_campanha_no_ce-548035639.asp. Acessado em 20.02.2010.

MCCORMICK, Neil. "The Truth about Lip-Synching". In: *The Age*, 13 fev/2004. Disponível em: www.theage.com.au/articles/2004/10/12/1097406567855.html. Acessado em 06.02.2010.

MENDES, Eunice. *Magia da voz*. Disponível em: www.institutomvc.com.br/costacurta/arteu01_magiavoz.htm. Acessado em 21.11.2009.

"MILLI Vanilli didn't sing its pop hits". In: *The New York Times*, caderno Arts, 16 nov/1990. Disponível em: www.nytimes.com/1990/11/16/arts/milli-vanilli-didn-t-sing-its-pop-hits.html. Acessado em 07.03.2010.

OLIVEIRA, Germano & ABOS, Marcia. *Propaganda de papel higiênico no rádio usa imitador de Lula e faz referência a Dilma*. Disponível em: http://oglobo.globo.com/pais/mat/2009/11/26/propaganda-de-papel-higienico-no-radio-usa-imitador-de-lula-faz-referencia-dilma-914931336.asp. Acessado em 27.03.2010.

O REI DO BAIÃO. Disponível em: www.reidobaiao.com.br/assum-preto. Acessado em 28.02.2010.

PAREKH, Rupal. "Novo 'Twitter' seria baseado em voz?", 12 mar/2010. Disponível em: www.proxxima.com.br/portal/noticia/Novo__Twitter__seria_baseado_em_voz. Acessado em 23.03.2010.

PARELES, Jon. "Wages of silence: Milli Vanilli loses a Grammy Award". In: *The New York Times*, caderno Arts, 20 nov/1990. Disponível em: www.nytimes.com/1990/11/20/arts/wages-of-silence-milli-vanilli-loses-a-grammy-award.html. Acessado em 07.03.2010.

RECOMMANDATION *attributs de la personne*. Disponível em: www.arpp-pub.org/IMG/pdf/Attributs_de_la_personne.pdf. Acessado em 20.02.2010.

"RECORDING Cher's 'Believe'". In: *Sound On Sound Music Recording Technology Magazine*, fev/1999. Disponível em: www.soundonsound.com/sos/feb99/articles/tracks661.htm. Acessado em 06.02.2009.

REUNIÃO com dubladores. Disponível em: www.cultura.gov.br/site/2009/09/17/reuniao-com-dubladores/. Acessado em 21.01.2010.

RONCAGLIA, Daniel. *Ruído na linha*. Consultor Jurídico, 8 jun/2008. Entrevista com Ricardo Molina, perito forense. Disponível em: www.conjur.com.br/2008-jun-08/falhas tecnicas_invalidam_grampos_prova_judicial. Acessado em 11.01.2010.

SALLEH, Anna. "Voiceprints' are a misnomer, says expert". In: *ABC*, 4 dez/2008. Disponível em: www.abc.net.au/science/articles/2008/12/04/2437959.htm. Acessado em 21.11.2009.

SESSAREGO, Carlos Fernandez. *Aportes – el preámbulo de la constitución: su significado y alcances*. 2002. Disponível em: www.congreso.gob.pe/comisiones/2002/debate_constitucional/aportes/Aportes-Carlos-Fernandez-Sessarego-1-2-3.pdf. Acessado em 12.06.2009.

SILVA, Jorge da. *Boris Casoy, os garis e o efeito Ricúpero*. 2010. Disponível em: www.jorgedasilva.blog.br/?p=974. Acessado em 07.03.2010.

SPENCER, Richard. "Beijing Olympics: faking scandal over girl who 'sang' in opening ceremony". In: *The Telegraph*, 12 ago/2008. Disponível em: www.telegraph.co.uk/sport/othersports/olympics/2545387/Beijing-Olympics-Faking-scandal-over-girl-who-sang-in-opening-ceremony.html. Acessado em 12.06.2009.

SUCESSO NO *YouTube, israelenses do grupo "The Voca People" vêm ao Brasil*. Disponível em: www.pletz.com/blog/sucesso-no-youtube-israelenses-do-grupo-the-voca-people-vem-ao-brasil/. Acessado em 19.04.2010.

"SUSAN Boyle perde final para grupo de dançarinos". In: *Estado de S. Paulo*, Caderno 2, 30 maio/2009. Disponível em: www.estadao.com.br/arteelazer/not_art379615,0.htm. Acessado em 31.05.2009.

TESLA *Memorial Society of New York*. Disponível em: www.teslasociety.com/radio.htm. Acessado em 29.11.2009.

THE INTERNET *Movie Database*. Disponível em: www.imdb.com/title/tt0168629/; www.imdb.com/name/nm0000469/; www.imdb.com/title/tt0119094/; www.imdb.com/title/tt0421715/; www.imdb.com/title/tt0109771/; www.imdb.com/video/wab/vi2904097561/; www.imdb.com/title/tt0183649/plotsummary; www.imdb.com/title/tt0076759/. Acessado em 06.02.2010.

"THE MAN behind the Duck: Clarence 'Ducky' Nash". In: *Walt Disney Treasures: Cronologia do Donald* (DVD), 1934-1941, disco 2, material bônus.

VOZES *brasileiras*. Disponível em: www.vozesbrasileiras.com.br/html/galeria.html. Acessado em 29.04.2010.

Dicionários

BLUTEAU, Raphael. *Vocabulario Portuguez & Latino: Aulico, Anatomico, Architectonico...* Coimbra, Collegio das Artes da Companhia de Jesus, 1712-1728. 8v. Disponível em: www.brasiliana.usp.br/dicionario. Acessado em 21.11.2009.

CENTRE *National de Ressources Textuelles et Lexicales*. Disponível em: www.cnrtl.fr. Acessado em 27.02.2010.

DICCIONARIO *de la Lengua Española de la Real Academia Española*. Disponível em: http://buscon.rae.es. Acessado em 27.02.2010.

DICIONÁRIO *da Língua Portuguesa Caldas Aulete*. Disponível em: www.auletedigital.com.br/download.html. Acessado em 20.04.2009.

DICIONÁRIO *Houaiss da Língua Portuguesa*. Disponível em: http://houaiss.uol.com.br/gramatica.jhtm. Acessado em 07.03.2010.

DICIONÁRIO *Houaiss Sinônimos e Antônimos*. 2.ed. São Paulo, Publifolha, 2008.

DIZIONARI *Garzanti di italiano con grammatica essenziale in appendice*. Roma, Garzanti, 1997.

LONGMAN *Dictionary of Contemporary English*. 3.ed. Harlow, Longman, 1995.

MODERNO *Dicionário da Língua Portuguesa Michaelis*. Disponível em: http://michaelis.uol.com.br/moderno/portugues/index.php. Acessado em 07.03.2010.

MORAES E SILVA, Antonio de. *Diccionario da lingua portugueza – recompilado dos vocabularios impressos ate agora, e nesta segunda edição novamente emendado e muito acrescentado*. Lisboa, Typographia Lacerdina, 1813. Disponível em: www.brasiliana.usp.br/dicionario. Acessado em 21.11.2009.

NOVO *Dicionário Aurélio da Língua Portuguesa*. 4.ed. São Paulo, Positivo, 2009.

Índice alfabético-remissivo

E

F

G

H

I

J

K

L

W

Y

Z